솔숲에서 띄운 편지

솔숲에서 띄운 편지

초판 인쇄 2008년 9월 18일
초판 발행 2008년 9월 25일

지은이 윤인중·신정은
펴낸곳 동연출판사
펴낸이 김영호
편 집 조영균
관 리 이영주

등 록 제2-1383호 1992년 6월 12일
주 소 서울시 마포구 망원동 472-11 2층
전 화 02-335-2630
팩 스 02-335-2640
홈페이지 www.y-media.co.kr
이메일 ymedia@paran.com

이 책의 내용을 쓰고자 할 때는 저작권자와 출판사의 허락을 받아야 합니다.
책값은 뒤표지에 나와 있습니다.
잘못된 책은 바꾸어 드립니다.

ISBN 978-89-85467-69-8 (03040)

숲숲에서 띄운 편지

계양산 소나무 위에서 보낸 210일

글 윤인중·신정은
사진 신종철 외

■ 추천의 글

어둠이 빛을 이겨본 적이 없다

이 책은 예수께서 당신 제자들을 특별한 방법으로 훈련시키는 과정이 진솔하게 기록된 것이다.

평소 잽싼 걸음으로 현장을 누비던 운동가 신정은과 윤인중을 선발, 뜬금없이 인천 계양산 소나무 위로 데려가시어, 우주로 통하는 한 평 반 짜리 감방에 가두시고 저토록 주도면밀하게 단련하시는 걸 보면, 아무래도 그분은 이 나라 '사회운동'이 더욱 건강하고 활기차게 전개되기를 원하시는 게 분명하다.

"숲이 운다. 천막과 현수막이 펄럭거리며, 바람을 맞이한다. 키 큰 나무들은 저러다 쓰러지겠네, 할 정도로 휘청거린다. 그러다가도 바람이 그치면 곧 제 모습으로 돌아온다. 언제 흔들렸나 하리만치 시치미를 떼고 그대로 서 있는 나무다.

하루 종일 드세게 바람이 불던 오늘도 나무들은 우우 소리를 내며 몸을 심하게 떨었다. 그러다가 고만 평상심을 회복하는 것이다. 뒷말이 없다. 군소리가 없다. 뒷말이나 군소리를 하는 것은 사람들뿐인가 보다.

나무는 그런 쓸모없는 일에는 아랑곳하지 않는다. 의연하다. 참 의연하다. 그런 의연함은 기초가 튼튼함에서 오는 것 아닐까? 굵은 뿌리,

또 잔뿌리가 흙을 꼭 부여안고, 대지 속으로 깊이 박혀 있어서 바람이 불면 부는 대로 흔들리는 듯하지만 곧 제자리로, 제 모습으로 돌아올 뿐이다.

뿌리가 나무를 지탱한다. 아래가 단단하니 위로 뻗어나간다. 나무는 밑이 튼튼해야 위로 향할 수 있다는 지혜를 아는 것이다. 밑으로부터 힘을 지니는 나무다.

겟세마네 동산에서 그리스도 예수는 흔들림을 경험한다. '제발 이 잔이 내게 임하지 않기를' 기도하시는 주님이시다. 그것도 잠시, '하나님의 뜻이 이루어지기를, 그 뜻에 따르기를' 결단하신 이후 주님에게서 흔들림은 보이지 않는다.

제자 유다의 배신으로 체포를 당하고, 법정에 끌려가 모욕과 채찍, 심문을 받으면서도 의연함을 잃지 않는다. 골고다 언덕을 오르는 일과 십자가에 매달려 있는 처지에서도 '저들을 용서하소서. 무슨 짓을 하는지 저들이 모릅니다' 하실 뿐이다. 하나님에 대한 신뢰, 전적인 신뢰에 흔들림이 없기 때문이리라.

영성의 뿌리가 깊은 생명의 나무, 예수님이시다."

소나무친구 윤인중은 소나무에서, 소나무를 통하여, 마침내 '땅'을 보고 '흙'을 본다. 그리하여, "대립과 반목, 경쟁과 분열, 세 불리기와 뒤통수치기가 운동진영 안에 없는가?" 반성하면서 "녹슨 내장과 흉부를 숲이 거저 흠뻑 주는 생명의 기운으로 정화시켜가면서, 얼굴엔 미소 가득, 마음엔 자비를 가득히 품고, 달빛 훤한 숲길을 천천히 아주 천천히, 깊숙이 아주 깊숙이 걷기"를 기도한다.

예수께서는 제자들을 데리고 변화산에 오르시어 거기서 당신의 진면목을 드러내 보이셨다. 제자들은 황홀했고, 계속 그곳에 머물러 있고 싶었지만 아직 거기는 그들의 종점이 아니었다. 귀신들린 아이가 신음하는 땅으로, 어리석은 인간의 탐욕과 무지로 터무니없는 폭력과 약탈이 소용돌이치는 현장으로, 앞장서서 내려가시는 스승의 뒤를 따라, 산에서 사람들의 마을로 그들은 내려와야 했다.

훈련받은 것은 두 사람만이 아니다. 여기 그 이름을 다 적을 수 없을 만큼 많은 동지들이 한 그루 소나무를 통해 하늘과 땅 사이를 오르내리며, '자연치유를 위한 명상센터'에서 침묵과 겸손을 배우고, 위기 앞에서 담대하고 위협 앞에서 의연하기를 익혔다.
아, 얼마나 큰 하늘의 은총인가?

원컨대, 이 책의 두 주인공은 물론이요, 이 책에 등장하는 동지들과 이 책을 읽는 독자들 모두, 이 땅의 '운동권'을 떠나지 말고, 현장을 몸으로 지키며, 거기서 사람으로 사람답게 살아가기 위한 '영성수련'에 힘써주셨으면 한다.

염려할 것 없다. 앞으로도 인간의 탐욕과 무지는 계양산 아니면 또 다른 어디엔가 '골프장'을 건설하려 들 것이고, 그것을 디딤돌 삼아, 생명과 평화를 향한 인간들의 행진 또한 끝없이 이어질 터인데, 둘 사이의 싸움은 사실상 이미 결판난 것이다.

"어둠이 빛을 이겨본 적이 없다."

이현주(목사, 시인)

■ 이 책을 내며

살아 있는 모든 존재가 존귀하다

나무 위에 올랐을 때 첫 감정은 두려움이었다. 밑을 내려다볼 수 없었다. '떨어지면 어떻게 할까? 죽지는 않겠지' 하는 요상한 생각을 하는데, 속에서 다른 소리가 들린다. '죽더라도 올라가야 한다'고 기도할 때는 언제고, 올라오자마자 죽을까 두려워하는 너는 도대체 어떤 놈이냐? 하는 내면의 소리였다. 그래서 다시 무릎을 꿇을 수밖에 없었다.

그러던 어느 날이었다. 한겨울인데도 비가 추적추적 내리고 있었다. 숲에 비가 내리면 인적이 끊긴다. 청솔모를 비롯해 움직이는 모든 것이 어디론가 사라져버린다. 숲은 깊은 적막의 세계로 빠져든다. 그때 나는 그냥 그대로 서 있는 나무숲을 보았다. 아무 말 없이 온몸으로 찬 겨울비를 맞이하는 나무들이 눈에 들어온 것이다. 투정부리는 소리가 없다. 군말이 없다. 쏟아져 내리는 비에 흠뻑 젖는 나무들을 바라보는 내 눈에 눈물이 맺히는 것을 느꼈다. 나무 어느 한 그루 비를 피하여 도망치지 않았다. 도망칠 줄을 모르는 나무다. 의연하다. 거룩하다. 하늘을 향하여 깊은 침묵으로 기도하는 수도자의 모습이다. 비가 그치고 햇살이 숲 안으로 쏟아져 들어오면, 말쑥한 자태로 서 있는 나무들, 거기에도 아무 소리가 들리지 않는다. '말없이' 자기 자리에 마냥 서 있는 나무들이 '겸손하라' '침묵하라'는 소리를 던져주었다.

조그만 일을 하고도 누군가가 그것을 알아주지 않으면, 겉으로는 아닌 척하면서 속으로는 무척이나 속상해했던 옹졸한 삶이었다. 군말도 많고, 잔말도 많고, 뒷말도 많이 내뱉었던 삶이었다. 속으로는 '참자, 참자' 하면서도 어느 지경을 넘어서면, 제 성을 이기지 못하고 발끈하는 버릇이 온몸에 덕지덕지 붙어 있다. 그러고도 '뒷모습이 아름다운 삶을' 스스로에게 바라고 있다. 놀부 심보다. 씨 뿌리지 않으면서 거두어들이기를 바라는, 자신한테는 너무도 관대하면서도 남에게는 놀랍도록 엄격한 잣대를 들이대는 이중인격의 삶이었다. 그런 모습이 보기에도 딱했던지 그분이 나무 위로 잡아 올렸다. 그분의 손에 이끌려 다섯 달을 계양산 소나무 숲에서 지냈다고 고백할 수밖에 없다. '아주 특별한 여행'이었다.

그 여행은 나에게는 너무도 벅찬 감동의 기간이었지만, 한 사람을 지켜주기 위한 수많은 이들의 도움과 헌신이 있었다. '우직이와 눌직이, 묵직이'라 이름 붙인 소나무 세 그루가 버티어준 '수련과 쉼'이 어우러진 운동의 현장이었다. 돌아보니 발자국마다 은총이었던 삶을 뒤늦게야 알아차린 참회의 기간이었다. '숨'이 중요하다는 것을 어렴풋이나마 깨달은 기간이었다. '숨을 쉬지 않고 살 수 있는 사람'은 없다는 아주 단순하고 기초적인 사실을 이제야 제대로 알게 된 것이다. 나무숲이 '거저, 값없이, 흠뻑' 내주는 맑고 신선한 공기를 실컷 들이키면서, 거칠어진 호흡을 고르게 했다. 숨을 고르게 쉬는 법을 훈련해보았다. 숨을 고르게 하는 길이 삶을 고르게 하는 길인 것을 눈치 챈 것이다. 숨을 고르게 하는 길 가운데 가장 좋은 길은 '가만히 앉아 있는' 길이라는 것을 체험했다. 가만히 앉아 있지 못하고 천방지축 소란을 떠는 삶이 참으로 초라하고 가벼운 삶인 것을 돌이켜본 것이다.

원래 이 글은 오랜 시간, 먼 거리에 떨어져 살고 있는 '새벽'이에게 전해주고픈 마음에서 시작되었다. 이제는 다 큰 스무 살 청년이지만, 내게는 늘 어리버리한 아이로만 여겨지는 놈에게 '미안하다'는 말을 하고 싶어서 썼던 것 같다. 다시 읽어보아도 부끄럽기만 한 글을 책으로 펴내는 것이 여간 쑥스러운 일이 아니다. 관옥 이현주 목사님께 감사의 큰 절을 올린다. 이름도 없이 빛도 없이 소나무 시위 현장을 지켜준 모든 분들에게 평화의 인사를 전한다. 이제는 한 생명을 몸에서 키우고, 곧 '엄마'가 될 보름(신정은)에게 축하의 인사를 드린다. 보름이는 계양산의 꽃이다. 홍재웅 대표님과 신종철 목사님을 비롯한 대책위원회에 감사를 표한다. 허리가 꼬부라져 걷지도 못하는 몸으로도 못난 아들을 위하여 기도해주시는 어머니에게 감사하다는 말을 드린다. 그리고 책 출판을 서둘러준 동연출판사의 김영호 대표와 인천평화교회, 생명평화기독연대, 인천시민사회단체연대 식구들에게 고마움을 전하고 싶다.

　살아 있는 모든 생명이 존귀하다. 함부로 여길 존재는 세상 어디에도 없다. 계양산 숲이 나에게 그런 깨우침을 주었다. 계양산 숲이 '있는 그대로' 그 자리에 서 있기를 바라는 마음으로 골프장 건설을 막아내리라 다시 마음먹는다. 소나무 친구로서의 삶을 걸어보려 한다. 때로는 흔들리고 비틀거릴 것이고, 넘어질 때도 있겠으나, 숲에서 지낸 날들과 숲을 통하여 그 넓고 따뜻한 품을 보여주신 님을 생각하며, 벌떡 일어나는 삶을 누리기를 손 모은다.

2008년 9월 1일, 소나무친구 윤인중

■ 차례

계양산이 품은 생명들 • 15   계양산을 지키고 싶어요 • 28

숲에서 띄운 편지

소나무 숲에서 첫 밤을 맞으며 • 35   네가 목사냐? • 37
아름다운 성탄 전야 • 40   욕망을 비우는 운동 • 41   목사님, 힘내세요 • 44
당신 동네로 가 • 48   개발은 야만이다 • 50   나를 비우는 새해가 되기를 • 54
그분이 빛으로 오시네 • 55   달빛 쏟아지는 밤 • 56   사람 도리가 뭘까? • 57
싸라기눈 내리는 밤 • 58   다용도 공간이 있는 천막집 • 60   숨을 쉰다는 것 • 62
숲 속의 방랑자 되어 • 64   함께 있고, 함께 움직이자 • 67
아침햇살아 참 고마워 • 68   그분만을 믿으며 • 70   박종철을 기억하며 • 72
귀 기울여 듣는다는 것 • 73   홀로 있음과 함께 있음 • 76
캐나다에서 온 전화 • 77   '정靜'의 가치 • 80   숲 속의 기타 소리 • 81
정성 어린 기도드리고 싶은 날 • 83   모든 것은 나로부터 • 84
광야 기도와 감사기도 • 86   이해의 선물 • 88   달 타령 시위 • 90
외면하지 말자 • 92   눈 감고 보는 것들 • 94
소나무 숲 농성 백일을 맞이한 날 • 96   흔들림 없는 신뢰로 • 98
'수신修身'을 깨닫는 밤 • 100   전태일과 희망의 숲 • 102   나의 다메섹 • 104
한 점의 불꽃이 되어 • 107   내게 관심을 갖는 시간들 • 109
푸른 향기 가득한 밤 • 111   내 영혼의 날씨는? • 112   그분 따라 사는 길 • 114
과꽃과 아버지 • 115   하나님의 기획 작품 • 117   자비를 베푸소서 • 119
나무에게 한 고백 • 122   기도는 그분의 명 • 125   외롭지 않아요 • 127

두 부류의 노인들 • 129   슬프디 슬픈 하루 • 132   떠남과 돌아옴 • 134
평화로 가는 길 • 136   빗소리, 음악 소리 • 139   달마중 채비 • 142
이젠 머물고 싶다 • 144   나무 위에서 맞이한 생일 • 147   질긴 놈이 이긴다 • 149
숲은 일심동체의 원형 • 153   아주 특별한 배웅 • 155   소나무 친구로 살아야 • 158
너나 잘하세요 • 160   기타치고 노래한 날 • 162   나무 위의 여자 • 165
늘 바람 부는 곳 • 167   누군가와 함께 밥 먹고파 • 169
자연에 몸을 맡기는 중 • 173   'song of joy' • 175   개구리죽 먹던 시절 • 179
뿌리가 바위를 뚫는다 • 181   물이 산 아래로 가는 이유 • 184
새벽이가 보고픈 밤 • 187   주께서 나를 숲으로 이끄셨네 • 189
비우고 또 비우자 • 193   오는 발길이 뜸해지고 • 195   거기 누구 없나요 • 197
마음에 새기고픈 글 • 200   소나무에 이름을 붙이다 • 201   숲은 살아 있다 • 202
고급 병에 걸리다 • 205   너무나 걷고 싶다 • 206   모두가 생명이요 평화다 • 207
세상에서 가장 아름다운 집 • 209   200일의 축제 • 210
야마오 산세이를 배우자 • 213   마음을 다하는 명상 • 215   흙처럼 살아야 • 216
숲에서 무엇을 보았을까? • 219   여기에 있음이 축복 • 221
내가 받은 것은 은혜와 감사 • 223   모든 생명은 소중하다 • 227
소나무 시위를 마치며 드리는 글 • 230

솔밭 일기

계양산 나무 시위를 시작하며 • 237

무서운 아저씨 • 240   솔씨 • 241   나무 냄새 • 242   모기들 • 243

두 주먹 불끈 • 244   번개가 무서워 • 246   반가운 소식 • 247   부모님의 전화 • 249

두려움들 • 250   꼬마 친구들 • 251   바람과 나뭇가지 • 254   산으로 출장 • 255

새들의 친구 • 257   아랫동네 사람들 • 258   삼보일배 • 258   숲 속 친구들 • 260

희생 • 262   영양제 • 263   계양산을 내 몸속에 • 264

시위를 마치며-보름이가 시민 여러분께 드리는 편지 • 266

솔숲으로 띄운 편지

지킴이 일기 • 271

계양산으로 보낸 첫 편지 • 281

계양산에게 • 283   말 못하는 소나무에게 약속했는데 지켜야지 • 283

계양산을 지키는 윤 목사님께 • 286

계양산이 품은 생명들

01 벚꽃 잎이 분분히 떨어지는 계곡
02 능선에 만개한 진달래
03 봄을 알리는 갯버들
04 봄비 오는 날 환하게 핀 계양산의 상징나무 생강나무 꽃
 (ⓒ 塔山)

01 계양산 능선에서 본 풍경 - 멀리 하늘에 떠 있는 듯 보이는 산이 북한산
02 계양산 계곡
03 계양산 북사면 숲 속

01 계양산에서 본 노을(© 塔山)
02 북사면에서 바라본 정상
03 갈대밭(© 塔山)
04 노랗게 단풍든 은행나무 숲

01

02

03

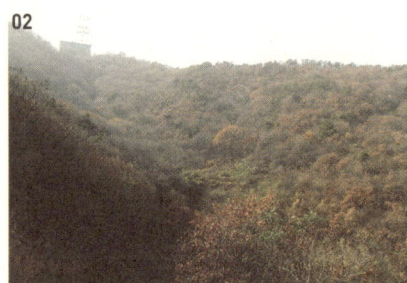

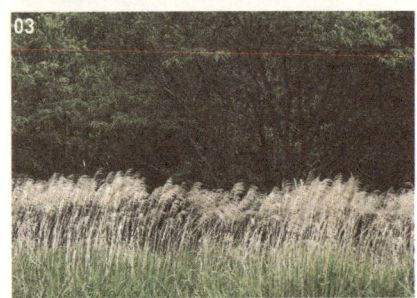

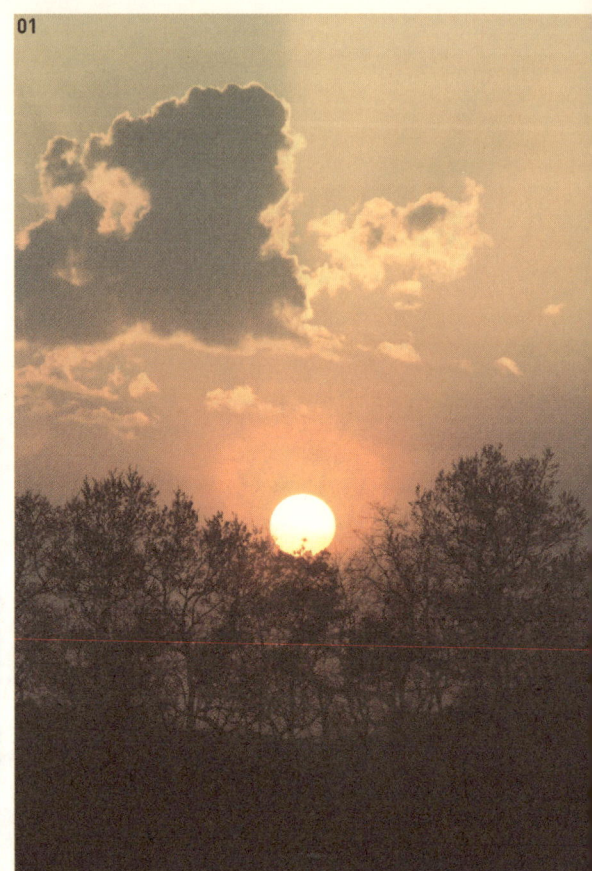

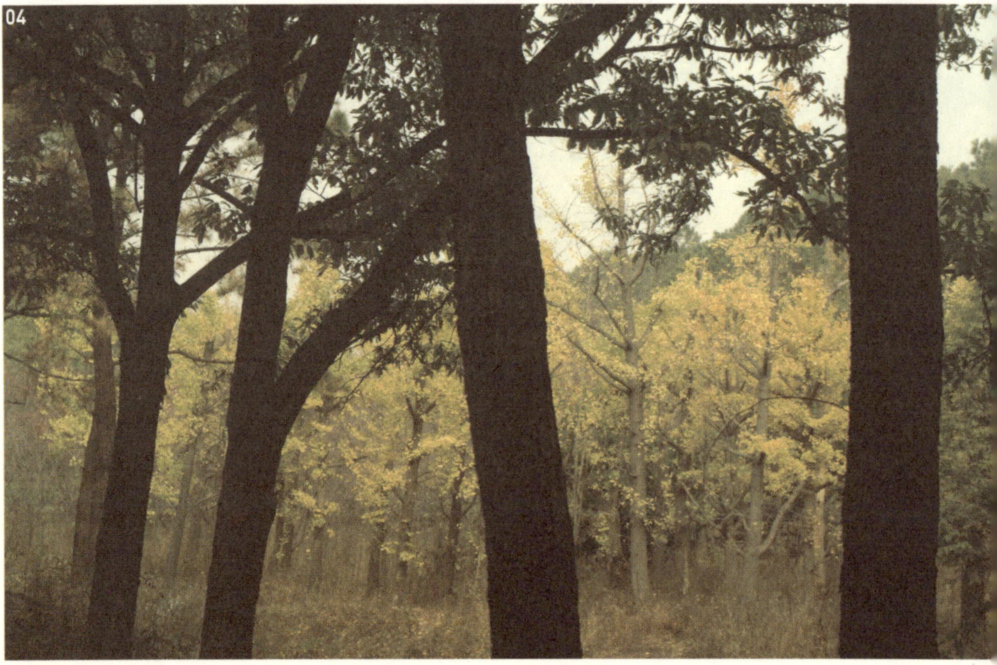

04

01

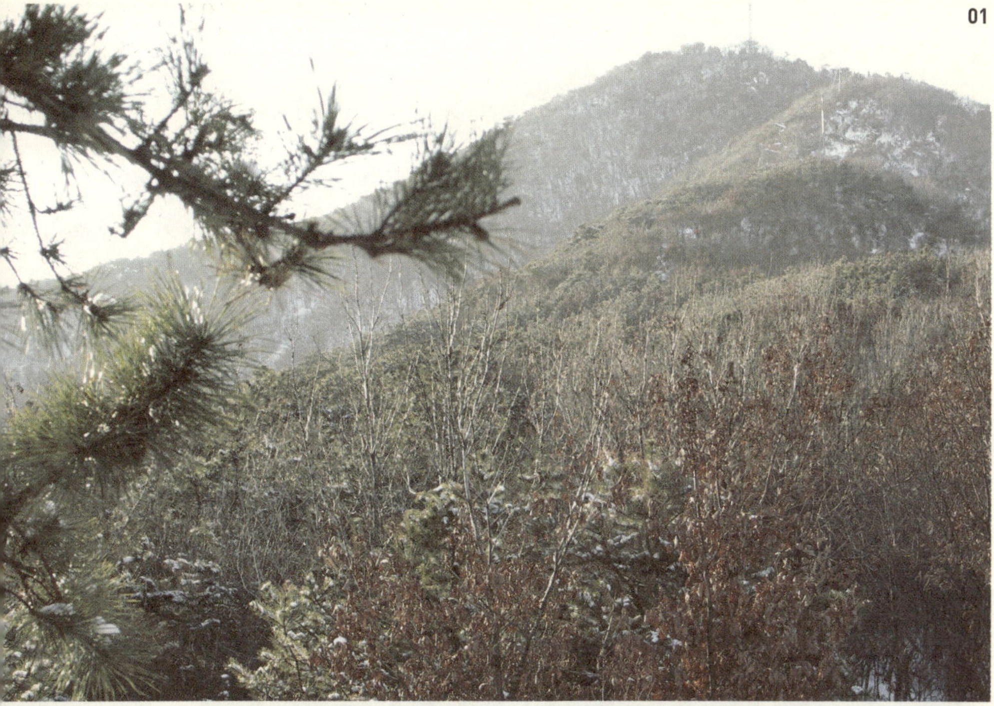

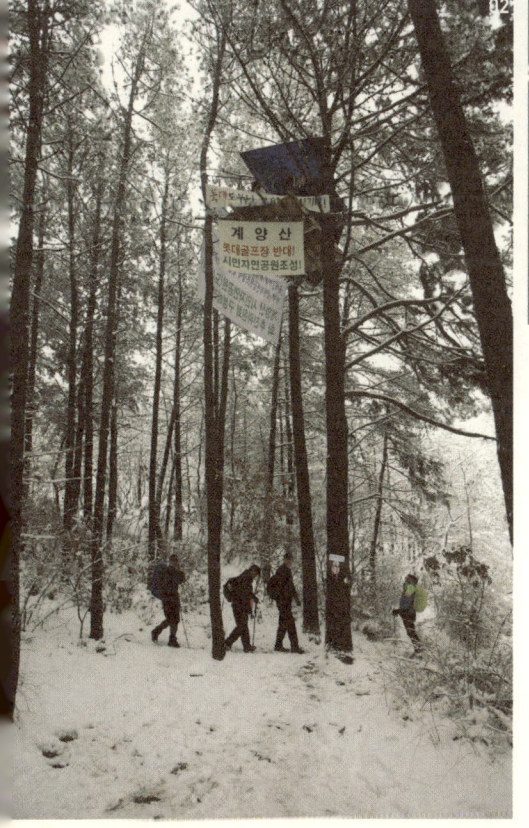

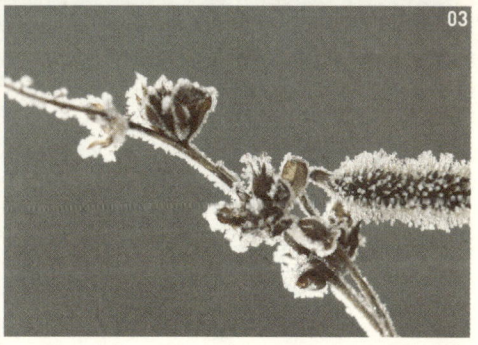

01 눈 쌓인 계양산 정상
02 눈 쌓인 계양산 솔숲
03 시리꽃(ⓒ 塔山)

01 은방울꽃
02 족도리풀
03 깽깽이풀
(환경부지정 멸종위기종 2급)
04 물매화

01 쑥부쟁이
02 으름 꽃
03 할미꽃
04 벌깨덩굴

01 타래난초
02 노루오줌
03 큰꽃으아리
04 하늘타리

* 이곳에 실은 야생화 사진은 신종철 목사님의 작품입니다.

01

02

03

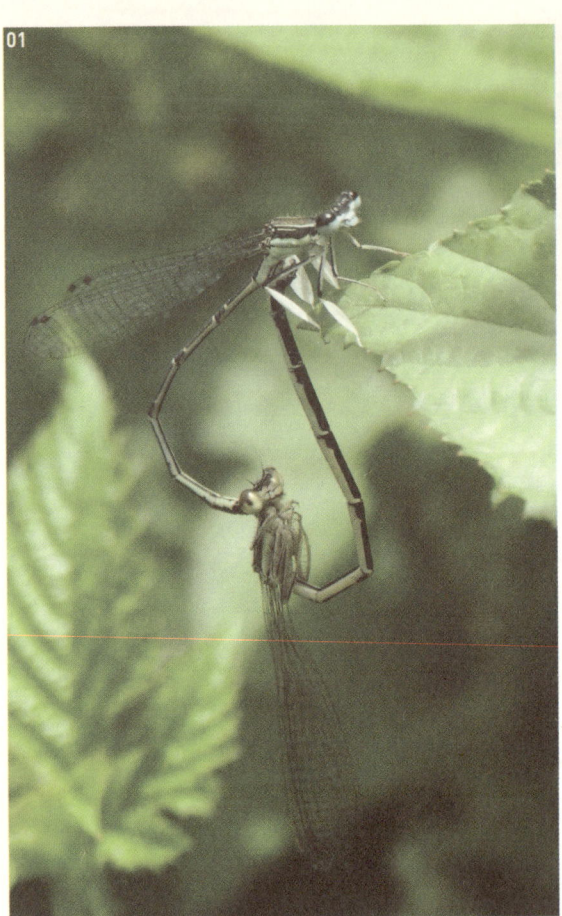

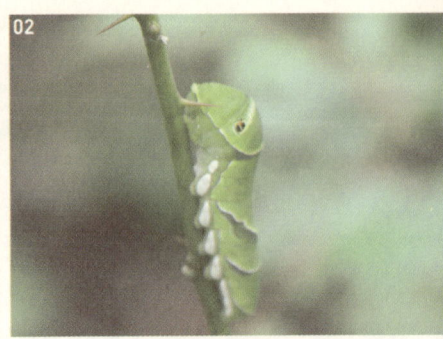

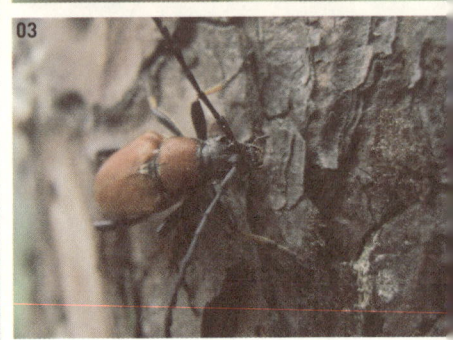

01 짝짓기하는 방울실잠자리

02 호랑나비 애벌레

03 붉은산꽃하늘소

04 늦반딧불이 수컷

04

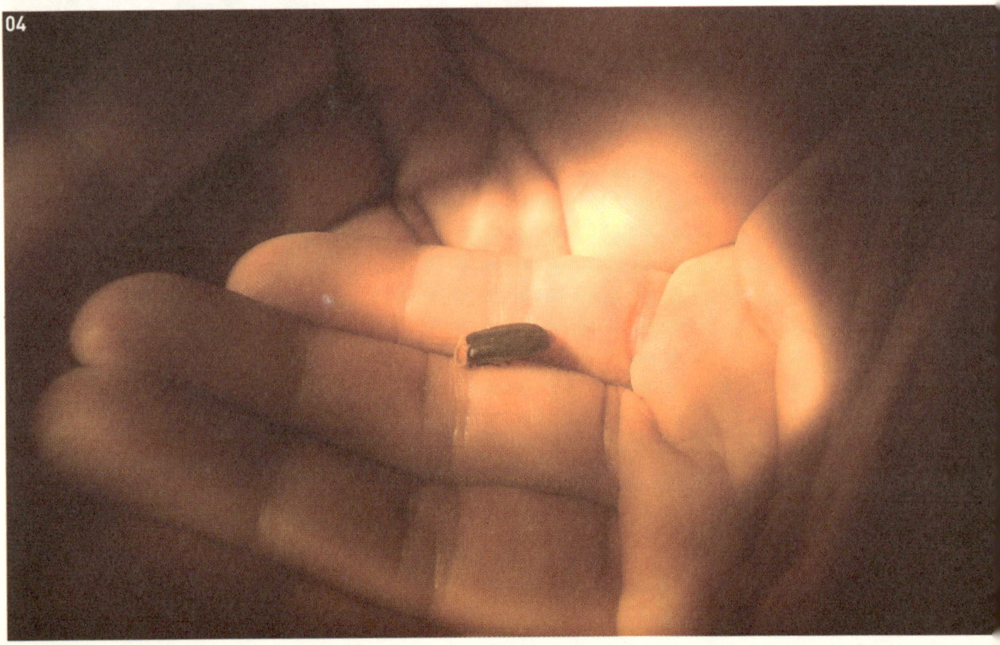

01 알락하늘소
02 검은다리실베짱이 약충
03 북방산개구리 올챙이, 팔의 각질을 뜯어먹고 있다.
04 환경부지정 멸종위기종 2급 맹꽁이 알이 우무질 속에서 부화하고 있다.
05 손 위에 있는 도롱뇽 올챙이
06 한국산개구리
07 버들치

01 박새
02 곤줄박이
03 말똥가리 (환경부지정 멸종위기종 2급)
04 붉은머리오목눈이가 살다 떠난 집
05 오색딱따구리

*이곳에 실은 계양산 새 사진은 김대환(야생조류협회 부회장) 님이 주셨습니다.
*김은영, 김귀옥, 노현기, 심유정 외 여러분도 귀한 사진을 주셨습니다.

계양산을 지키고 싶어요

01 까치들의 눈높이에 매달린 고공시위 텐트
02 나무 위에 앉아 있는 윤인중 목사
03 손수 뜨개질로 쓴 현수막 글씨에 사람들이 쓴 지지 글
04 나무 위의 신정은
05 지지 방문자들과 인사하는 신정은
06 나무 시위 종료일에 함께 나무 위에 오른 윤인중, 신정은
07 기타를 치며 노래하는 윤인중 목사
08 숲속 음악회 현수막(신정은이 손수 수를 놓아 만들었다.)
09 숲속 음악회 모습
10 햇살 환한 날 한 호흡으로 드린, 솔숲 예배
11 가톨릭 신부님과 수녀님들이 오셔서 미사를 드리고 있다.

01 촛불에 비친 아이가 반딧불처럼 환하다.
02 생명을 품은 어머니들이 계양산을 품으며 나서다.
03 촛불에 계양산 골프장 반대 티셔츠가 비쳤다.
04 삼보일배를 하며, 계양산을 살리기를 빌고, 모든 생명에게 경배하다.
05 삼보일배
06 북이 울리면, 절을 하고….
07 일인 시위를 릴레이로 계양산 개발 반대를 외쳤다.
08 계양산 살리기 시민산행에서 멀리 시내를 바라보는 아이들
09 계양산 살리기 시민산행을 마치고
10 계양산을 지켜주세요! 인천시청 앞 농성 현장에서

01 가면무도회/피켓경연장이 된 걷기대회
02, 03 자전거로 시내를 누비며 "계양산 골프장 반대!"
04 환경의날 反환경인상을 받은 안상수 인천시장
05 환경의날 행사에 개구리로 분장한 참가자

숲숲에서 띄운 편지

· 윤인중 목사 ·

＊이 글은 2006년 12월 20일부터 2007년 5월 23일까지 155일 동안 소나무 위에서 쓴 글이다. 편지지에 볼펜으로 꾹꾹 눌러 쓴 글들이 메아리치듯 우리 가슴을 파고든다. 이보다 더 많은 글이 있지만 편집 과정에서 일부 걷어냈다.

솔숲에서 띄운 편지 01

소나무 숲에서 첫 밤을 맞으며

2006년 12월 20일

인천 시청 앞에서 김일회 신부님과 함께한 날들이 44일이 되었다니, 세월의 흐름이 그저 무상할 뿐이다. 소나무 숲을 오르게 된 이유는 단순하다. '계양산 나무와 숲'을 있는 그대로 보존하고 싶다는 생각 외에 다른 것은 없다. 이곳을 골프장으로 만드는 것은 어리석은 일이다. 무엇인가 내가 할 일을 하고 싶고, 해야 된다는 생각에서다. 그 길이 그리스도 예수를 따르는 길이라 감히 말하고 싶다. 그 길이 양심을 따르는 길이라 여긴다.

여태껏 과연 얼마나 철저하고도 깊이 있게 그리스도 예수를 따라왔는가? 되물을 때 나는 형편없는 사람이다. 나는 그 사실을 잘 알고 있다. 부끄러운 모습일지라도 그분의 삶을 기억하고, 그분의 가르침을 되새기며, 오늘 여기에서 그 삶을 맛보는 것, 누려보는 것이 이제껏 나의 신앙의 전부다. 그 이상은 나는 잘 모른다.

신정은이 이 작은 공간에서 56일을 지냈다는 사실 하나만으로도 경이롭다. 그녀의 담대함을 엿본다. 두려움이 들 정도다. 나는 원래 고소공포증이 있다. 이 병은 아마 소나무 숲을 잠자리로 삼은 나에게 아주 큰 약점이 될 것이다. 몇 번인가, 정은이를 격려한다는 마음에 이곳에 왔었는데, 그땐 숲 속의 조그만 오두막집 같다는 생각을 가졌다. 올라오고 보니 밑에서 본 정다운 정경과는 거리가 멀다. 솔직히 밑을 보기가 두렵다. 기도할 뿐이다.

공기는 너무 맑다. 신선하다. 오늘 그래도 주님께서 날씨는 봐주셔서 밤 11시가 된 지금도 텐트를 열고 숲이 주는 공기를 흠뻑, 거저, 실컷 얻어 마시고 있다.

여러 곳에서 격려와 지지 전화가 온다. 다행히 내 휴대폰이 워낙 낡은 것이라 연결되지 않는다. 모든 분에게 감사의 인사를 드린다. 다만 소나무 숲 속의 기간 동안 아주 특별한 이유가 아니면 휴대폰을 꺼놓으려 한다. 다른 이유는 없다. 이 시간, 이 자리를 내 속으로 더욱 깊이 만나고 싶어서다.

밑에서 도와주는 생명평화기독연대 식구들, 인천민중교회운동연합 목사님들을 비롯한 기독인들과 녹색연합, 환경운동연합 등의 환경단체들과 참여자치연대, 인천희망21을 비롯한 인천 시민사회단체 모든 분들께 머리 숙여 고맙다는 인사를 드릴 뿐이다. 그리고 일생에 두 번 다시 그런 기회를 갖기 힘든 40여 일의 동거 기간을 보낸 김 신부님께 감사드린다.

얼마나 오랜 기간을 할지 솔직히 자신이 없다. 허나 내가 할 수 있는 만큼 최선을 다할 것이다. 억지로 해서 될 일도 아니다. '마음을 다하여' 할 뿐이다.

나를 위하여 늘 기도하시는 노모 老母를 생각하니, 울컥 눈물이 쏟아진다. 늘 죄송할 뿐이다. 지천명 知天命은커녕 부모 마음조차 헤아리지 못하는 신세다.

이 세상에서 가장 작은 교회, 그러나 그 품과 마음씨는 아주 큰 '인천평화교회' 교우 분들께 감사드린다.

계양산 숲을 지켜내는 것은 어쩌면 우리 자신을 지켜내는 일 외에 다른 것이 아니다.

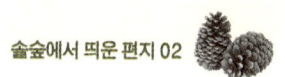
솔숲에서 띄운 편지 02

네가 목사냐?
2006년 12월 23일

아침 햇살을 받는다. 세상이 환해진다. 명상과 기도가 늘 부족했던 나에게 소나무 숲은 너무도 적당하고 필요한 곳이다. 감사할 뿐이다.

이름 모르는 새들의 지저귐과 속삭임 속에 차를 마신다. 맑고 신선한 공기를 마신다. 계양산 자락으로 내가 들어온 것이다. 그 품이 포근하다. 고요하다. 맑고 푸르다. 이곳 생활에서, 비록 며칠 안 되었지만, 터득한 생활의 진리는 사람이 살아가는 데 중요한 것은 특별한 게 아니라는 것이다. 공기와 숨 쉬는 것, 물, 밥과 반찬, 오줌과 똥, 잠자는 것, 그리고 친구, 가족, 사람들이다. 요약한다면 자연과 사람이다.

사람이 살아가는 데 중요한 것은 자연과 사람 이외에 다른 것은 없다. 권력, 재물, 명예, 학식, 문명의 이기利器들은 그 다음의 문제라는 아주 기초적인 깨달음을 얻은 것이다.

언젠가 장일담이 '밥을 굶으면 배가 고프다'라는 위대한 자각을 한 것처럼, 그리스도께서 '하늘 나는 새를 보라, 들에 피는 백합을 보라'고 하신 연유를 다시 한 번 깊이 되새긴다. 그리스도 예수의 놀라울 만한 지혜와 통찰은 하늘나라의 비유에서 엿볼 수 있는데, 그 구성 요소는 자연과 사람이다.

학기 형이 쌍화탕을 들고 왔다. 형을 만난 것은 행운이고 은총이다. 늘 신세만 지고 산다. 수남 형이 침낭(영하 15도까지 너끈히 버틸 만한)을 보내 왔다. 그래서 지난 밤, 잠을 깊이 잘 잤다. 악동 수남 형을 떠올리니 그저 웃음만 난다. 어제는 김일회 신부, 정한식 목사, 유진수, 박은희, 김민서, 이종일이 왔다.

그러던 중 낯선 두 사람이 나타나면서 계양산 자락의 평온은 깨졌다. 내 마음의 평온도 깨졌다. 한 사람은 신격호 롯데 회장 소유의 땅을 관리하시는 분인 것을 나중에 알게 됐다. 그들은 소나무 숲에 쳐놓은 열 개 정도의 현수막을 자르러 왔고, 나무 밑에 있는 텐트(나무 위 농성을 지원하는 용도)를 치우라고 했다.

자세한 내막은 다 쓸 수 없지만 그와 나는 고래고래 소리를 지르며 싸웠댔다. 그가 커터(연필 깎는 칼)로 이종일(인천참여자치연대 실무 간사)을 위협하고, 종일이는 도망치는 모습을 보면서 나는 "야, 개새끼야 그만해"라고 소리 질러댔다. "내려가면 너 죽여버리겠다"고 했다.

휴대폰이 없었다. 그래서 나는 종일이가 당하는 것을 보고, 등산객 몇 명에게 도움을 청했으나 별 도움을 얻지 못했다. 핸드폰도 필요한 때가 있다. 내가 하도 욕을 하니까 그분 하는 말 "네가 목사냐? 너 어디 신학교 나왔어? 저 성질 가지고 저 위에 얼마나 있을까? 어린 양이 욕하니까 목사도 욕하냐?" 하고 비아냥거린다. 그래서 내가 "너 같은 어린 양 둔 적 없다"고 했다.

그런 싸움판에 이상권 교수가 왔다. 이 교수님이 오니까 수그러들었다. 삼사십 분 후에 종일이의 연락을 받은 한승우, 유진수, 백영민, 정한식, 조강희, 권창식, 박재성 등이 차례로 왔다. 계양서 정보과 형사도 왔다. 상황이 끝나고, 시간이 흘러 어둠이 내리는데, 가만히 앉아 생각해보니 그분 말씀이 다 맞는 것이다. '네가 목사냐? 저 성질 갖고 나무 위에 얼마나 있을 수 있냐? 어린 양이 욕한다고 목사도 욕하냐?' 나는 솔직히 고개를 주억거릴 수밖에 없다.

어제(12월 22일) '있는 그대로의 나'가 아무 가감 없이 드러났다. 그 정도다. 조금 나아질까? 아기 예수 맞는 '빈 방'이기를 바라면서도 속은 내 생각으로 꽉 차 있다.

이미 어둠이 짙게 깔린 숲 속에서 "목사님!" 부르는 소리가 난다. 이미영(민주개혁 시민연대 간사)이가 온 것이다. 어둔 밤 숲길을 걸었으니 얼마나 무서웠을까. 죽었다 깨도 나는 그렇게 못 하는데 미영이는 정말 깡순이다. 미영이 덕에 우중충한 생각들 다 날려보냈다. 예쁜 미영이. 미영이가 가져온 호빵으로 저녁을 대신했다. 호빵은 늘 먹어도 맛있다. 이런 곳에서 먹으니까 더 꿀맛이다.

사실 어젯밤은 참으로 오래 기다린 생명평화기독연대의 밴드 첫 발표회 날이요, '고난받는 이웃을 위한 성탄 예배'가 동암역 부근 '삶이 보이는 창'에서 열린 날이었다. 그조차 까맣게 잊어버리고 혼비백산한 나의 모습을 본다. 정신 차리고, 마음 맑게 투쟁할 수 없는가? 그분은 그러셨는데 나는 그냥 '나대로'다.

박경란 교우와 통화했다. 모임은 잘되었다고 한다. 마음이 놓인다. 아! 곤고한 날이로다.

기쁜 성탄 맞이하시기를 기도하며……

아름다운 성탄 전야

2006년 12월 24일

인천평화교회 — 세상에서 가장 작지만, 그 품만큼은 가장 넓은 — 식구들이 왔다. 목사가 나무 위에 오르니, 이곳으로 예배를 드리러 온 것이다. 송숙자, 이강희, 박경란, 이한수, 이호연, 이하연, 김민주, 김민철 그리고 조현행까지 어른 여섯, 청소년과 아이 넷, 합해서 열 명이 예배를 드렸다. 인천평화교회가 그래서 의지하는 성경 구절이 '두세 사람이라도 내 이름으로 모인 곳에'이다. 교우들과 만날 수 있었던 것이 영광이다. 2006년 첫 주일(1월 1일) 예배를 드리기 시작한 이후, 이제 1년이 되는 신생아이지만, 성령께서 우리를 모으시고, 이끌어가심을 나는 믿고 확신한다. 나는 '인천평화교회'가 너무 좋다.

성탄 전야. 중1 때부터 교회를 다니기 시작한 나에게 가장 신나고 그냥 흥분되는 말 가운데 하나가 'Christmas Eve'였다. 통행금지가 없어서 그랬을까. 그런데 올해 맞이한 성탄 전야의 아름답고 거룩한 밤은 쉽게 다시 만나지 못할 것이다. 그야말로 'Oh! Holy Night'이다.

나섬교회 식구들이 왔다. 백 목사가 이곳으로 올라오고 있는 것은 멀리서도 알 수 있다. '백파바로티'라는 그의 풍부한 성량 탓이다. 거리에서 마이크 없이 연설할 수 있는 백영민이다.

나섬교회에 2년간 출석했다(2004~2005). 교우들이 거의 다 온 듯하다. 이미 숲은 어둠이 짙어서 얼굴 윤곽과 목소리로 구별된다. 성탄 찬송을 함께 나누었다. 숲 속의 성탄 'Night Song Festival'이라 할까. 감격할 뿐이다. 그리고는 약 올리고 갔다. 저녁 식사 '게' 먹으러 간다고.

어둠이 짙게 깔린 7시 30분쯤, 신종철 목사님을 비롯한 신성교회 성도 70여 분이 성탄 축하 저녁 예배를 드리기 위하여 숲으로 오셨다. 《고요한 밤, 거룩한 밤》을 나직이 부르며 산길을 오르는 교우들의 행렬을 보는 그 자체가 황홀한 광경이었다. "감사합니다"라는 말 외에 꺼낼 말이 없었다.

신 목사님을 비롯한 모든 성도님들께 허리 숙여 인사를 드린다. 개신교 내부 교단의 벽, 굉장히 강고한 것 같지만, 이렇듯 하나님과 생명 앞에서 쉽게 무너지는 것이다. 교단도 다른 후배 목사의 농성장을 방문하신 것이다. 물론 근본 취지는 '하나님의 숲, 하나님의 나무를 함부로 벨 수 없다'는 교회의 환경 의식이겠지만.

욕망을 비우는 운동

2006년 12월 26일

나무 위로 올라 온 지 1주일이 되었다.

나무 위 생활은 상당히 적응이 되어, 불편함은 없다. 숲 가운데 앉아 있는 것이 내 삶과 목회에 새로운 전환점이 되기를 기도하면서 지낸다.

계양산 발전협의회와 계양 1동 통장협의회가 무수한 욕설과 비방 가운데 문서를 보내왔다. '목사 윤인중 자진 철수 요구서'이다. 시민단체, 환경단체가 그동안 피해를 받고 살아온 주민들의 고통을 외면한 채 일을 진행하기에 자신들이 나서서 모종의 실력행사를 할 것이고, 그 책임은 대책위와 나무 위에 올라간 내게 있음을 포고하는 것이다.

"가정동에 살면서 왜 여기까지 와서 농성하느냐?"

"목회나 잘하라."

"십일조 안 걷히니까 여기 왔지."

"저게 목사냐?"

"대화하자고 하면서(계산성당에서 내가 한 말) 왜 나무 위에 올라갔느냐?"

"계양산에 나무 한 그루 심어 봤느냐? 이 나무 다 우리가 심은 나무다."

"너 죽이고 징역 3년만 살면 된다."

"포크레인으로 다 밀어버리겠다."

"교회가 어디냐? 찾아가 우리도 데모하겠다."

"나무를 보호한다면서, 왜 나무 위에 텐트를 쳐서, 나무 아프게 하느냐? '아프다'고 하는 나무의 소리를 못 듣느냐!"

격앙된 어조로 불편한 속내를 드러낸다. 40여 명 정도의 사람들이 성난 얼굴로 말을 해댄다.

사실 곤혹스럽다. 개발제한구역(그린벨트)에 사는 주민들이 겪는 불편과 고통에 대해 직접 경험하지는 못했지만, 언론 보도를 통하여 알고 있는 나로서 그분들의 심정을 조금은 이해할 수 있다. 그분들의 주장이 전적으로 옳다고 할 수 없지만, 주민들의 요구와 바람은 그 자체로 소중한 것이고, 경청해야 할 것이다.

'개발 공화국' '토지국가' '부동산 투기도 투자가 될 수 있는 인천시' 속에 살면서, 가면 갈수록 난개발과 그로 인한 생태계 파괴의 문제는 불보듯이 뻔하게 일어날 터이다. 환경단체나 시민단체가 좀 더 신중한 자세로 해당 지역 주민들에게 접근해야 할 것이다.

물론 시민단체, 환경단체가 권력기관이 아니고, 입법기관도 아닌 것은 자명하다. 시민들의 편에 서서, 시민들과 함께 우리 사회의 진보를 위하여 운동을 할 뿐이다.

앞으로도 주민들은 성난 표정으로 이 숲에 올 것이다. 나의 바람은 주민들과 대책협의회 사이에 서로 상대의 입장과 처지를 이해하는 가운데 바람직한 방향을 찾는 것이다. '그럴 수도 있을 텐데'라는 생각을 해본다.

주민들과 함께 주민들이 주체가 되어, 계양산 숲을 보전하면서, 주민들의 불편과 고통을 극복해 나가는 길을 찾아나서야 할 것이다. 이 운동은 신격호 회장, 롯데건설, 인천시를 상대로 한 운동이다. 물론 우리 모두의 그릇된 욕망을 비우는 과정이기도 하다.

백영민 목사, 서홍석 집사, 여성민우회 김미경 대표와 회원들이 말없이 광경을 지켜보고 따뜻한 위로를 한다. 그래 잘 버텨내야 한다. 그리 되기를 기도할 뿐이다. 주의 영이 늘 함께하시니, 내게 힘이 솟고, 없던 용기도 올라올 것이다.

숲길이 어두워졌는데 이진권 목사가 올라온다. 꺼벙이 '이진권'. 나는 그가 좋다. 인천이라는 지역에서 이 목사와 함께 고민하고, 대화하고, 기도하는 것이 그저 은총이다. 예수 그리스도의 길을 따르는 '길벗공동체'를 이루어가기를 소망한다. 하루가 저문다. 누우니 편하다.

솔숲에서 띄운 편지 05

목사님, 힘내세요
2006년 12월 27일

아침 식사로는 유자차, 사과, 귤이다. 식사가 끝나면 몸을 풀고 걷기를 시작한다. 제자리를 계속해서 걷는다. 아직 어슴푸레한 숲을 보면서 걷는 것만으로도 행복하다.

김은영이 왔다. 그동안 이런저런 자리에서 스치듯이 만났는데, 이번 사건을 계기로 그녀의 열성과 의지에 놀랄 뿐이다.

요즈음 너무 잘 먹는다. 식당 밥 신세를 벗어난 느낌이다. 큰 빚을 지고 있다. 나누어주기보다는 얻어먹는 신세를 언제까지 할 것인지 부끄러워진다.

오후 3시쯤 기장 총회에서 정진우 목사가 왔다. 여러 가지를 주문했는데, 선뜻 '그렇게 하마'고 한다. 교단에 속해 있으면서도 게으른 편인데, 손을 내밀자니 이 또한 죄송한 일이다.

시청 앞 농성 동기 김일회 신부가 왔다. 이번 일이 마무리되면 여행 한 번 가자고 했다. 미소를 잃지 않는 김 신부의 얼굴이 부러울 뿐이다. 녹색연합 염정희 님이 팥죽을 가져왔다. 체면 불구하고 맛있게 먹었다.

요즈음 제일 많이 듣는 인사는 "목사님 힘내세요"다. 그래 힘내야지. 제발 우리가 소망하는 것들이 하늘 보좌를 움직여 성취되기를 기도한다.

바람이 분다. 나무숲이 바람에 따라 흔들린다. 그 흔들림을 몸으로 받는다. 나도 덩달아 흔들린다. 풍랑이 높은 바다에서 제자들은 두려움에 떨고 있는데, 주님은 깊은 잠을 누리신다. 어떤 상황에서도 고요하고 맑

소나무숲에서 보내는 일흔번째 편지
2006년 12월 27일 수
(나무농성 8일째라)

아침 식사로는 유자차, 사과, 호이다. 식사가 끝내면 물을 풀고 편 걷기를 시작한다. 제자리를 계속해서 걷는다. 숲을 바라서 걷는 것◯ 여간 기분좋은 일이 아직 미숙드래큐는   만으로도 행복하다.

김은영이 왔다. 그들은 이런저런 자리에서 스치듯이 만났었는데, 이번 사건을 계기로 그녀의 열성과 의지에 놀랄 뿐이다.

요즘은 너무 ◯ 잘먹는다. 식당밥 신세를 벗어난 느낌이다. 큰 낯을 지고 있다. 남부의 국거보다는 얻어먹는 신세를 언제까지 할 것인지 부끄러워진다.

오후 3시쯤 기장 출타에서 절진우 목사가 왔다. 여러가지를 주문했는데, 선뜻 '그렇게 하마'고 한다. 교단에 속해 있으면서도 게으른 편인데, 몸을 내밀자니 이 또한 죄송한 일이다.

목사연대 염정희님이 팥죽을 가져다 주었다. 해변 불구하게 맛있게 먹었다. 요즘 제주 많이 듣는 인사 '목사님 힘내세요!'
신장 앞 농성 돕기 김인희 선생가 닿았다. 이번 일이 마무리 되면 여행 한 번 가자고 했다. 미소를 잃지 않는 신복◯의 얼굴이 부러울 뿐이다.
김

힘내야지. 제발 우리가 소망하는 것들이 하늘 보라를 움직여 성취되기를 기도한다.

바람이 분다. 나무들이 바람에 따라 흔들린다.
그 흔들림을 몸으로 받는다. 나도 덩달아 흔들린다. 풍랑이
높은 바다에서 뱃사람들은 두려움에 떨고 있는데, 죽남은
깊은 잠을 누리신다. 이런 상황에서도 고요하고 맑은
몸과 마음을 지니시는 분, 그 분을 모시고 사는 것이 은총일
뿐이다.

늘 상황에 휘둘러, 번번이 후회를 하는 나로서,
그 말씀을 따라 하고 싶으나 이루기 힘든 지경이다.
언젠가 이현주 목사님이 말씀하셨다. '힘든 것'과
'이루지 못하는 것'은 구분해야 한다고. 힘들 뿐이지 이루지
못한 것은 아니다.

큰 파도가 치듯 천박이 산악하고 쏟아내려 나의
작은 배가 춤을 춘다. '눈에 함께 춤을' 이라는 영화를
때려보고 싶은데. '작은 배도 함께 춤을' 추는 이 밤이다.
바람이 부는 것이 아니라 눈도 흩날리는 새벽에 몸에
숲에 내리는, 숲이 씻어가는 그 눈을 맞이하고 싶다.
Radio에서 울려나오는 peter, paul, mary 의 'puff'
를 들으며, 30년 전 '님을 잃은 그때에게'를 다락방에서
  서유석이 전하였던

들면, 참 눈진하고 어리버리한 손녀의 애떤 날들을
기억해본다. 그 애가 어른이 되고 하는 아이의 아버지가
되고, 또 그 아이가 이제 청년으로 성장한 증거들을
되짚어 본다. 참 쑬였는가? 되돌리니 그럴듯이다. 울프
그 단어는 더두워도 가는 일들이 많이 있다. 그래서도, 그래서도

잠 잘 않는다. 그것이 은총이다. 감사를 받이다. 지금 온나무 숲은
  목숨이나
바람과 더불어 그 무엇도 흉내낼 수 없는 저들만의 춤을 춘다.

은 몸과 마음을 지니시는 분, 그분을 모시고 사는 것이 은총일 뿐이다.

늘 상황에 휘둘리고, 번번이 후회를 하는 나로서 그 말씀은 따라 하고 싶으나 이루기 힘든 지경이다. 언젠가 이현주 목사님이 말씀하셨다. '힘든 것'과 '이루지 못할 것'은 구분해야 한다고. 힘들 뿐이지 이루지 못할 것은 아니다.

큰 파도가 치듯 천막이 쏴아악 하고 소리 내더니 나의 작은 배가 춤을 춘다. 《늑대와 함께 춤을》이라는 영화를 패러디 한다면 '작은 배와 함께 춤을' 추는 이 밤이다. 바람만 부는 것이 아니라 눈도 온다는데, 새벽에 일어나 숲에 내리는, 숲에 쌓여가는 그 눈을 맞이하고 싶다.

라디오에서 울려나오는 Peter, Paul & Mary의 《Puff》를 들으며, 30년 전 서유석이 진행하던 '밤을 잊은 그대에게'를 다락방에서 듣던, 참 순진하고 어리버리한 소년의 앳된 얼굴을 기억해본다. 그 소년이 어른이 되고 한 아이의 아버지가 되고, 또 그 아이가 이제 청년으로 성장한 줄거리들을 되짚어본다. 잘 살았는가? 되물으니 '그렇다'이다.

물론 그 안에는 덮어두고 싶은 일들이 무척이나 많이 있다. 그럼에도, 그럼에도 잘 살았다. 그것이 은총이다. 감사할 뿐이다. 지금 소나무 숲은 바람과 더불어 그 무엇도 흉내낼 수 없는 저들만의 춤을 춘다.

양희은이 부른 번안 가요가 떠오르는 이 밤이다.

'모두가 사라진 숲에는 나무들만 남아 있네. 때가 되면 이들도 사라져 고요만이 남겠네. 바람아 너는 알고 있나? 비야 네가 알고 있나? 무엇이 이 숲 속에서 음음~ 이들을 데려갈까.'

당신 동네로 가

2006년 12월 28일

나무 위 생활 수칙 가운데 첫째는 '천천히'다.

공간이 아주 협소한 탓에 재빨리 움직일 수도 없으려니와, 안전의 문제도 있어 그렇다. 밥을 먹는 시간도 2시간 이상 걸린다. 준비하고, 상 차리고(신문지 상이지만), 정리하고, 차 한 잔 마시는 데 상당한 시간이 소요된다. 워낙 급한 성격인지라, 머리와 입으로는 늘 '천천히'를 되뇌면서도, '서둘러'와 '빨리 빨리'에 익숙한 나로서는 불편하기 짝이 없다.

갑자기 추위가 몰려오고 바람이 거세진 저녁에는 물도 얼고 가스통도 얼어서 차 한 잔 마시는 데 2시간이 걸렸다. 여기서는 어쩔 수 없이 '천천히'가 왕도다. 그 수칙은 나에게는 너무도 요긴한 생활 태도다. 그것을 배우고 몸에 익히고 내려간다면 더할 나위가 없겠다. 나를 이곳으로 이끄신 분의 바람이라고 여긴다.

이진 목사님과 박귀현 선배가 격려차 방문했다. 나는 또 부탁을 한다. '신세지는 삶'이 된 것이다. 모든 것이 서로 의존해 있다는 것을 절실히 깨닫는다. 나 홀로 살아갈 수 있는 길은 없다. '신뢰'라는 가치가 소중하다. 관계는 신뢰다. 신앙도 신뢰다. 그리스도 예수와 그를 따르는 공동체와 맺는 신뢰다. 계약(신앙) 역시 신뢰를 기초로 한다.

날씨가 추워진다고 친구들의 고생이 많다. 백 목사와 정 목사가 이리저리 돌아다니는 것을 보니 고맙기 그지없다. 이우재 선배와 '뽕'(유봉희)이가 왔는데 그토록 말이 많던 우리의 '뽕'이 내 처지가 가련한지 좀

처럼 입을 열지 않는다. 김현기 목사(성수교회), 김지태 목사, 조정현 목사, 박경서 목사가 모자란 선배 보살핀다고 고생을 한다. 기쁘게 일하는 모습이 보기 좋다.

밤 11시쯤이 되었을까, 아래 텐트 쪽에서 소리가 난다. 주민들 세 분이 항의 겸, 불편한 속내를 털어놓을 겸, 호소 겸 해서 오신 것이다. 참 어려운 일이다. 답답한 일이다. 한 주민이 지난 공청회에서 토로했던 "'맹꽁이' 살리자는 사람들이 왜 '사람'은 안 살리려 하느냐?"는 말이 생각난다. 사실 이 소리는 시민단체가 들을 소리가 아니다. 구청이나 시청에서 권력을 쥐고 있는 사람들이 귀 기울여 들어야 할 말이다. 그러나 그 소리는 우리 모두가 들어야 할 소리다. 주민들 역시 예외는 아니다.

'돈'이 중심이 된 사회, '돈'이 '신'의 위치를 대신하는 사회를 산다. '돈' 되는 일과 '돈' 안 되는 일이 엄격히 구별되는 사회다. 언젠가 법륜 스님이 "이 세상의 종교는 두 가지다. 하나는 '돈'을 숭배하는 종교요, 다른 하나는 궁극적 존재를 신앙하는 종교다"라고 이야기한 것을 듣고 공감한 바 있다.

'돈'(자본)이 있는 사람들은 그 '돈'을 미끼로 사람들을 모으고, 자신의 가치와 논리를 주입시키고, 그에 따라 움직이게 한다. '돈'에 따라 움직일 것인가? '가치'를 중심으로 움직일 것인가?

'숲'과 '돈' 사이에 우리들의 저울은 어디로 기울 것인가? '숲'을 지키면서도 '주민들의 요구'를 충족할 수 있는 길은 전혀 없는가? '숲'을 지키는 것이 '주민들의 요구'를 실현하는 데도 더 가치 있는 일이라는 것을 설득력 있게 말할 수 없는 나의 수준이 안타까울 뿐이다.

나무 위 생활을 하면 할수록 '건강한 주민 조직'의 필요성을 절감한다.

동네 단위로 '주민 자치 조직'이 생겨나야 한다. '민주주의 심화'라는 개념을 나는 동네에서 실현되는 민주주의라고 풀이하고 있다. '평화와 생태'를 중심 가치로 활동하는 '풀뿌리 기초(주민)공동체'를 만들고 형성하는 일이 아주 절감되는 요즈음이다.

지금 겪는 여러 어려움 가운데 하나가 계양산 주변에 '계양산'을 자신과 관계있다고 여기고, 책임감 있게 달려드는 주민들이 없다는 것이다. 골프장 찬성하는 분들이 나에게 단골로 하는 말이 있다.

"당신 동네 가서 데모해. 우리 동네는 우리가 지킬 거야."

솔숲에서 띄운 편지 07

개발은 야만이다

2006년 12월 30일

리영희 선생님이 어느 일간지와의 대화에서, 자신은 시대를 휘감고 있는 '반공주의'와 '숭미 사대주의'라는 우상 숭배를 걷어내기 위하여 살아왔고, 싸워왔다고 말씀하셨다. 분단 시대를 사는 지식인 가운데 빼어나게 순수하고 철저한 지성인의 면모를 그분에게서 본다.

재수할 때였다(1977년). 교회 선배로부터 전해받은 『전환시대의 논리』는 나의 어수룩한 의식을 강타한 충격이었다. 다른 세계가 보이는 것이었다. '진실과 용기'의 세계였다. 베트남 전쟁과 중국에 대한 전혀 새로운 이해를 하게 된 것이다. 나를 흔든 여러 책 가운데 가장 최초의 책은 리영희 선생님의 『전환시대의 논리』이다.

'반공주의'와 '숭미 사대주의'는 분단 이후 이승만 독재정권, 박정희, 전두환, 노태우 군사정권에 이르기까지, 50여 년을 지배해온 힘의 이데올로기였다. 보이지 않지만 실제로 강력하게 작용했다. 그런데 신자유주의 세계화가 미친 광풍처럼 몰아치던 90년대 이후 우리 사회를, 이 땅의 순박한 민중들을 사로잡는 새로운 우상이 생겨났다. 나는 그것을 '개발주의'라고 여긴다.

'개발주의(막개발, 난개발)'의 문제는 '반공주의'와 '숭미 사대주의'와 궤를 같이하면서도 전혀 색다른 점이 있다. '반공주의'와 '숭미 사대주의'가 '이데올로기'의 문제요, 그 이데올로기를 전 사회에 관철하기 위하여 군사적, 폭력적인 강제력을 동원하는 체제라면, 개발주의는 '경제적 가치(돈의 가치)'를 맹목적으로 숭배하되, 그 외양은 합리적이고 합법적인 형태를 취한다는 점이다. 전자가 외적 강제에 의한 것이라면 후자는 내적 욕망을 부추기는 방식을 통하여 작동한다.

계양산 숲을 지키고, 생태계의 질서를 회복하는 방향으로 나아갈 것인가? 아니면 생태계가 일부(또는 현저하게) 파괴될지라도 막대한 기업 이윤과 도심 주민의 경제적 이익을 위하는 길로 갈 것인가?

이미 새만금 갯벌을 콘크리트로 메우면서 그 막대한 위용을 과시한 바 있고, 대법원 판결을 통하여 야만적 개발을 합법화시켜 준 이 사회다. 지금 경주 지역에서 주민들끼리 핵 폐기장 시설과 직원 숙소를 소재로 다툼을 벌이고 있는 것은, 현재 우리 사회 보통 사람들의 의식 수준과 경제적 상승을 향한 욕망의 분출 정도를 극명하게 드러내준다.

간디 선생님은 "지구별은 인간의 필요를 충족하는 데 전혀 부족함이 없다. 그러나 인간의 욕망을 충족하기에는 턱없이 부족하다"고 오래전에 설파하셨다. 핸드폰을 수시로 바꾸는 사회, 새 아파트를 들어간 첫 작업이 새 아파트를 더 새로운 아파트로 만들기 위한 공사가 마구 진행되는 사회, 갯벌 역시 경제 가치로, 숲 역시 돈의 가치로 마구 파헤쳐지고 베어지는 사회, 분명히 급속히 일어섰지만, 아주 급속히 붕괴하리라. 이 모든 것은 개발이라는 깃발 아래 진행되는 야만이다.

우리 사회의 방향키를 돌리지 않으면 그 길은 멸망이다. 궤멸이다. 아주 천박한 정글이 될 것이다. 이 키를 조금이라도 돌려야 한다. 이 키를 조금이라도 돌리기 위한 일에 우리가 참여해야 하고, 개입해야 한다. 함께 큰 함성을 질러야 한다.

" '그만'해, 돌아가자, '멈춰 Stop!'"

역사의 수레바퀴가 낭떠러지로 향하는 것을 보고, 예수는 온몸을 던져 그 수레바퀴를 멈추려 했다고 이야기한 신학자가 있다. 결국 한쪽 바퀴에 예수의 살과 피가 뒤엉켜, 역사의 수레바퀴가 조금씩 조금씩 방향을 전환하게 되었다는 이야기가 기억난다.

개발주의, '돈'이 국익인 세상, 그래서 수억의 돈을 자면서도 벌 수 있는 세상, 그렇게 되면 축복이고, 그렇지 못하면 실패한 인생이 되는 세상, 갯벌과 숲이 한낱 개발의 장애로 여겨지는 이 광폭하고 야만적인 수레바퀴를 향하여 온몸과 마음을 던질, 그런 깨어 있는 사람들이 절실히 필요한 때가 지금이다.

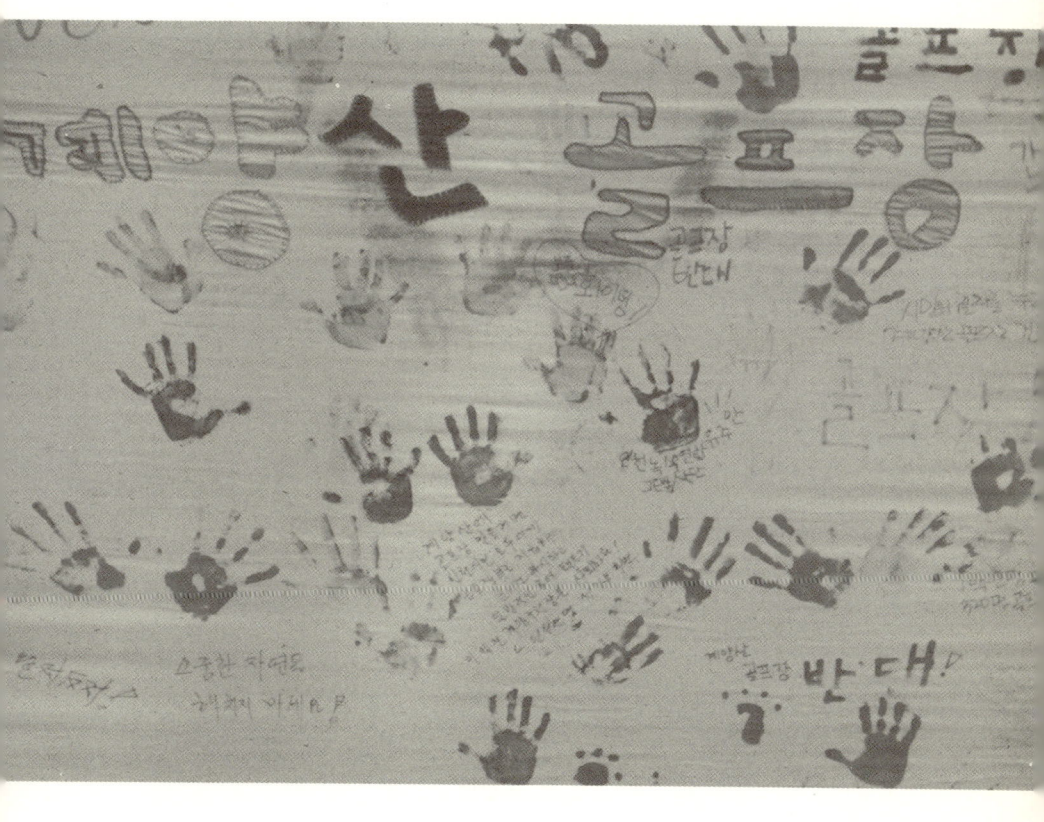

ⓒ 김민수

솔숲에서 띄운 편지 08

나를 비우는 새해가 되기를

2007년 1월 1일

신년 산행을 하고 친구들이 내려왔다. '새해 복 많이 받으세요'라고 서로 덕담을 나눴다. 소나무 숲에서 맞이하는 새해 아침. 참으로 신선하다. 몸과 마음과 영혼이 저 푸르른 숲같이 물들기를 기도한다.

한두 방울 떨어지더니 비가 오신다. 그만큼 날씨가 푸근하다는 표지이다. 텐트 위로 또닥또닥 떨어지는 빗소리를 들으니 여기가 농성장인지, 숲 야영장인지 구분이 안 간다. 빗소리 들으니 《긴 머리 소녀》와 한식이가 생각난다.

백담사 계곡 수렴동 산장을 늘 마음에 품고 산다. 크지 않은 것이 마음에 들고, 아침에 일어나면 계곡 물이 무척 푸른 빛을 띠며 철철 흐르는 곳이다.

'공성이불거功成而不居'란 옛 말씀을 떠올린다. 공을 세우되 거기에 머무르지 않는다. 그리스도의 삶이 그러했다. 선생님은 그러했지만 제자들은 늘 자리를 다툰다. 공功을 앞세운다.

누가 알아주지 않으면 서운한 것이다. '비운' 그릇에 새로운 음식이 채워지듯이 '자기를 비워야' 새로운 존재가 들어올 수 있는 법이다. 허나 '자기를 비울 수 있는 삶'이 쉽지 않은 것을 지나온 발자취가 웅변한다.

그 쉽지 않은 길을 한번 떠나보는 한 해이기를 소망하며……

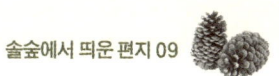
솔숲에서 띄운 편지 09

그분이 빛으로 오시네

2007년 1월 2일

숲에 어둠이 깃드는 정경이 고요하다면, 숲에 빛이 들어 환해지는 모습은 신선하다. 어둠과 빛이 서로의 자리를 이어받는데 전혀 소리가 나지 않는다. 시끄럽지 않다. 그냥 그렇게 이어진다. 해가 뜨는 소리도, 해가 지는 소리도 들리지 않는다. 달도 그렇다. 그래서 나무는 그 자리에 그대로 있는 것인가?

다툼과 소란, 분노와 한숨이 있는 곳은 사람 사이뿐이다. '참사람 부족'(호주의 원주민)은 이런 사람들을 무탄트(돌연변이)라 부른다. 돌연변이는 기본 구조에 어떤 중요한 변화가 일어나, 본래의 모습을 상실한 존재, 곧 스스로를 문명인이라 칭하는 현대인을 지칭한다. 무탄트들은 본래의 참사람다움을 잃어버리고, 잊어버림으로써 자신들의 이익을 위해 어머니 대지를 파헤치고, 강을 더럽히고, 나무를 쓰러뜨리며, 동물을 마구 포획한다. 사람마저 죽인다. 이 돌연변이들은 그 자신의 생존 터전인 지구촌을 마구 파괴한다. 그것을 '개발' '문명화' '산업화' '근대화'라 칭한다.

이혜경이 선물로 준 책, 말로 모건이 쓰고 류시화가 번역한 『무탄트 메시지』(정신세계사)는 그 자체로 감동이며, 감격이다. 그 책을 읽는 자체가 즐겁다. 호주 원주민 '참사람 부족'이 문명인들에게 전하는 간곡한 메시지다. 귀 있는 자가 들을 것이고, 눈이 있는 자가 볼 것이다.

보름달이 떴다. 임병구 선생과 나는 샛노란 보름달 빛을 맞으며 어둠이 깃든 숲을 거닌다. 아름다운 사람 임병구다.

'새벽이' 놈이 보고 싶다. 새끼는 그래서 좋은가 보다.

텐트 안으로 달빛이 스며든다. 불빛이 없는 밤인데도 텐트 안이 환하다. 그분이 오늘은 빛으로 오시나, 그 축복을 마음을 다하여 받아들인다. 내 몸 어딘가 조금이라도 밝아졌을 것이다.

솔숲에서 띄운 편지 10

달빛 쏟아지는 밤

2007년 1월 3일

보름달 빛이 환하다. 무어라 말로 표현할 길이 없다. 그 빛을 밤새 맞으며 숲길을 걷고 싶다. 내 속에 들어가 웅크리고 있는 것들, 부끄러움, 두려움, 시기, 성취욕, 인정 욕구, 우쭐거림, 소심함 들을 하나하나 벗을 수 있는, 내려놓을 수 있는 그 빛의 길을 걷기를 기도한다. 숲으로 이끄시는 뜻을 묻는다. 거꾸로 '나는 지금, 무엇하러 왔는가?'에 대하여 묻는다.

강원도 산골 오두막 암자에서 자기의 길을 걷고 있는 한 스님의 글이 하루 종일 머리에 박히고, 마음에 울렸다.

"세상과 타협하는 일보다 더 경계해야 할 일은 자기 자신과 타협하는 길이다. 스스로 자신의 매서운 스승 노릇을 해야 한다."

"투철한 자기 결단도 없이 남의 흉내나 내는 원숭이 짓 하지 말라.

> 그대 자신의 길을 그대답게 갈 것이지, 그 누구의 복제품이 되려고 하는가?"
> ―『살아 있는 것은 다 행복하다』 중에서

스스로 자신의 매서운 스승이 되어, 자신의 길을 걸으라는 가르침에 새 힘과 용기를 얻는다. 그 길은 이미 그리스도 예수께서 걸으셨고, 우리에게 드러내 보이신 길이다. '광야 체험'과 이른 새벽 산에 오르셔서 기도하시는 예수의 삶이 있었기에 공생애, 십자가와 부활의 역사가 있는 것이다.

설악산 양폭 산장에서 별들이 물들어 내려오던 그 밤이 선연하게 기억난다. 달빛과 별빛, 그리스도의 빛이 이 숲을 충만하게 적시는 밤에 내가 서 있다. 빛으로 충만한 어둠이다.

솔숲에서 띄운 편지 11

사람 도리가 뭘까?

2007년 1월 4일

'계양산 숲'을 지키는 일은 어느 정도의 가치를 지니는가? 이 숲 하나 없어진다고 세상이 끝장날 일도 아니다. 어쩌면 지극히 작은 일일지도 모른다. 허나, 나는 그 작은 일에 마음과 혼을 다하고 싶다. 흰 달빛 받으며 묵묵히 서 있는 친구들을 바라보며, '그래 내 할 수 있는 일은 다 할게'라고 재삼 다짐한다. 내가 할 수 있는 일이 그리 많지도 않고, 크지도 않음을 알고 있는데도 어쩌면 지키지도 못할 약속을 또 하고 만다.

돌이켜보면 여태껏 '지키지도 못할 약속'을 남발하고 살아왔다. 배신의 역사였다. '지키지도 못할 약속'을 자주하는 나는 도대체 어떤 인간인가? 한심하기 짝이 없다. 그로 인하여 상처받은 사람들에게 면목이 없다.
라이홀드 니버의 기도를 묵상한다.

"바꿀 수 없는 것은 평화롭게 받아들이는 마음과 바꿀 수 있는 것은 과감하게 바꾸는 용기와, 그것을 구별할 수 있는 지혜를 주소서."

기도하는 중에 '침묵하라' '겸손하라'는 내면의 소리를 듣는다.

솔숲에서 띄운 편지 12

싸라기눈 내리는 밤

2007년 1월 6일

밤이 깊어 잠을 자는 중이었다. 거센 바람이 불기 시작하더니 쏴아악 하는 소리와 함께 텐트가 또 춤을 추기 시작한다.
비도 내리기 시작한다. 천막 안으로 강한 빛이 들어오면서 천둥소리가 요란하게 울린다. '어떡할까?' 하다 일어나기로 했다. 이 광경을 깨어 있는 상태로 맞이하고 싶은 충동이 솟구친다. 언제, 어디서, 이런 경험을 하겠나 싶다.
나무 아래 텐트에서는 권창식과 차성수가 뭐가 그리 좋은지 웃기도 하고 이야기도 한다. 시계를 보니 새벽 1시 30분이다. 비는 곧 싸락눈으로 바뀌었다. 바람 불고 비 오고 천둥과 번개가 몰려오고 이제 싸라기눈까지 내리는 이 숲 속에 앉아 있는 것이 놀랍고 신기로울 뿐이다. 겁도 나긴 난다. 어설프게나마 안전을 모색해본다. 그리고 정은이가 남겨준 포도주를 한 잔 마신다. 정은이가 그랬다. "이거 마시면 잠이 잘 올 거예요."

신이 난다. 이 밤 마음껏 즐기리라. 바람과 비, 눈, 천둥과 번개 그 모든 것이 어우러지는 숲 속의 교향악을 귀 기울여 듣기로 한다. 나무 위로 올라온 것은 큰 축복이라 여긴다. 건너편에서 사육되는 개들이 놀랐는지 짖기 시작한다. 고요한 숲 속에 개 짖는 소리까지 더하니 묘한 밤이다.

언젠가 지리산 피아골에서 경험했던 천둥과 번개가 떠오른다. 그땐 참 무서웠는데, 호젓한 기분으로 산길을 걷다가 숙소로 뒷걸음친 일이 생각나 웃는다. 싸라기눈은 금세 비로 바뀐다. 또닥또닥 거린다. 혼자 지내기엔 아쉬운 밤이다. 누구라도 함께 있으면 밤새우기 딱 좋은 날이련만.

한식이네 집이 동인천에 있을 때였다. 김영철 목사, 나 그리고 한식이, 참 잘도 모였고, 밤샘도 자주했다. 다혜 엄마가 끓여주는 국수까지 천연덕스럽게 얻어먹으면서, 대지플라자로 막을 내린 그 시절이 그리워지는 밤이다.

지금은 어엿한 숙녀가 된 다혜가 대여섯 살이나 됐을까? 어릴 때부터 똘똘하던 다혜였다. 한식이가 사돈하자는 말에 며늘아기 보면 그리고 싶은데 장인이 될 인간이 맘에 안 든다고 했다. 이제는 역전이다. 내가 하자고 해도 모른 체할 것이다.

첫 목회할 때, 대부분 신혼 가정이거나 처녀 총각이 전부인 교회였다. 아이들이 생겨나기 시작했다. 그 아이들 얼굴이 하나하나 떠오른다. 새벽, 혜림, 은지, 결, 예슬, 빛, 다은, 가람, 어진, 영훈, 진한, 솔한, 희재,

희원, 지훈, 예림, 한울, 성희, 영호, 해인, 해동, 정, 현, 해뜸. 그런데 강은영의 딸 이름이 왜 생각이 안 나지. 치매다.

숭의동 시절, 창립 예배를 마치고 찍은 전全 교인 사진이 아련하게 떠오른다. 내 목회의 한때였다. 희정이와 영우, 은숙, 경화, 원범이와 혜영이. 다들 그리워지는 밤이다.

텐트 문을 활짝 열고 있으려니 빗방울이 안으로 튄다. 비가 조금씩 굵어지는가 보다.

박경란 선생이 문자를 보내왔다. 걱정이 되었나 보다. 문자로 답을 하라는데 그냥 전화했다.

초대 교인이 다르긴 다른 모양이다. 호연이가 답장을 썼다는데 읽질 못한다. 뭐라고 썼는지 궁금하다. 의젓한 호연이다.

때늦은 감상에 젖어보는 밤이 마냥 좋다.

솔숲에서 띄운 편지 13

다용도 공간이 있는 천막집

2007년 1월 8일

인천평화교회가 예배를 드리기 시작한 지 꼭 1년이 되는 주일이다. 첫 돌을 맞이한 셈이다. 계양산 숲 속에서 1주년 기념 예배를 드리는 것이 이상하고 특별하다. 평화로 오시는 예수 그리스도의 몸이 되기를 기도할 뿐이다. 숲 속에서 기운을 얻어 평화 목회를 구상해야겠다.

도심의 눈은 녹았을 터이지만, 이곳은 잔설이 남아 있다. 쌓일 만큼 된 것은 아니지만, 푸르른 솔잎과 흰 눈이 그럴듯하게 어울린다. 강원도 산골에서 눈 속에 파묻히고 싶다는 꿈이 있었다. 못 미치기는 하다만, 눈 내린 숲에 앉아 있는 것도 그 나름 맛이 독특하다.

베니어합판 3장으로 잇댄 10여 미터 높이의 천막집은 크기가 아마 1.8×2.7m, 1.5평 규모다. 세 그루의 소나무 허리를 대나무로 엮고 그 위에 합판을 올려놓은 것이다. 합판은 10mm 정도의 두께로 된 듯하다. 1인용 텐트가 있고, 여백이 조금 있다. 이 여백은 나의 체력 단련장으로, 또한 주방으로, 세면장으로, 그리고 산책장 등 다용도 공간이다. 오늘이 20일째이니 어느 정도 안착한 느낌이다.

저녁 6시 무렵부터 달이 뜨기 전까지가 가장 어둡다. 달이 앞동산에 얼굴을 비추기 시작하면 맑고 고운 겨울밤이 열린다. 해는 바로 쳐다볼 수 없지만, 달은 쳐다볼 수 있어 좋다. 별은 나무에 가려 보기 힘들다. 천막이 날아갈 듯 불던 바람도 잦아드니, 텐트를 걷고 마냥 달구경한다.

인천희망21 박재성, 정찬식, 한상국, 이춘상 등 여러분이 도움을 주었다. 임병구, 이인숙 부부가 낮에 아 격려를 보내겼고, 도은이가 옛 친구 두 명과 함께 왔다. 이번 돌아오는 주일(1월 14일) 정오에 '숲 속의 음악회'를 열겠다고 흔쾌히 답해 고마웠다. 날씨가 염려되는 겨울철이지만, 도은이가 여는 노래잔치에 사람들이 함께해주기를 기대한다.

숨을 쉰다는 것

2007년 1월 9일

기타는 조율을 해야 한다. 조율이 안 된 기타 줄을 친다면 그것은 소리가 아니다. 소음일 뿐이다. 기타 치는 실력의 첫 단계는 어쩌면 조율 능력에 달려 있다 할 수 있다.

조율은 화음으로 드러난다. 조율이 잘 된 기타 줄은 저마다 다른 음질, 음색을 띠면서도 전체로 하모니를 이루는 것이다. 그 음은 달콤하고, 때론 구슬프기까지 하다. 조율이 잘 된 기타를 치고 싶은 밤이다.

생명선교연대가 주관하는 예배가 소나무 숲이 우거진 뜰에서 열렸다. 기장 총회 교회와 사회위원회 김종맹 목사님이 참석하셔서 귀한 말씀을 주셨고, 최정의팔 목사님, 고은영 목사님을 비롯한 30여 명의 목사님과 성도들이 참여했다. 생명선교연대 모든 분들께 감사를 드린다. 내려가면 그동안의 게으름을 만회할 요량이다.

한신대 78동기생들이 참으로 먼 길을 달려왔다. 부산에서 이승정이, 증평에서 복영규가 그리고 창신동의 오리 이준원이 왔다. 동기생들을 보니까 임마누엘 수유리 캠퍼스 시절로 되돌아간 느낌이다. 지금은 다 잊혀진 옛 노래지만 우리는 교련 훈련을 받은 세대고, 정보과 형사와 중앙정보부(나중엔 안전기획부) 요원들이 제 집 드나들 듯 학교를 출입하던 비운의 세대다. 시절은 그랬지만 정이 있는 사람들이었다. 이데올로기와 입장을 따라 만나는 세대는 아니다. 신의를 소중히 여기는 세대다.

이제 중년의 나이이지만, 만나면 그 시절로 돌아갈 수 있는 사이다. 대부분 목회자로 교회를 섬기는데, 몇은 질 높은 평신도의 삶을 택했다. 동기 모임에도 늘 빠졌던 것이 부끄럽게도 친구들은 나를 맞이하고 지지해준다. 너무도 중후한 모습을 하고 나타난 이준원, 복 목사보다는 복 신부가 더 어울릴 것 같은 영규, 늘 열정이 넘치는 승정에게, 또한 기도로 함께하는 동기들에게 고맙다고 말하고 싶다.

돌이켜보면 너무도 어려운 신학교 생활이었다. 학교 분위기는 살벌했다. 나중에는 그 정황을 이해하게 되었지만, 신입생 시절 학교 분위기는 그리 좋은 인상이 아니었다. 겉돌았다. 그런 중에도 한신이 내게 준 세례는 엄청났다. 나의 등뼈를 세워주었다. 거기서 나는 컸다. 선생님들, 이제는 대부분 정년을 맞이하셨지만, 한 분 한 분 성과 열을 다하여 후배들을 가르치셨다. 그런 시절을 어디서 다시 만나겠는가?

빛고을 기숙사 지하실에서 78동기 첫 모임이 있었던 것으로 기억한다. 미카엘 신학원(현 성공회대)에서 MT를 가졌는데, 그것이 신학기였는지, 2학기 마치고 했는지 기억이 오락가락한다. 《마포종점》은 근숙이의 노래였고, 혜라이는 아마 《진주난봉가》를 불렀는지 모르겠다. 모두의 노래는 《한신 동지가》였다. 내년이면 우리 입학 30주년이 되는 해다. 뭐라도 해야겠다.

오늘 밤은 달이 보이지 않는다. 숲은 더욱 거무스레하다. 소나무가 빽빽하게 들어서 있는 이 자리, 이 순간을 내내 소중히 간직하고 싶다.

에큐메니안 기자가 물었다. "이곳에서 느낀 중요한 그 무엇이 있는가?"라고. '숨'이라고 말했다. '숨 쉬는 것'이 사람에게 가장 중요한 것임을 절감했다고 답했다. 성령을 그리스어로 '프뉴마'라 하고, 히브리어로는 '루아흐'라고 하는데, '숨'이나 '바람'이라 해석할 수 있다. 거룩한 숨,

거룩한 바람이다. 그 숨과 바람을 마음껏 들이켜고 내쉬는 것이다.

계양산 숲을 지킨다는 명분을 갖고 앉아 있는데, 숲은 아무런 뜻도 없이, 이유도 없이, 나에게 '숨'을 허락하고 '바람'을 선물한다. 상처 난 내 몸과 마음과 영혼을 오히려 치유한다. 이곳을 '계양산 치유명상센터'라 부르기로 했다. 살리려 왔지만, 나만 살고 있다. 조율이 안 된 인생을, 다시금 조율하게 해주는 것이다.

솔숲에서 띄운 편지 15

숲 속의 방랑자 되어

2007년 1월 10일

호젓하다. 차를 달여 마신다. 입 안에 향기가 그윽하다. 오색딱따구리 한 마리가 뽀로롱 날아오더니, 끄르륵 울다 나뭇가지를 쪼아댄다. 그 소리 참으로 청아하게 들린다. '딱딱 따다닥' 리듬을 타듯 연신 쪼아댄다. 이놈 겁도 없다. 가까이 내가 서 있는데도 전혀 아랑곳하지 않고, 제 할 일만 한다.

숲에 어둠이 스며들고 인적이 끊어질 무렵이면, 이곳은 더 이상 농성장이 아니다. 나는 숲 속에서 야영을 하는 방랑자가 되어버린다. 저편 농장에서 울려오는 개 짖는 소리도 없는 날이면 깊은 산중에 홀로 앉아 있는 수도승이 된 느낌이다.

법정 스님의 글 한 토막 적어본다. 음미하면 할수록 스님의 묵상록에서 연한 솔향이 배어나오는 듯하다.

'진정한 친구란 두 개의 육체에 하나의 영혼이란 말이 있다.'〈친구〉
'참된 앎이란 타인에게서 빌려온 지식이 아니라, 내 자신이 몸소 부딪쳐 체험한 것이어야 한다.'〈참된 앎〉

'그리스도 예수의 가르침에는 권위가 있었다'는 구절이 있다.

그렇다. 지금 '시민운동의 위기'는 어쩌면 '시민운동 권위의 위기'라 볼 수 있다. (시민)운동이 이제껏 지녀왔던 권위들이 하나, 둘 허물어지는 것…….

운동의 권위는 도덕성, 자기 헌신, 정직한 비판 정신, 약한 자와 가난한 자에 대한 깊은 연대 의식 등이 겹겹이 쌓여 이룬 것일 게다. 엄혹했던 군부독재시절에 운동의 힘은, 운동의 권위는 역으로 커나갔던 것이다.

KNCC(한국기독교교회협의회)를 비롯한 한국교회의 권위도 크게 흔들리고 있는 것이 작금의 현실이다. 신뢰를 잃어버린 것이다. 신뢰의 붕괴가 권위의 붕괴로 이어지는 것이다. (시민)운동의 가르침에는 권위가 있는가? 한국교회의 설교는 권위가 있는가? 되물어볼 때 선뜻 답이 나오지 않는다.

인천일보를 읽고 나서 안 일이지만 '목사 윤인중은 이 지역을 고난의 계곡으로 만들지 말고 즉시 떠나라'는 플래카드가 붙었나 보다. 깊이 새겨들으려 한다. 이번 일 아니면 누가 나에게 이런 말을 하겠는가?

《카게무샤》라는 일본 영화가 기억난다. 일본의 전국시대를 그린 영화인데 병법의 대가라는 다케다 신겐에게 참모가 하는 말을 늘 떠올린다. '산은 움직이지 않는다' '산이 움직일 때는 경천동지할 만큼 크게 움직여야 한다'는 뜻을 담은 대사다.

기억은 정확치 않으나 의미는 대강 그럴 것이다. 늘 쉽게 움직이는 나에게 솔깃한 대사였다. '산은 움직이지 않는다'는 경지를 맛보고 싶다.

예수 그리스도, 그 말씀과 가르침에는 누구도 흉내낼 수 없는 '권위'가 있었다고 성경은 증언한다. 그 권위는 어디서 비롯되는 것일까? 쉽게 생각한다. '언행일치'의 삶이 아니었을까?

'말 따로 행동 따로인' 사람, 교회, 시민단체가 아니라 '말과 행위'가 하나로 드러나는 그분의 삶 전체가 '권위'를 부여받은 것은 아닐까? 말씀을 하시되 그 말씀이 당신의 온 삶을 던져 깨친 진수의 말씀을 하시기에 그런 것이 아닌가? 쉽게 말하고 쉽게 행동하는 나에게는 너무도 먼 길이지만 그래도 그 길 한번 가보려는 마음은 아직 남아 있다.

솔숲에서 띄운 편지 16

함께 있고, 함께 움직이자
2007년 1월 11일

나무 아래 텐트에 가스 등불이 켜지면, 그 불빛이 따스하고 정겹게 느껴진다. 소나무 숲에 어둠이 내리고, 그 자체로 고요한데 옅은 노란 빛이 배어나오는 것이 참 아름답다. 은은한 정감을 느끼게 한다. 도란거리는 이야기조차 듣기 좋다. 사람 살아가는 게 다 그런가 보다. 누군가 옆에 있다는 느낌, 그 느낌을 좋아한다. 나의 하나님은 '늘 말없이 따스한 눈빛으로 옆에 계신 분'이라고 고백한다.

언젠가 나나 무스꾸리가 부른《히브리 노예들의 합창》을 들은 적이 있다. 그녀의 호소력 있는 소리에 감동했는지, 그 노랫말에 감격했는지 모르겠지만 눈물을 뚝뚝 떨어뜨린 기억이 새삼 떠오른다.

"내가 노래할 때, 함께 노래하며,

내가 울 때, 슬픔으로 함께 울어주고,

내가 고통당할 때 함께 고통당하리라

약속하신 히브리의 하나님"을 노래한 것이다.

'함께 있음'이다. 운동은 함께 있는 것이고, 함께하는 것이다. 이 시대의 약자들, 가난한 사람들, 갇힌 사람들, 그들과 함께 있고, 함께 움직이는 것이다. 성경은 일관되게 '나그네, 고아, 과부'와 함께하는 신앙 공동체를 강조했다. 예언서를 쭉 읽어 가는데, 강조에 강조를 더하는 것이, '우상 숭배 금지'와 '정의롭고 평등한 공동체'를 세우는 것이다.

나무와 함께 있다. 나무 속에 내가 들어와 있다. 함께 슬퍼하고 함께 고통당하며 함께 노래하는 삶이기를 기도한다.

솔숲에서 띄운 편지 17

아침햇살아 참 고마워

2007년 1월 12일

물을 끓이는 데 꽤 시간이 걸린다. 날씨가 추우니 가스 연료가 분사되지 않기 때문이다. 그러면 가스통을 침낭 속에 넣거나, 장갑 낀 손으로 꼭 껴안거나 해서 쓰니 자연스레 물 끓이는 시간이 오래 걸린다. 앉고 일어서고, 텐트 밖으로 나가는 일, 들어오는 일 모두가 그야말로 일이다. 밥

상 차리고, 먹고, 정리하고 밑으로 내려주는 것 등등 모든 일을 '천천히' 해야 한다. 서두를수록 더 더디게 된다.

겨울이 점점 깊어진다. 소한과 대한 사이가 가장 춥다고 하더니, 제법 날씨가 차갑다. 움직이는 것이 귀찮아지기 시작한다. 그래도 동산 너머로 아침햇살이 비춰오기 시작하면 숲 속이 환해지고, 텐트 안도 환해진다. 슬슬 '해바라기'를 시작할 때다. 아침햇살을 이리도 고맙게 여기며 받은 적도 없다. 여기에서 햇살과 햇볕의 고마움을 비로소 깨닫는다.

'내 영혼에 햇빛 비치니 주 영광 찬란해.'

평소 무심코 지나쳤거나, 잊고 살았던 작고 소소한 일들이 여기에서는 하나하나 새롭고 의미 있게 다가온다. 해질 무렵, 낮이 밤으로 변화하는 '그 사이'를 무심코 앉아서 지켜보는 일, 청설모라는 놈이 이 나무 저 나무를 타고 노는 일, 솔 씨가 팽그르르 낙하하는 모습, 달빛이 솔잎에 닿으면 마치 흰 눈이 내린 듯 은회색으로 물결치는 솔밭. 모두가 선명하다. '무명무실 무감한 님, 나도 님과 같은 인생을 지녀볼래'라는 김민기의 노래가 절로 나온다.

인천에 처음 발을 디딘 것이 79년도였다. 서울역 부근 성남교회 옆에 시외버스터미널이 있었는데, 운이 좋은 날이면 인천으로 오는 내내 붉은 노을이 하늘을 물들이는 정경을 볼 수 있었다. 그 노을빛처럼 서로 물들어가며 어우러지며, 그래서 그 모습을 보는 사람들에게 아름다움을 나누어주는 우리네 삶이기를 바랐다. 공장 굴뚝에 검은 연기가 피어나고 그 위로 노을이 지는 것조차 아름다운 느낌이었다.

솔숲에서 띄운 편지 18

그분만을 믿으며

2007년 1월 13일

기억나는 기도가 하나 있다. 어쩌면 지금까지 수만 번 들어온 기도 가운데 유일하게 기억나는 기도라 해도 무방하다. 몇 해 전인가는 기억나지 않는데 꽤 오래된 사건이다. 나섬교회 신앙 사경회에서 전 마리아 권사님이 한 기도다. 기도는 이렇게 시작되었다.

"하나님, 나섬교회만 생각하면 저는 짜증이 납니다."

순간 깜짝 놀랐다. 웃음이 터지려는 것을 억지로 참았다. 두고두고 기억할수록 이 기도는 소위 '민중교회'라 불리는 교회 운동에 대한 가장 통쾌하고 솔직 담백한 기도로 생각한다. 아들이 목회자로 섬기는 교회 신앙 사경회에서 어머니 권사님이 던진, 아니 속에서 우러나오는 탄성이라고 여긴다.

전 마리아 권사님을 어머니처럼 여기는 나로서 이 기도를 늘 마음속에 품고 다닌다. 기억할수록 그때 그 장면이 생각나 웃음이 나오는 것은 마찬가지이지만, 기도는 솔직해야 한다. 꾸밈이 없어야 한다. 꾸민다고 되는 것이 아니다. 운동도 마찬가지라 여긴다. 솔직하고 꾸밈이 없는 운동이 마음을 움직일 수 있다. 겉치장이 필요 없는 것이다. 그럴 때 당당할 수 있다. 내 안에 꾸밈이 없고 사심이 들어 있지 않을 때 나오는 소리와 몸짓은 그 자체로 당당하다.

나무를 보고 앉아 있노라면 그놈들 참 꾸밈이 없다. 꾸밈이 없는 '있는 그대로'의 모습이 보기 좋다. 큰 놈은 큰 놈대로, 작은 놈은 작은 놈대로, 똑바로 큰 나무는 큰 나무대로, 굽어지고 작은 나무는 또 그대로, 그 모습이 어우러져 숲을 이룬다. 서로 다투지 않고 겨루지 않으며 시기하지 않는다. 나무의 솔직함, 꾸밈이 없음, 당당함을 내가 배워갈 수 있을지…….

기여민(기독여민회)의 김옥연 목사님이 또 오셨다. 백 목사와 나란히 선 모습이 꼭 오누이 같다. "내 이름은 없데"라고 웃음 띠며 말하는데, 아닌 게 아니라 김 목사님을 쏙 빼놓고 있었다. 올 때마다 매번 과일, 과자, 용돈(?)까지 준비해오시는 분인데, 그저 고마울 뿐이다.

또 하루가 지나간다. 나무에 올라온 지 25일째가 된다. 언제까지 이 생활을 해야 할지 모른다. 그분께서 알아서 해주실 것이다. 그 믿음이 내 안에 있다.

날씨가 풀린다는 소식이다. '사흘 추우면 나흘 풀리는' 우리의 겨울이 너무 좋다. 계양산 자락에서 올 겨울을 보내는 것이 어쩌면 기가 막힌 하나님의 작품이 아닐까? 고개를 끄덕인다.

숨을 나직이 들이마시며 '나사렛 예수여,'

숨을 고르게 내쉬며 '자비를 베푸소서.'

기도하는 밤이다.

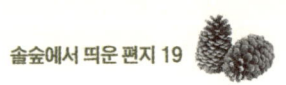

박종철을 기억하며

2007년 1월 15일

서남동 교수님이 설파하셨던 '사건으로서의 교회'가 된 것인가?
 의도한 바는 전혀 없었다. 나무 위 시위를 결단하고 나서 제일 큰 고민 가운데 하나는 '주일 예배를 어디서, 어떻게 드리는가?'였다. 이런저런 생각 끝에 교우들에게 말했다.
 "조인영 목사님을 모시고 예배드리는 게 어떻겠느냐?"고 했더니, 교우들이 "아니, 목사님이 나무 위로 올라가면 우리도 그리 가서 예배드려야지요" 한다.
 고맙기도 하고 미안하기도 했다. 그래서 시작된 솔밭 주일 예배다. 이곳에서 예배드린 지도 4주일째다. 한겨울을 여기서 예배드리는 것이 나에게는 넘치는 기쁨이고 영광이지만, 갓 난 하연이까지 포대기에 싸서 와야 하는 식구들을 생각하면 그저 송구스러울 뿐이다.
 '하나님 보시기에 좋았다'고 한 그 말씀이 현재화되는 솔밭 예배이기를 기도한다. 언제, 어디서, 이런 예배 드리겠는가? 주일 아침이면 추위가 누그러지기를 기도한다.
 주일 예배가 끝나고 곧 '최도은과 함께하는 숲 속 작은 음악회'가 열렸다. 생명과 평화를 위한 작은 몸짓이기를. 휴일이어서 계양산을 찾아온 시민들이 적지 않았다. 그냥 지나치시는 분도 있고 가던 길을 멈추고 동참하는 분들도 있다. 도은이를 아끼는 친구들이 강화에서 김포에서 먼 길 오셨다.
 30~40명 정도의 사람들이 모여 참으로 소박하고 잔잔한 잔치마당을

연 것이다. 찬 기운이 가시지 않았는데도 도은이는 기타를 치며 노래를 한다. 마음에 담아두리라. 애초 가볍고 편한 마음으로 하자고 했는데, 도은이는 상당한 준비를 해왔다. 선물 보따리가 꽤 큰 것이다. 풍부하고 호소력 있는 도은이의 소리를 듣는 것이 행복하다.

오늘은 박종철이 꽃다운 희생을 한 지 꼭 20주년이 되는 날이기도 하다. 귀한 아들을 먼저 보내고 눈물로 세월을 보냈던 한 아버지를 생각해본다. 눈시울이 젖는다. 도은이가 《민주》라는 노래를 부를 때, '햇살'이었고 '바람'이었고 '불꽃'이었던 참 착하게 생긴 대학생의 얼굴을 기억한다.

참으로 분주하게 보낸 하루가 저문다. 감사합니다. 은총이네요.

원길식이 가면서 그런다.

"목사님, 참 복이 많으시네요."

십자가에 못 박히신 주님과 이 땅의 민주 제단에 꽃다운 생명을 내어놓은 청년을 위해 기도하는 밤이다.

귀 기울여 듣는다는 것

2007년 1월 16일

아침에 일어나 라디오를 켜니까 《A lover's concerto》가 흘러나온다. 한석규와 전도연이 나온 영화 《접속》의 주제가로, 즐겨듣던 노래다. 좋은 일이 있으려나······.

만남과 소통, 그게 참 어려운 일이다. 만남이 있어야 소통이 있고, 소통이 잘 되어야 만남은 깊어진다. 만나기는 하는데 소통이 안 되면, 그러한 만남은 많아짐에도 불구하고 진전은 없다. 소통이 잘 안 되는 이유는 뭘까? 오래도록 만나면서도 간혹 소통이 잘 안 되는 경험을 하는 것은 왜일까?

사도 야고보는 이렇게 말씀하신다.

"누구든지 듣기는 빨리하고, 말하기는 더디 하십시오." (야고보 1:19)

법정 스님은 또 이렇게 말씀하신다.

"귀 기울여 들을 줄 아는 사람은 그 말에서 자기 존재를 발견한다. 그러나 자기 말만을 내세우는 사람은 자기 자신을 잊어버리기 일쑤다. 별들이 우리에게 들려준 이야기를 남한테 전하려면, 그것에 필요한 말이 우리 안에서 먼저 자라야 한다."

소통이 원활한 만남은 '귀 기울여 듣는 것'에서 출발하나 보다. 경청이다. 경청은 상대에 대한 존중에서 비롯한다. 상대를 무시하면서 경청을 한다는 것은 어불성설이다. 겉모습은 그렇게 할지 몰라도 속은 딴 곳으로 가 있는 것이다. 자연과의 소통을 우리가 진실로 원한다면 어쩌면 자연에서 오는 소리를 귀 기울여 듣는 것부터 시작해야 할 것이다.

『무탄트 메시지』라는 책에서 호주 원주민 '참사람 부족'은 아침에 해를 보고 기도하는데 한 번도 형식적으로 기도하지 않는다고 한다. 충격이다. 하나님과의 소통을 원한다고 하면서도 나는 얼마나 수없이 형식적인 기도를 하고 있었나? 갈 길이 너무 멀다.

나무의 소리에 귀 기울이는 것, 달빛 속으로 물들어가는 것, 바람의 흐느낌을 알아차리는 것, 그 모든 것 가운데 들리는 그분의 세미한 음성을 듣는 것, 모두 '귀 기울임'으로부터이다.

이 생각 저 생각 하는데 백영민 목사에게 연락이 왔다. 생명 찬양단이 숲으로 온다고. CBS에서도 취재 나온다고. 그리고 어제(1월 15일) 총회를 마친 기독교사회선교연대회의도 함께 온다고.

솔밭에서 기도회를 드렸다. 아브라함이 하란을 떠나 가나안으로 가는 길, 모레의 상수리나무 아래서 야훼에게 첫 제단을 쌓던 심정으로 함께 했다. 진광수 목사님이 설교를 통하여 '숨은 쉼이고, 쉼은 힘'이라는 말씀을 하셨다. 공감한다. '숨과 쉼과 힘'이 깊이 연결되어 있음을 깨닫는다. EYC, 기청基靑, 기생基生, 기장생명선교연대, 생명평화기독연대 등 20여 명이 함께 기도하고 찬양하니 새 힘이 솟는다. 생명 찬양단은 '주옥같은 노래'를 들려준다. 감사할 뿐이다.

만남과 소통, 그리하여 진한 접속이 있기를 기도한다. 소나무와 달, 바람과 구름, 해와 별, 그 모든 것을 주관하시는 하나님과 만나고 소통하고 접속하는 이 자리이기를. 더욱 '귀 기울여 듣는 법'을, 더욱 '눈 기울여 보는 법'을, 더욱 '몸 기울여 느끼는 법'을 소나무 숲에서 터득하기를 스스로 다진다.

솔숲에서 띄운 편지 21

홀로 있음과 함께 있음

2007년 1월 20일

아쉬움이 있다면 '해넘이'를 볼 수 없다는 점이다. 욕심이 끝없다. 노을이 붉게 물든 서해를 보았던 기억을 되짚어본다. 뒷모습이 아름다운 삶이기를 기도한다. 그게 말이 쉽지, 쉬운 일은 결코 아닐 게다.

'그리스도 예수'. 뒷모습이 너무도 아름다운 삶이지 않은가!

졸망졸망한 아이들이 숲길로 들어선다. 멀리 보이는데 그 소리가 경쾌하다. '부개동 좋은 엄마, 아빠' 모임이 주최한 어린이 생태학교를 마치고 수료식을 하는데, 소나무 숲에서 한단다. 최종락의 열성과 배려, 그리고 아이들에 대한 사랑을 엿본다. 거의 백 명은 되겠다. 아이들과 어머니, 선생님들이 함께 모여 사진도 찍고, 유종반 위원장이 나누어주는 수료증을 받아들기도 한다. 시끌벅적하다.

밤이 깊은 시각, 습기가 높아지는 듯 숲의 기운이 싸늘하게 느껴진다. 그래서 옛 사람들은 숲 속에 정령 또는 요정이 살았다고 생각했나 보다. 묘하고 깊은 기운이 숲 속에 있다. 인디언들은 성인이 되는 소년을 숲으로 보낸다고 들었다. 그 이야기를 들은 나에게는 무서움과 두려움이 먼저 몰려왔다.

곰곰이 생각하면 대단하고 심오한 '어른 교육 과정'이다. 성인이 된다는 것은 성숙한 인간이 된다는 뜻일 게다. 과연 그런가? 나이만 들었지, 성숙한 모습을 찾기 힘든 것은 아닌가?

숲 속에서 소년은 두려움, 무서움, 외로움, 배고픔, 그리움 등 성숙한 인간이 겪어야 할 감정들을 소화해냈을 것이고, 숲에서 만나는 어둠, 밝음,

나무와 꽃, 새와 동물, 해와 달과 별, 구름과 바람 그리고 자기가 떠나온 가족, 집, 공동체를 떠올렸을 것이다. 스스로 먹거리도 해결해야 했을 거다.

그 과정에서 '나는 누구인가?' '나는 어디에서 왔고, 어디로 갈 것인가?'에 대하여 나름의 터득 과정을 거치지 않았을까? 결국 '홀로 있음'을 깨달았겠지. '홀로 있음'과 '함께 있음'을 구별할 줄도 알고, 둘이 다르지 않다는 것도 알아차렸을 것이다. '자립'과 '연대'를 묵상했을 게다.

내가 이 숲에 앉아 있는 연유도 그런 '어른이 되는 과정', '성숙한 인간'이 되는 과정을 결여한 탓이 아닐까? 그런 마음으로 이 자리를 되새긴다. 아마 그럴 것이다. 주께서 마련하신 '성장 체험 과정'으로 받아들인다. 그것이 축복이다. 너무 늦었지만 그래도 다행스런 일이다.

글을 마치려는데 바람이 살랑 분다. 차고 신선하다. 겨울나무가 바람 따라 휘파람을 불고 있다. 내일은 주일이다. 평화 식구들이 보고 싶다……

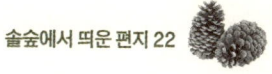

솔숲에서 띄운 편지 22

캐나다에서 온 전화

2007년 1월 22일

가스등을 켜고 버너에 불을 붙인다. 영롱하게 새파란 가스불빛이 꽃피어난다. 여기에 차 한 잔 끓여 마실 때면 속에서 참 평안하다는 느낌이 우러나온다. 라디오마저 꺼버리면 사방이 조용하다. 고요하다. 적막강산이다. 거무튀튀한 수풀 사이로 흐릿한 하늘이 조금 보일 뿐이다.

올빼미 생활을 하던 나에겐 너무도 큰 변화다. 회의와 뒤풀이, 그리고 자정이 훨씬 지나서야 집으로 향하던 생활을 맛본 지도 꽤 오래되었다. 해가 지며 어둠이 내리기 시작하면 벌써 잠자리를 준비하는 나를 발견하고는 "참 많이 변했군" 한다.

가만히 앉아 차를 마시면 지난 일들이 샘솟듯 떠오른다. 떠오르는 영상들을 무심코 지켜본다. 수유리 캠퍼스도 생각나고 백리포에서 열린 새벽교회 여름 수련회도 생각난다. 다혜, 대혁, 산, 인혁, 인준, 새벽이가 뛰노는 가운데 둘러앉아 재미있게 열 내던 장면도 기억난다.

젊었다. 지리산 능선을 넘으며 구비구비 펼쳐진 산자락들을 망연히 바라보던 기억이며, 설악산 천불동 계곡이 단풍으로 물들어 있는 그저 '와' 했던 풍광도 또렷하다. 감상에 젖어든다. 떨어져 있는 고독감도 있다.

김영철 목사와 통화를 했다. 캐나다에서도 소식을 잘 듣고 있다고, 일기를 읽는데 아는 사람들 이야기라 더욱 좋다고 한다. 김 목사도 뚝 떨어져 있는 것이다.

정한식 목사와 박병훈 신부가 오셨다. 보길도까지 갔다 왔으니 좋은 구경은 다 한 모양이다. 교파를 넘어선 두 사람의 우정과 신의가 보기 좋다.

솔숲에서 띄운 편지 23

'정靜'의 가치

2007년 1월 23일

특별한 난방 기구가 없는 천막생활인지라, 새벽에 한 번은 일어나야 한다. 시계를 보니 1시 50분이다. 불을 지펴 주전자에 물을 끓인다. 끓인 물을 보온통에 넣으면 입가에 미소가 번진다. '따뜻하겠군.'

요즈음처럼 새벽 날씨가 좋은 때는 물을 데우면서 이 생각 저 생각 할 수 있어. 한가롭기도 하고 차분하기도 한 시간, 그야말로 명상의 시간 Quiet Time을 누린다.

번잡함을 피하여 나무 위로 올라온 것은 아닌데, 실제 생활하다 보니 마치 번잡함을 피해 온 것 같은 착각 아닌 착각을 한다. 고요하게 머무는 것이다. 산山기도 한 번 제대로 못 한 내게 준 '달고 단 훈련'의 시기이다. 훈련하면 '쓰디 쓴'이라는 말이 붙을 터인데, 나무 위 훈련은 얼마나 달콤한 훈련인지, 진즉 알았으면 예전에 올라왔을 것이다. 멈추어 서는 것, 가만히 앉음, 편히 쉼, 고요하게 숨을 들이쉬고 내쉬고를 반복하는 것, 고요를 맛보는 것, 몰입하는 것 등을 연습한다.

요즈음 자주 생각하는 것이 너무나 오랜 기간 '동動'의 가치관으로 살아왔다는 것이다. '행동 없는 믿음' '행동 없는 지식'에 대하여 낮은 평가를 해온 것이다. 나이가 들어서인지, '동動'을 너무 해도 되는 일이 없어서인지는 모르나, '정靜'의 가치에 대해 깊이 묵상하게 된다.

움직이지 않는 것, 고요하게 머물러 있음이 없이 움직이는 것이 얼마나 가벼운 것인지, 업Karma을 더 쌓은 일인가에 대하여 생각해본다. 실상 머물러 있는 것이 어찌 움직이는 것과 다를까? 머물러 있는 것은 죽은 것이 아니다. 머물러 있는 것은 움직임을 보는 것이다. 머물러 있음과 움직임이 나누어질 수는 없다는 생각뿐이다. '정중동靜中動'이요, '동중정動中靜'이다. 어느 하나에 빠질 수 없다. 그 자체로 하나인데 나눌 수 있다는 생각이 관념일 뿐이다.

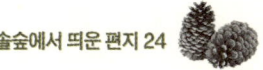

솔숲에서 띄운 편지 24

숲 속의 기타 소리

2007년 1월 24일

보름(신정은)이가 오카리나를 연주한다. 녹색연합 총회가 얼마 후에 열리나 본데, 보름이는 오카리나를, 만두는 기타를 열심히 연마하고 있다. 둘이 합주를 할 모양이다. 오카리나 소리가 며칠 전보다 훨씬 부드러워졌다. 칭찬히려다가 오히려 연주에 방해될까 싶어 그대로 듣고만 있었다. 가끔 웃음도 나오기는 했다. 열심히 하는 모습이 역력하다. 불현듯 기타를 치고 싶은 마음이 든다.

중3 겨울, 고입 시험을 마치고 배우기 시작한 기타였다. 당시 나의 사부는 같은 교회 친구였는데, 이놈이 꼭 뭐 하나를 가르쳐줄 때면 '호빵'을 사오라고 했다. 배우려면 어쩔 수 없다. 10원 주고 호빵 2개를 사올 수밖에. 그런 엄청난 수업비를 내고서 배운 기타 실력이 제자리걸음이었지만, 그때 교습이 두고두고 잘한 것임을 뒤늦게 알았다.

요즈음 아이들은 그런 여유를 지닐 수 없을 거다. 악기 배우는 것이 점

수와 연관되어야만 배우는 풍토 아닌가. '교육은 미친 짓이다.'

호연이가 방학 때 기타 배우겠다고 한 기억이 난다. 내려가면 나도 '호빵'을 얻어먹으며 가르쳐주어야겠다.

'교회'와 '시민단체'의 차이는 하나다. '교회'는 노래가 있는데, '시민단체'는 노래가 없다. 아주 없는 것은 아니나, 집회나 뒤풀이 때 외에는 없다. 교회는 늘 음악(찬양)이 있다.

내가 교회 생활을 지속할 수 있었던 힘 가운데 하나가 함께 부르는 찬양(노래)이었는지도 모른다. 교회에서 기타 치며 노래하자고 하면 다들(?) 좋아하는데, 시민단체 활동하면서 회의하기 전에 노래하자고 하면 다들 머쓱해한다. 운율이 있는 운동, 꼭 투쟁가가 아닌 그 무엇이 운동에도 있으면 좋을 듯하다.

제목은 기억나지 않는, 영화 《미션Misson》의 주제가가 흘러나온다. 눈이 저절로 감긴다. 라틴 아메리카의 장대한 원시림과 그 숲에 사는 사람들(식민주의자들은 그들을 '노래하는 동물'로 취급했지만)의 모습이 눈에 선하다. 오보에의 소리가 온몸을 전율케 하는 곳이다. 로버트 드 니로가 배역한 '노예 상인'의 짐을 사람들이 끊어주고, 창과 칼, 투구가 든 '세상 짐'이 절벽 아래 폭포로 척하니 떨어졌을 때, '죄사함'의 체험을 함께 맛보았다. 웃고, 우는 드 니로의 연기가 기억난다.

아무도 없는 숲 가운데 나 혼자 기타 치며 노래하는 밤이다. 이 밤이 좋다.

솔숲에서 띄운 편지 25

정성 어린 기도 드리고 싶은 날

2007년 1월 25일

음식은 정성이다. 정성이 듬뿍 담긴 식사를 하게 되니, '먹는 맛'도 풍성한 생활이다. 도시락을 싸는 손길에 깊은 감사를 느낀다. 분에 넘치는 대접을 받으며 살고 있다.

   오늘은 남영희 님께서 준비를 해오셨다. 거의 매일 산행을 하시는데, 며칠 전 점심 식사를 준비하시겠다고, 그래도 되겠느냐고 물어왔다. 염치없이 "그럼요" 그랬더니, 맛깔스럽고 푸짐한 식사를 올려보냈다. 만면에 미소를 띠며 식사를 했다.

   신선한 공기를 마시며 사는 것만으로도 행복한데, 정성 어린 도시락까지 매끼 먹게 되니까, '내가 너무 호강하는 거 아니야!'라는 생각마저도 든다. 내려가면 '식당 밥 어떻게 먹지' 하며, 쓸데없는 걱정도 한다. 걱정도 팔자다.

   언젠가 '삶이 보이는 창' 김 신부님께 물었다. "무슨 연유로 이런 카페 만들 생각을 하셨느냐?" 했더니, 노동에 지치고 힘든 친구들을 '환대'하기 위해서 열었단다.

   신부님이 뉴질랜드 유학 시절 원장 신부님의 초대를 받아 저녁 식사를 하러 갔더니, 마치 '하나님의 환대'를 받는 느낌이 들었다는 것이다. 그 사건 이후 국내에 들어오면 노동 사목의 일환으로 카페를 열어, '하나님의 환대'를 실현하고 싶어서 '삶창'을 열었다는 이야기였다. 음식점치고 이런 깊은 신학적 의미를 담고 있는 곳이 또 있을까? 그곳 못 간 지도 꽤 오래되었다.

음식에만 정성이 필요한 것이 아니다. 신앙생활, 한 마디로 정성껏 해야 한다. 정성이 빠진 신앙생활이라면, 받는 분도 그렇고 드리는 사람도 그럴 것이다. 기도 역시 정성이다. 어쩌면 운동 역시 정성이다. 정성스럽게 운동해야 한다. 정성이 있는 곳에 마음이 있는 것이 아닌가? 마음이 깃든, 혼이 스며 있는 신앙과 운동은 정성에서 비롯한다.

정성이 듬뿍 담긴 음식 하나하나에 눈길을 보내며, 음식만이 아니라 이를 만든 사람의 정성을 받아먹는다고 여기며 꼭꼭 씹어 먹는다.

정성 어린 기도 하고 싶은 날이다.

연희동 동화읽기 모임의 오현정 님을 비롯한 엄마들과 아이들 20여 명이 재잘거리며 숲 속을 오른다. 소나무 뜰이 생기 넘친다.

내일 눈 온다는 소식에 또 철이 없어진다. 눈 내리는 소나무 숲을 미리 그려본다.

솔숲에서 띄운 편지 26

모든 것은 나로부터

2007년 1월 26일

흰 눈이 조금 나풀거리는가 싶더니 가는 비로 바뀌었다. 겨울치고는 상당히 포근한 날씨가 연일 계속된다.

움직이기가 수월하니, 작은 규모의 살림살이지만 정돈을 해본다. 1인용 텐트라 좁긴 하지만, 그 안에 갖가지가 고루 갖추어져 있다. 독서실, 옷가방, 주방과 다실까지 겸비한 그야말로 원룸 주택이다.

모든 일이 그렇지만 정리정돈이 잘 되어 있어야 산뜻하다. 먼지도 털어내고 방도 닦고, 너저분했던 보따리들도 다듬질하니까 한결 말끔하다. 방은 작지만 뜰은 넓은 대저택에 사는 것이다.

평소에 무심코 지나갔던 일들, 사람들, 사건들도 하나하나 기억해보고 정리해본다. 이전에 내 별명이 '저질러'였는데, 참 많은 일 저지르고 다녔다. 수습도 제대로 못 하면서도 쉬지 않고 만들었던 일들이 부끄럽게 느껴지는 시간이다.

이번에 나무 아래로 내려가면 제발 잠자코 살아가야지, 마음먹는다. 마음먹기야 쉽지만, 실제로 그러할지는 또 가봐야 한다. 그래도 조금은 바뀌겠지 하는 믿음이 있다. '나로부터'라는 말이 참 좋다. 변화 역시 '나로부터' 일어나야 한다. '나의 변화로 세상의 변화를.'

옛말 가운데 "한 사람이 깨어나면, 그 마을의 숲은 더욱 푸르러지고, 강물은 맑아진다"는 글을 떠올린다. 꽃 한 송이 피어나면, 그 향이 백리까지 가는 것이다. 달빛 하나로 온 세상이 맑고 밝아지는 것이다.

그리스도 예수의 바람이 '지금 여기에' 불어오듯이, 모든 깃은 '나로부터' 비롯되고 움트는 것이라는 생각을 머금는다. 다른 그 누가 아닌 것이다. '탓'이 필요 없다. 네 탓이든 내 탓이든, 늘 새롭게 다시 '나로부터' 시작하는 것이다.

이현주 목사님. 뵙고 싶다.

일기 쓰고 자려는데 학기 형이 전화했다. 시민연대 총회 잘 마치고 뒤풀이 왔는데, 50명이 넘는다고 한다. 속으로 약 올리려고 그러시나 하며 웃는다.

다들 보고 싶은 밤이다. 날이 제법 추워진다고 한다. 얼마나 추워지는

지 두고 볼 셈이다.

  참 좋은 하루가 저문다. 차고 넘친다. 이 은총을 내내 잊지 않고, 나누며 산다면 그것이 내 할 도리다.

  찬미 예수.

솔숲에서 띄운 편지 27

광야 기도와 감사기도

2007년 1월 28일

나무 위로 오르겠다는 마음을 먹은 것은 그 전부터였지만, 막상 오르게 된 결정은 급하게 이루어졌다. 인천시청 앞에서 천막 농성을 하고 있던 상태라 부랴부랴 나무 생활을 준비하게 되었다. 백영민 목사와 이진권 목사와 함께 집으로 가서 잠시 기도회를 가졌다. 함께 무릎을 꿇고 손을 잡은 채 기도를 했다. 그렇게 시작한 것이 오늘로 꼭 40일째다.

  그리스도 예수의 광야 기도가 되새겨지는 이 밤이다. 소나무 숲 생활 40일을 돌아보니 은총의 나날이었음을 알게 된다. 이 자리와 이 시간을 기억하며 살아가리라 마음먹는다.

  비의 또닥거림과 하늘하늘 내리는 눈, 나무와 숲, 새들의 지저귐, 때로는 여리게 때로는 세차게 부는 바람, 햇볕과 달빛, 그리고 정성이 깃든 도움의 손길 모두가 '나의 깨어남'을 돕고 있다. 서로 협력하여 선을 이루어가는 과정이다. 그 안에 앉아 있는 것이다. 특별한 은총이 있음을 고백한다.

  나무 위로 겁이 든 채로 올라오는데 백 목사가 간절한 목소리로 《부름 받아 나선 이 몸》을 불러주었다. 그 찬양의 감동이 아직도 훈훈하게 남아 있다.

그러나 이제 와 찬찬히 생각해보니 '부름 받아 온' 것은 아니었다. 진정 '잡혀 온' 것이다. 하루하루 지낼수록 그 확신이 든다. '여기 좀 있어 봐! 지나온 너의 자취들을 돌아봐!' 하도 말 안 듣고 천방지축이니까, 그분이 이리로 데려오신 것이다. 나의 생각이다. 나의 고백이다.

하나님께 깊은 예를 갖추며, '드림예배'를 시작했다. 박노해 님은 절을 하면서 '저를 받으세요'라고 마음 품었다고 했는데, 그 말이 실감 난다.

계양산 삼보일배를 하면서도 체험한 것이지만, 지나온 삶 참 교만하고 건방진 삶이었다. 여태까지 목숨 붙어 있는 것조차 다행이다 싶다. 무릎 꿇는 법을 처음부터 배워야 할 것이다. 늦었지만 시작하는 거다. 늦고 빠름이 또 어디 있겠는가?

이현주 목사님을 비롯하여 드림예배 공동체, 인천지역 목사님과 평화교회 교우들, 단체 활동가들이 함께 기도하고 말씀 나누고 찬양했다. 아름답고 행복한 마음이 잔잔하게 온몸을 감싸 온다. 만남은 역시 그리움의 열매다. 목사님 얼굴 뵙는 것으로도 그만이다.

아침 일찍 총회를 마친 녹색연합 활동가들 70여 명이 소나무 숲에 왔는데, 광주에 사시는 정인봉 선생이 오카리나 연주를 할 때였다. 오카리나로 아마 '새 소리'를 연주했는가 싶었는데, 곧이어 숲 속에 잠자코 있던 새들이 화답을 하는 거다. 놀라운 일이다. 오카리나 연주가 끝나자마자 그동안 내내 잠자코 있던 새들이 노래를 한다. 그렇구나. 정말 그렇구나 하는 느낌이다.

이 사건을 백 목사에게 이야기해줬더니, 백 목사가 "그러고 보니 프란체스카 성인이 새들과 이야기했다는 것이 뻥이 아니었군요" 한다. 이현주 목사님이 '믿음이 없긴' 하셨나 보다.

　자연과의 교감, 일치감까지 맛보았다고 할 수 없다. 허나 '숲 가운데 있음'이 주는 신비한, 신령한 교통이 있다. 숲 가운데 40일 앉아 있는 것, 전혀 생각지 못했던 덤이 너무도 많은 요즈음이다. 덤으로, 거저, 실컷 얻어 마시고, 얻어먹고 있다.

　날이 너무 좋다. 돌아볼수록 행복한 하루다. 무릎을 꿇고 마음을 다하여 감사 기도 드린다.

이해의 선물

2007년 1월 29일

이해인 수녀의 글 가운데 한 대목이다. 빌라드의 동화 「이해의 선물」을 정리한 것이다.

　어머니를 따라 사탕 가게에 들르곤 했던 한 어린이가 어느 날 혼자서 그 가게에 들렀다. 그가 사탕을 사며 돈 대신 버찌씨 여섯 개를 내밀며 모자라느냐고 물었을 때 주인아저씨는 "아니, 좀 남는걸" 하며 거스름돈을 내주었다. 그 어린이가 성장해 어항 가게를 하게 되고, 어느 날 제법 비싼 물고기를 주문한 두 어린이가 예전의 자기와 비슷한 행동을 할 때, 그도 역시 거스름돈을 내주며 옛 추억에 잠긴다는 줄거리다.

참 오랜만에 듣는 이야기다. 잊고 살았다. 따스함, 흐뭇함, 여유로움이 배어 있다. 하루 종일 이야기의 훈훈함에 젖어본다. 라디오에서는《알함브라 궁전의 추억》이 꿈결 같은 기타 선율로 나오고 있다. 참 오랜만에 누리는 호사다.

지나가는 바람조차 시원하리만치 날씨도 좋다. 늘 모자라는 재정, 참여하는 회원보다는 냉담자가 많은 조직 상황, 밀려 있는 일감, 대책 없이 터져 나오는 사안들 속에 거칠어지고 메말라 있던 나였다. 수련회조차 일로 다가오는 어처구니없는 현실이다. 말투도 거칠어지고, 짜증이 밴 얼굴이다. 그러던 생활을 잊고 산다.

FM 라디오를 듣고 망연히 숲을 바라보고, 달무리까지 노오란 달빛을 맞이하기도 한다. 버찌씨 여섯 개를 내밀며 모자라느냐고 천진하게 묻는 아이의 눈망울을 마음속으로 그려보기도 하고, "아니, 남는걸" 하며 거스름돈을 내주는 아저씨의 푸근한 마음을 열어보기도 한다. 여유와 여백, 여지가 있는 삶이기를 기도한다.

달빛 너무 곱다. 눈에 담는다. 나뭇잎 도롱뇽은 빗줄을 타고 바람 따라 살랑거리며 춤을 보여준다.

내일은 서울 롯데백화점 앞에서 집회를 열고, 신격호 회장에게 대책위원회의 입장을 전달하겠다는데, 좋은 성과 있기를 빈다. 주께서 함께하소서.

솔숲에서 띄운 편지 29

달 타령 시위

2007년 1월 30일

바람이 거세다. 지난밤부터 시작하더니 끝도 없이 분다. 소나무 숲 전체가 건들건들 춤을 춘다. 쏴아악 하는 소리가 멀리서 들리는가 싶으면 나의 작은 배도 파도타기를 하고 만다. 익숙해진 탓으로 두려움은 전혀 없다.

처음에는 안전장치를 매었는데, 이 집이 워낙 '내진 설계'가 잘 되었다는 신뢰가 생긴 이후로는 하던 일을 계속한다. 여러 가지 체험을 하는 것이다.

'산다는 것은 문제problem를 풀어가는 것이 아니라, 신비mystery 속으로 걸어가는 것'이라는 말이 문득 떠오른다. 누가 한 이야기인지는 기억하지 못한다.

2월 2일(금)이면 '나무 위 시위'가 꼭 100일째 되는 날이다. 마침 그날이 음력으로 동짓달 보름이 되는 날이다. 정월 대보름이 제일 밝다고는 하지만, 요즈음 달 보는 맛도 쏠쏠하게 재밌다. 샛노란 달이다.

햇빛이 나기 시작하면 어둠은 쓰윽 물러나고 마는데, 달빛은 어둠과 사이가 좋다. 검은 숲 사이로 달이 뜨면 그 자체로 한 폭의 그림인 것이다. 여기 아니면 언제 이런 달구경과 바람맞이를 하고, 숲의 적막을 맛보겠는가 싶다. 거저 실컷, 흠뻑 보고, 마시고, 느낀다.

발가락에 얼음이 배겨서 그동안 참아왔던 몇 가지를 풀었다. 해거름쯤이면 물을 끓여 발을 담근다. 40여일 만에 처음으로 물로 세수를 하고, 발을 대야에 담그는 순간, 그 순간이 너무 행복했다. 밑에 있을 때는 보일러 켜고 샤워하면 되는 그 정도의 일이었건만, 따끈따끈한 물에 발을 담그고, 손을 부비는 데 눈물 날 정도의 행복감이 밀려오는 것이다.

　새 양말을 꺼내어 신고 새 단장하며 '님'을 생각한다. 월요일에 달님 만나고, 화요일엔 불꽃님 만나고, 수요일엔 옹달샘님, 목요일에는 푸르른 솔님, 금요일엔 진주님, 토요일엔 황토님, 일요일엔 햇살님 만나며 재미나게 사는 것이다.

　대책 위원들은 소공동 롯데백화점 앞에서 기자회견을 하고 신격호 회장의 집무실이 있다는 호텔로 간 모양이다. 전경과 직원들에 막혀 요구서한도 전달 못 했나 보다. 대책위 식구들에게 괜히 미안한 마음이 든다. 추운 겨울의 거리 시위, 말이 그렇지 꽤 발 시릴 텐데, 나는 마냥 텐트에 앉아 숲 구경하고 달 타령하니 슬며시 죄송한 마음이 인다.

　최선을 다하는 것이다. 마음을 다하여 할 뿐이다. 지극한 정성으로 하늘을 감동시키고, 사람들의 마음을 움직이게 할 뿐이다. 민심民心을 얻는 것이다. 민民의 물결을 일으키는 것이다. 더디더라도 백 사람이 한 발자국 나가는 심정으로 여기 있어야 할 것이다.

　계양산의 사시四時를 즐겨보자. 감옥살이 용어로는 '한 바퀴' 돈다고 했다. 한 바퀴를 돌든 열 바퀴를 돌든 뜻이 이루어지기만을 기도할 뿐이다. 그리 마음먹으니 오히려 편안한다.

　박종렬 목사님이 '곶감'을 올려주신다. 이것 참, 점심 먹고 쌍화차 진하게 달여 먹고 곶감 먹으며 농성하는 심정이 기가 막힐 뿐이다. 이진권 목사와 김석봉이가 온종일 지켰다. 석봉이는 예쁜 포장지로 싼 초콜릿을 한 아름 올려 보낸다. "러브 레터 Love Letter 는 없네" 그랬다. 하루가 서서히 저물어 간다.

　벅찬 가슴으로 감사 기도를 드린다. 은혜 충만, 찬미 예수.

솔숲에서 띄운 편지 30

외면하지 말자

2007년 1월 31일

나치 치하 독일에서 히틀러에 저항하다 처형을 당한 목사님이 디히트리히 본 훼퍼다. 광주민주화 운동이 군부의 잔악한 폭력으로 유린되고, 사건의 성격마저 북한 정권의 사주를 받은 반국가 내란으로 매도되었던 80년 5월, 행여 잡힐까 괜스레 친척 집으로 숨어들어 있던 내가 만났던 신학자였다.

박봉랑 교수님이 쓴 본 훼퍼 연구 논문 「기독교의 비종교화」를 그때 읽었다. 상황 자체가 워낙 엄혹했고 모든 운동이 지하로 잠복할 수밖에 없는 때인지라 본 훼퍼의 삶과 저항, 처형, 그리고 그가 남긴 신학 사상 등은 고뇌하는 신학도에게 한 줄기 빛을 비추어준 셈이다.

'하나님 없이 하나님 앞에' '세상 속에 있되 세상을 초월하여' '교회는 산 위에가 아니라 산 아래 저자거리 한복판에 있어야 한다'는 신학적 명제들은 내내 나의 목회와 운동 속에 녹아 있다.

그 가운데 나의 심금을 울린 본 훼퍼 사상의 핵심은 "유대인 600만이 아우슈비츠 수용소에서 죽음을 당하는 것을 외면하는 그리스도인들은 '그레고리안 찬트'를 부를 수 없다"는 외침이자 통찰이었다. 인간으로서의 양심을 본 훼퍼는 온전히 드러냈을 뿐 아니라, 그것은 바로 그의 신앙과 신학으로부터 우러나온 것이었다.

그의 신학적 깊이와 역량을 아끼는 지인들이 만류했음에도 불구하고 본 훼퍼는 미국에서 독일로 다시 들어온다. 결국 히틀러 살인 음모 과정에 참여했다는 이유로 처형당하고야 만다.

　숲이 파괴당하고, 나무가 마구 베어지려는 상황에 있으면서 본 훼퍼가 새삼 떠오르는 것이다. 모든 피조물이 신음하는 소리를 외면하는 교회, 신앙인은 찬송가 78장 《참 아름다워라 주님의 세계는》을 쉽게 불러서는 안 되리라는 생각이 드는 것이다.

　갯벌이 마구 파헤쳐지고, 산림이 쑥대밭이 되고, 강과 바다로 오폐수가 여과 없이 흘러 들어오는 상황, 이 모든 것이 지역 개발이요, 경제 성장이요, 부의 축적을 명분으로 자행되는 '문명이라는 이름의 야만'에 대하여, 교회와 그리스도인들이 침묵하고 외면할 이유와 근거는 성경 어디에도 없다고 본다. 교회는 나서야 한다. 창조 질서 보전을 위한 움직임에 참여해야 한다.

　이집트 히브리 노예들이 애원하는 소리를 들으시는 하나님, 바빌로니아 제국의 히브리 포로들의 눈물 소리를 들으시는 하나님, 로마제국 치하 온 피조물의 신음 소리를 들으시는 하나님을 우리가 믿고 따르기 때문이다.

　생명회복운동은 환경운동으로서도 성당하지만 신앙 고백으로서도 정당하다. 우리가 《참 아름다워라 주님의 세계는》을 계속 부르려 한다면, 숲과 갯벌과 강과 바다, 하나님의 창조 세계를 충직하게 지키는 청지기로 나서는 마음으로 불러야 할 것이다.

　아침 해, 저녁노을, 지저귀는 새소리를 '있는 그대로' 보호하는 마음이 우리 안에 차고 넘쳐야 하지 않을까!

　어스름 질 무렵 관교동에 사시는 여신도 네 분이 찾아오셨다. 국민일보 기사를 보고 무작정 왔는데 길을 꽤 헤매신 것 같다. 이런 분들이 있기에 희망은 늘 우리에게 있다.

'약밥'을 올려 보내신다. 곶감에 약밥, 영양식이 가득한 텐트다. 함께 기도하기로 했다. 그것이 하나님의 뜻인 것을 마음으로 나누었다. 감사할 뿐이다. 심유정과 오랫동안 이야기를 나누며 웃었다.

솔숲에서 띄운 편지 31

눈 감고 보는 것들

2007년 2월 1일

눈을 감는 것이 필요하다. 눈을 떠야 보지 않겠느냐고 물을 수 있다. 물론 잠에서 깨어나 눈을 떠야 나무가 보이고 새가 보이고 사람이 보이는 것은 사실이다.

허나 눈을 감아야 보이는 것도 있다. 내 마음의 상태, 내 안에서 일어나는 일들을 살피려면 잠시 눈을 감는 것도 필요하다. 눈을 뜨고서도 할 수 있겠지만 그때는 대부분 나의 외양, 내가 한 말이나 행동 정도를 살필 수 있을 뿐이다.

눈을 뜨려면, 깨어나려면 거꾸로 눈을 감는 법을 익힐 수밖에 없다. 자주 눈을 감는 훈련을 한다. 놀라운 것은 눈을 감으면 화를 내기 힘들어진다. 눈 감고 화내는 사람은 별로 없다. 화가 나면 대부분 눈을 동그랗게 뜨든가, 더 크게 불을 켜듯 치켜뜨든가 하지 않는가! 그런데 보고 싶음이나, 그리움은 눈을 감고 생각할 때 더 또렷하게 된다. 음악도 눈을 감고 들으면 더 잘 들리는 것처럼, 눈 감고도 잘 볼 수 있다.

텐트 안에 있는 생수가 꽁꽁 얼었다. 찬바람까지 부니 체감 온도는 상당히 낮은 모양이다. 너끈히 견딜 만은 하다.

　금호동 산동네 골목길이 생각난다. 날씨가 너무 추워 구슬치기조차 하기 힘든 때면 볕이 잘 드는 담벼락에 착 붙어 앉아 놀았다. 겨울철이 지나 봄이 될 무렵 엄마가 떠준 털 스웨터 소매는 까만 것이 반들거렸다. 코찔찌리였다. 방구들이 잘못 놓였는지, 굴뚝이 낮아선지 연탄가스도 꽤나 마셨던 기억이 난다.

　지금 생각하면 참 가난했던 시절이었다. 다들 그랬다. 그때는 산동네라 하여도 공터가 많았다. 겨울방학이면 그 공터에 20~30명 아이들이 갖가지 놀이를 하면서 해가 저물어 컴컴해질 때나 집으로 갔다. 이젠 그런 광경을 영화 속에서나 가끔 볼 수 있게 되어버렸다. 그때 사람들도 욕심은 있었겠지만, 오늘 이토록 풍요하고 편리한 상태의 사람들이 지닌 욕심에 비하면 순수했다 하겠다. 요즘 사람들, 다들 간이 배 밖으로 불쑥 튀어나온 듯하다.

　아침에 김지태 목사가 책을 올려주었다. 펴보고 배시시 웃었다. 『양미경의 가슴으로 읽는 시』(은행나무, 2004)가 올라왔기 때문이다. '시' 자는 잘 안 보이고 '양미경'만 크게 들어온다. '속으로 뭘 알고 올린 것인가!', 물으려다 부끄러워 그만두었다.

　첫 시가 마음에 와 닿는다.

　　하늘 냄새
　　　　박희준

　　사람이

하늘처럼

맑아 보일 때가 있다.

그때 나는

그 사람에게서

하늘 냄새를 맡는다.

오늘은 아내 생일이다. 없는 것이 나은 나로서 할 말이 별로 없다. 새벽이와 잘 지내길 기도할 뿐이다.

솔숲에서 띄운 편지 32

소나무 숲 농성 백일을 맞이한 날

2007년 2월 2일

어둠이 짙게 깔린 소나무 숲에서 맑고 밝은 빛이 피어오른다. 하준(하늘에서 내려준 아들)이와 하선(하늘에서 내려준 선녀)이가 불을 밝혔다. 소나무 숲 농성 백일을 기억하는 사람들이 마음을 모아 소박한 잔치를 연 것이다. 생명의 불빛, 평화의 불꽃이 온누리에 가득하기를 기도한다.

동산 위로 샛노란 보름달이 둥실 떠오른다. 숲 사이로 달빛이 쏟아져 들어오면, 유진수는 「메밀꽃 필 무렵」이 생각난다고 한다. 나는 그저 아득하다. 문득 천상병님의 「주막에서」라는 시가 떠오른다. 마음의 빛을 닦으리라.

법정 스님이 "늙는 것이 문제가 아니라, 녹스는 것이 문제다"라고 했다. 나이가 들수록 영혼은 더욱 맑아질 수 있다 한다. 운동을 할수록 더욱 고와지고, 맑은 얼굴빛을 지니고 싶다. 그런 운동 가능하다.

이현주 목사님이 선물로 책 한 권을 올려 보냈다. 한 장 한 장 묵상을 하며 읽는다. 요한 크리소스토무스의 『단순하게 살기』란 작은 책자이다. 부피는 작으나 실로 무궁무진한 내용을 담고 있다. 선생님의 선물인지라 더욱 값지게 여겨진다.

"312년, 황제 콘스탄티누스가 그리스도교를 제국의 공식 종교로 선포하자 주교와 사제들은 갑자기 권력과 부를 움켜잡게 되었다. 수세기 동안 박해와 가난으로 신음하던 사람들이 돌연 사회의 특권층에 진입한 것이다. 많은 주교와 사제들이 호화스런 집을 짓고 비싼 옷자락을 날리며 거들먹거렸다. 하지만 그리스도의 단순하고 가난한 삶과 널리 베푸는 삶으로 돌아갈 것을 교회에 촉구하는 소수의 무리가 있었다. 시대의 흐름을 거스르는 무리 가운데 시리아 사람 요한이 있었다." (본문 5쪽)

"오직 바보만이 사랑과 평화의 메시지 하나로 세상을 바꿔보려 시도하겠지요. 그렇다면 예수야말로 바보였다고 결론지을 수 있을 것입니다. 그리고 바보들만이 그를 추종하다가 그가 처형당한 뒤에, 그의 일을 계속할 수 있었을 거예요. 따라서 사도들 모두 바보였다고 하겠습니다. 그 바보들이 전하는 메시지를 진지하게 듣고 그것을 받아들이는 일 또한 같은 바보들만이 할 수 있는 겁니다. 그러니까 시방 우리 모두가 바보라는 그런 말이올시다." (본문 52쪽)

어찌 살 것인가? 여러 갈래 길이 늘 우리 앞에 다가선다. 그때 어쩔 수 없이 어떤 길을 선택하지 말자. 최선을 다하여, 신앙과 양심의 빛에 따라 길을 걷자.

계양산 숲을 지키고 골프장을 막아내는 일. 작지만 결코 작은 일이 아니다. 온 힘과 정성을 다하리라. 억지로는 안 할 것이다. 그러나 우러나오는 대로, 할 수 있는 것은 최선을 다하여 쏟아놓을 것이다. 그리스도의 제단에 속죄제를 드리는 마음으로 이 시간, 이 자리를 지킬 것이다.

백일이 천일이 된다 해도, 그리하라시면 할 마음을 다잡는다. 녹슨 내장과 흉부를 숲이 거저, 흠뻑 주는 생명의 기운으로 정화시켜 가면서, 얼굴엔 미소를 가득, 마음엔 자비를 가득 품고, 달빛 훤한 숲길을 천천히, 아주 천천히, 깊숙이, 아주 깊숙이 걷기를 기도한다. 주께서 우리와 함께, 주께서 소나무 숲과 함께하기를.

솔숲에서 띄운 편지 33

흔들림 없는 신뢰로

2007년 2월 3일

숲이 운다. 천막과 현수막이 펄럭거리며 바람을 맞이한다. 키 큰 나무들은 저러다 쓰러지겠네 할 정도로 휘청거린다. 그러다가도 바람이 그치면 곧 제 모습으로 돌아온다. 언제 흔들렸나 하리만치 시치미를 떼고 그대로 서 있는 나무다.

하루 종일 드세게 바람이 불던 오늘도 나무들은 우우 소리를 내며 몸을 심하게 떨었다. 그러다가 고만 평상심을 회복하는 것이다. 뒷말이 없다. 군소리가 없다. 뒷말이나 군소리를 하는 것은 사람들뿐인가 보다.

나무는 그런 쓸모없는 일에는 아랑곳하지 않는다. 의연하다. 참 의연하다. 그런 의연함은 기초가 튼튼함에서 오는 것은 아닐까? 굵은 뿌리, 또 잔뿌리가 흙을 꼭 부여안고, 대지 속으로 깊이 박혀 있어서 바람이 불면 부는 대로 흔들리는 듯하지만 곧 제자리로, 제 모습으로 돌아올 뿐이다.

뿌리가 나무를 지탱한다. 아래가 단단하니 위로 뻗어 나간다. 나무는 밑이 튼튼해야 위로 향할 수 있다는 지혜를 아는 것이다. 밑으로부터 힘을 지니는 나무다.

겟세마네 동산에서 그리스도 예수는 흔들림을 경험한다. '제발 이 잔이 내게 임하지 않기를' 기도하시는 주님이시다. 그것도 잠시 '하나님의 뜻이 이루어지기를, 그 뜻에 따르기를' 결단하신 이후 주님에게서 흔들림은 보이지 않는다.

제자 유다의 배신으로 체포를 당하고, 법정에 끌려가 모욕과 채찍, 심문을 받으면서도 의연함을 잃지 않는다. 골고다 언덕을 오르는 일과 십자가에 매달려 있는 처지에서도 "저들을 용서 하소서, 무슨 짓을 하는지 저들이 모릅니다" 하실 뿐이다. 하나님에 대한 깊은 신뢰, 전적인 신뢰에 흔들림이 없기 때문이리라.

영성의 뿌리가 깊은 생명의 나무, 예수님이시다. 조그만 논쟁이 일어나도 낯빛이 바뀌고, 보기가 그리 좋지 않은 얼굴 표정을 몇날 며칠 가도록 풀지 못하는 나로서는 범접할 수 없는 의연함이 느껴지는 분이시다.

일본이 대동아 공영권을 외치며 군국주의의 길을 걸을 때 반전 평화사상을 설교했던 분 가운데 한 사람이 우찌무라 간조였다. 그에게는 여러

가지 음해와 모략, 위협이 가해졌다.

"너는 무엇이기에 일본 제국에 대하여 비난을 하는가?" "너는 도대체 어떤 사람인가?"라는 비난이 쏟아져내렸을 것이다. 그때 우찌무라 간조 선생이 말한다.

"나는 두 개의 'J'를 사랑한다. 하나는 Jesus이고, 또 하나는 Japan이다."

예수에 대한 깊은 사랑, 민족에 대한 깊은 사랑에서 전쟁의 길을 막아내고 평화의 길로 돌아설 것을 설교한 분이시다. 전체주의의 광풍 앞에서도 제정신을 가지고 의연하게 사신 것이니, 그 영성의 뿌리가 깊다 하겠다. 의연함이 있는 인격이요, 신앙이다.

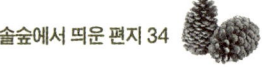

솔숲에서 띄운 편지 34

'수신修身'을 깨닫는 밤

2007년 2월 5일

바람이 부드럽다. 날이 푸근해져 모든 움직임이 한결 수월하다. 추울 때는 사과 한 알 깎아 먹기도 수월치 않았다. 벌써 봄인가. 아직 봄은 이르다. 살짝 맛만 보여주나 보다. 그런데도 기분이 좋다. 입가에 미소마저 번진다.

가스등 불빛도 오래도록 환하게 타오른다. 밤이 깊은 시각인데도 책을 읽을 수 있게 되었다. 이전에는 엄두도 못 낼 일이었다. 가스통이 곧 얼어버려 글을 읽거나 쓰기에는 불빛의 힘이 턱없이 모자랐기 때문이다.

한적하다. 호젓한 사위다. 새도 잠들어 소리라고는 오직 가스등만이 불 밝히는 소리를 낼 뿐이다.

숲 생활을 통하여 한 가지는 배운 것 같다. 이것도 자만일지 모른다. '수신修身'이라는 말이 무엇을 뜻하는가에 대하여 어렴풋이나마 알게 된 것이다. 그 말 들은 지가 30년은 족히 넘었을 터인데, 이제야 그것도 조금이나마 알아들을 수 있는 것 같다. 틈새를 본 것이다.

그 의미도, 방도도 모르면서 '수신'이 먼저니 '치국평천하'가 먼저니 고민했다. 쓸데없는 고민이라 하기에는 꽤나 진지한 고민이었고 치열한 논쟁거리였기에 함부로 표현하기 힘들지만 지금 생각하니 쓸데없는 일이었다.

'제가'니 '치국'이니 '평천하'는 나 같은 소인배로서는 넘보기 힘들다. 그럴 필요도 별로 없다. 자기만 제대로 닦아도 사람 노릇은 할 것 같다. 나도 내 얼굴을 닦을 줄 알고, 손도 닦을 줄 알고, 발도 닦을 줄 안다. 어릴 적엔 새벽이 얼굴이며, 등이며, 발가락까지 닦아준 적이 있다.

그런데 그게 다가 아니지 않은가? 제 얼굴은 씻을 줄 알아도 제 '얼'은 씻을 줄 모르고 살아오지 않았는가? 새벽이 얼굴은 닦아준 적이 있지만, 새벽이의 '얼'을 닦아준 적은 어쩌면 부끄럽게도 한 번도 없었던 것이다. 나도 못 하는데 나 아닌 그 누구를 해줄 수 있겠는가? 새벽이에게 미안하다. 고의로 그런 것은 절대 아니었다. 알면서 안 한 것도 아니다. 몰랐을 뿐이다. 모르고 있다는 것조차 몰랐는데 낸들 어떻게 할 수 있었겠는가!

헛산 것이다. 그렇다! 헛산 것이다. 그래도, 다른 누구한테는 몰라도 나한테는 그렇게 헛살아온 것이나마 있기에 이런 후회도 할 수 있는 것이다. 그게 다행이다. 그게 은총이다. 옛말처럼 오래 살고 봐야 하는 것인지도 모른다.

바람이 한결 부드러우니, 나도 나를 좀 더 부드럽게 만날 수 있다. 내가 '나'와 지금, 처음으로 진지하게 대면하고 있는지도 모른다. 그런 느낌이 든다. 나도 잘 몰랐던 그 사람과 이제 조금은 이야기하며 사귀고 있는 것이다. 노래방에 가면, 《가시나무》라는 노래를 한 번은 부르고 나오는 편인데, 이번에 일 마치고 내려가면 《가시나무》를 한 번 더 부르리라 마음먹는다.

'내 속엔 내가 너무도 많아 당신의 쉴 곳 없네.'

오늘 기분이 참 좋다. 바람도 좋고, 가스 불빛도 영롱하다. 그 빛처럼 내 안에 맑은 빛 켜진 듯하다. 2월의 크리스마스다. 크리스마스치고는 트리tree가 너무도 많은 날을 맞이하는 것이다. 달도 밝고.

솔숲에서 띄운 편지 35

전태일과 희망의 숲

2007년 2월 7일

어린 시다들에게 풀빵을 나누어주기 위하여 버스 값을 아꼈던 사람, '전태일'을 다시 생각해본다.

참으로 곤궁한 시대였다. '노동자의 기본권'이라는 말로도 '빨갱이' 소리를 들을 수 있는 시대였다. 감시와 강제가 버젓이 자행되는 노동 현장이었다. 폐병을 숨기며 일하는 어린 시다들도 있었다.

그런 상황에서도 평화시장의 재단사로 일을 하던, 한 노동 청년은 따뜻한 심장을 지녔었다. 그 누구도 쉽게 흉내낼 수 없는 '나눔과 섬김'의 삶을 실천했다.

노동자는 기계가 아니라, 존엄한 사람임을 자각하고, 동료들을 조직하고, 불이익을 감수하면서 활동을 하던 그 모습, 시대의 흐름으로 망각하기에는 너무도 아쉬운 일이다. 고귀한, 참으로 인간다운, 참으로 노동자다운 삶이었다. 그 밑바탕에는 신앙인으로서의 '전태일'이 있었다.

'불꽃'이 되기를 결단하기 전 일기에 적은 '평화시장의 어린 시다 곁으로 나는 돌아가야 한다'는 글은 그리스도 예수의 겟세마네 기도와 깊은 연관을 지니고 있다.

'전태일'을 통하여 70년대 한국 상황, 특별히 노동 현장에 현존하는 예수 그리스도를 체험했던 소수의 양심적 신앙인, 신학자들이 있었다. 문익환 목사님, 안병무 교수님, 서남동 교수님, 박형규 목사님 등이 대표적인 분들일 것이다. 한 노동 청년의 삶과 활동, 죽음에서 '노동자의 권리'가 자각되었을 뿐 아니라 교회가 깨어나고 신학이 변모되었다. 반향이 일어났다. 울림이 일어났다.

그런 공명과 공감 속에 70년대 민주노조운동이 찬 이슬 맞으며 커 나왔던 것이고, 인권운동, 민주화운동, 교회운동이 쑥쑥 성장했던 것 아닌가?

운동에 '감동'이 있었다. 운동한다는 그 자체가 감동이었다. 운동하는 사람, 그때는 적었지만 서로 소중히 품었었다.

몇 명의 사람들이 모여 아름다운 청년 전태일의 풀빵 나눔을 오늘, 여기에서 재현하고자 '희망의 숲'이라는 작은 모임을 시작하였다. 200명이 채 안 되는 상황이고, 정식으로 출범하지도 못한 상태이지만, 이러한 작은 노력들이 이곳저곳에서 자발적으로 조직되고 창조적인 형태로 확산

되어 가기를 희망한다. 희망의 나무가 되기를 원하는 사람들이 하나둘 늘어가기를 바란다. '희망의 숲'이 품이 더욱 넓어지고 따뜻해지고 진지해지기를 기도한다. 숲 가운데 있으니, '희망의 숲'이라는 명칭도 참 잘 어울린다는 생각이다.

봄 날씨 같은 요즈음, 소나무 숲은 '희망'이다. 숲이 주는 '희망'의 기운을 쉴 새 없이 들이마신다.

솔숲에서 띄운 편지 36

나의 다메섹

2007년 2월 8일

봄을 재촉하는 비가 여리게 내리던 오전 내내 솔밭 뜰을 망연히 보고 있었다. 물기를 머금은 솔밭 뜰은 붉은 황토 빛을 띤다. 옅은 안개마저 숲 허리를 감싸 안으니 아주 깊은 계곡으로 들어온 느낌이다. 신비감이 더욱 깃든 숲이다.

모세가 하나님을 만나는 곳은 산山이었다. 산에 불길이 치솟고 구름 장막이 에워싼 가운데 만남은 이루어진다. 거룩한 신의 현현이 이루어지는 곳으로 산이 등장한다.

그리스도 예수의 변화 사건도 산에서 이루어졌다. 성서는 산을 거룩한 만남과 변화가 이루어지는 특별한 장소로 부각시키는 것이다.

그 마음으로 이 자리를 지킨다. 계양산 숲 자락이 '아주 특별한 곳'으로, '나의 다메섹 언덕'이 되기를 기도한다. 다메섹 사건 이전의 사울과

그 이후 바울 사이의 변화의 폭과 깊이는 너무도 큰 것이듯이, 이런 생각을 하고 있는 것이 은총이다.

'보은報恩'이라는 말이 있지만, '은총' '은혜'는 그 무엇으로도 갚을 길이 없는 것이다. 그만큼 크고 놀라운 것일 게다. 갚을 수 있는 길이 만약 있다면, 그것은 잊지 않는 것이라고 여긴다. 은총을 '갚을 수'는 없더라도, 잊지 않는 것, 기억하는 것, 그 기억으로 '변화의 삶'을 살아가는 것이 은혜 갚는 길일 게다.

오랜 친구에게 전화가 왔다. "지율 스님이 백일 넘도록 굶을 때도 마음이 이렇게 아픈 줄 몰랐는데, 네가 밥 잘 먹고 있다고 해도 마음이 쓰리다"고 한다. 가깝다는 것, 안다는 것, 서로를 깊이 생각한다는 것이 그런가 보다. 멀리 있는 진리眞理보다 가까이 있는 내 새끼가 더욱 애틋한 것이 사람일 게다.

숲 속에서 나는 '멀리 있는, 절대 타자로서의 하나님'이 아니라 솔잎 홑씨의 낙하와 새 소리에 깃든 '너무도 가까이 있고 너무도 따뜻한 하나님'에 대하여, 그 품안에 있는 나에 대하여 느끼고 감동하고 만다.

한 점의 불꽃이 되어

2007년 2월 10일

『어둠 속에 갇힌 불꽃』이라는 책을 읽고 있다. 이현주 목사님이 선물로 주고 간 것인데, 아침에 일어나면 1시간 정도 천천히 묵상하듯 읽는다. 유대교 신비주의 연구가이자, 평화운동가인 아브라함 요수아 헤셸이 지은 책으로 이 목사님이 번역했다.

  한 대목을 적어본다.

    라삐 베로카는 늘 저잣거리를 방문하곤 했는데 거기에서 예언자 엘리야가 가끔 그에게 나타났다. 사람들은 그 예언자가 어떤 성자들에게 그들을 영적으로 안내해주기 위하여 나타난 것이라고 믿었다.
  한번은 베로카가 예언자에게 물었다.
  "여기 있는 사람 중에 장차 올 나라의 분깃을 차지한 자가 있습니까?"
  그가 대답했다.
  "없다."
  그들이 이야기하고 있는 동안에 두 사람이 지나갔다.
  엘리야가 말했다.
  "저 두 사람이 장차 올 나라의 분깃을 차지하였다."
  라삐 베로카가 그들에게 가까이 가서 물어보았다.
  "당신들 직업이 무엇이오?"
  그들이 대답했다.

"우리는 광대요. 사람들이 낙심해 있는 것을 보면 그들을 기운 나게 해주지요." (77쪽)

사람들이 낙심해 있는 것을 보면, 그들을 기운 나게 하는 사람이 장차 올 '나라'의 분깃을 차지할 사람이다는 이야기를 읽고 고개를 끄덕인다. 생각하니, 운동 역시 그러한 때가 있었다. '낙심한' 사람들을 일으켜 세워 '살맛나는 세상', '살맛나는 사람'을 보여주고 만나게 해준 때가 있었다.

나의 서투른 비판이지만, 운동의 목적과 목표가 '정치권력의 획득'으로 너무 쏠려간다고 본다. 평화민주 개혁세력의 '집권'이든지, '민중권력'이든지, 그것의 중요성에 대하여 이의를 달고 싶지는 않다. 그러나 그보다 더 앞선 그 무엇이 나는 있을 것 같다.

당신 무엇 하는 사람이요 물으니, "우리는 광대요. 사람들이 낙심해 있는 것을 보면 그들을 기운 나게 해주지요"라고 답한다. 나는 이것이 오히려 운동의 근본 목적이지 않을까 여긴다. '섬김으로서의 운동' '봉사로서의 운동' '삶의 의미와 기쁨을 일으키는 운동', 그것이 여타의 무엇보다, 이데올로기나 권력쟁취보다 앞서는 것이 아닌가 여긴다.

해가 뜨니 어두움이 슬쩍 물러가고, 차가운 공기도 한결 부드러워진다. 해에게 빛이 나오고 열이 전해지기 때문이다. '태양신' 숭배사상은 그래서 고대로부터 발생했을 것이다. 엄청나게 거리가 멀리 떨어져 있을텐데, 이렇게 밝고 따뜻한 기운을 주는 태양은 그 자체로 경이로운 실체임에 틀림없다.

그런데 놀라운 것은 태양이 지구를 지배하거나 휘두른 적이 없다는 것이다. 마치 꽃이 향기를 세상에 그냥 내놓듯이 깊은 관계를 갖고 서로 돌아가는데, 지배하거나 힘을 남용하지 않는 거저 주고 거저 받는 사이가 있는 것이다. 내 추측으로는 지구도 태양에게 그 무엇인가를 줄 것이다. 어쩌면 지구가 존재한다는 그 자체로 태양은 만족할지도 모른다. 노랫말에도 있다.

'네가 있어 나는 살 수 있는 거야.'

운동이 더욱 힘을 가지되, 힘을 허튼 곳에 함부로 쓰지 않고, '낙심한 사람들에게 기운을 북돋아주는 일'에 쓰면 좋겠다. 그 빛과 열기로 모든 생물의 삶을 북돋아주는 태양처럼…….

가스등 불빛 아래 일기를 쓰는데, 나도 불빛 한 점 내놓는 삶이기를 기도한다.

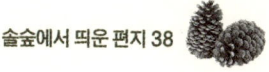

솔숲에서 띄운 편지 38

내게 관심을 갖는 시간들

2007년 2월 13일

오랜만에 비가 내린다. 겨울 가뭄이 심한 터에 내리는 '단비'다.

숲에 자욱하니 안개가 낀다. 잔잔히 내리는 비를 무심히 바라보는데 참 마음이 편하다. 새 소리에 깨어 일어나 맑은 공기 마시며, 이토록 잔잔히 내리는 비마저 있으니 한결 맑아지는 느낌이다. 찌든 때를 말끔하게 씻어내리기를, 응어리지고 움츠러들었던 곳을 부드럽게 풀고 내려가기를 기도한다.

농성 일수가 길어지니 여러분이 염려하나 보다. 그 염려에 담긴 깊은 정을 느끼면 마음이 따뜻해진다. 사랑은 따뜻한 것이다. 그러고 보니 오래전엔 좋아하면 장갑도 떠주고, 목도리도 짜주었다. 그거 받아본 적이 있었던가? 기억이 가물가물하다.

관심을 갖는 것이 중요하다. 무엇에 관심을 두고 사느냐에 따라 사는 법이 다르고, 모습이 다른 것이다. 숲 생활을 하면 할수록 더 하고 싶다는 마음이 든다. 지금껏 살아오면서 여러 경험을 했고, 여러 곳을 다녀보았지만 이곳 생활만큼 신선하고 고요한 삶을 누린 적이 없는 것 같다. '나'에 대하여 내가 아주 깊은 관심을 기울여본 적도 없었다.

처음엔 시위를 한다는 사명감으로 지나가는 사람들에게 무언가를 전하려 꽤 애를 썼다. 지나가는 분들이 하나를 물으면 서너 가지를 얹어서 답하려 했다. 요즘은 거의 안 한다. 게을러진 것이라기보다는 그냥 이 숲에 앉아 있는 것 자체를 만끽하고 싶어서다.

책 읽다가 차 한 잔 마시고, 바람결이 느껴지면 눈 감고 기도하고, 그마저도 심심해지면 일어서서 그냥 소나무 숲을 바라보며 숨을 들이쉬며 사니, 안빈낙도의 삶을 제대로 누리는 즐거움이 가득하다. 사람 없이는 못 살 것 같더니, 사람 없이도 잘 살고 있다.

주님께서 예비하신 이 '자연치유 명상센터', 은혜의 단비가 잔잔하게 내리는 곳이다. 또닥거리는 빗소리 들으며 잠 잘 생각을 하니 그마저 얼마나 낭만적인가!

이 숲 잘 지켜서, 인생 길 걷다 지친 이, 이곳의 기운과 분위기로 소생케 한다면 골프장 1년 세수입 7억보다야 더 귀한 값어치가 있는 것이 아닌가!

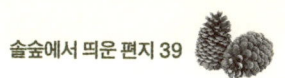

푸른 향기 가득한 밤

2007년 2월 15일

양희은 님이 부른 《거치른 들판에 푸르른 솔잎처럼》이라는 노랫말이 떠오른다.

'저 들에 푸르른 솔잎을 보라.'

지난 시절 자주 불렀던 노래다. 수유리 캠퍼스에서 서로 어깨동무하고 울분을 삼키며 각오를 다지듯 부르던 정경이 눈에 선하다. 노래를 부르던 사람들이 솔잎처럼 푸르던 시절이었다.

대나무가 선비의 지조와 절개를 상징했다면 소나무는 선비의 푸른 기상과 충직함을 상징했다. '청송녹죽靑松綠竹'. 우리 산에 있는 나무 중 가장 흔한 것이 소나무다. 땔감으로도 유용했다. 참 가난했던 시절 보릿고개를 넘는 데도 소나무는 한 몫을 담당했다. 사시사철 변함없는 저 나무처럼 늘 푸르기를 기도한다. 농성 현장을 찾아온 사람들이 이구동성으로 하는 말도, "이리 좋은 곳을 왜 없애려 하는가!"라는 탄식이다.

어제는 제법 바람이 불어 솔방울들이 떨어졌었다. 초록동무 송미선 님이 솔방울로 무언가를 만들어주겠다고 약속했다. 정은이가 어느 신문엔가 '내 몸에 솔 향이 배어 있어요'라고 한 기사가 떠오른다. 나는 워낙 코 상태가 안 좋아 냄새 구별을 잘 못한다. 정은이 흉내낸다고 코를 벌름거려도 아직 못 맡았다. 조금 아쉽다.

한 등산객이 "목사님, 봄이 오면 솔 향이 더욱 향기로울 거예요" 그러고 갔는데 제발 그리 되기를 바랄 뿐이다. 향기로운 솔 냄새를 풍기는 삶이기를 기도한다. '비바람 불고 눈보라쳐도 온누리 끝까지 맘껏 푸른' 그런 인생 누리기를 손 모은다.

솔밭 사이로 아침 햇살이 비춰오는 광경은 그야말로 환상적이다. 솔잎에 산란되는 눈부신 햇빛을 맞이함도 소나무 숲 가운데 앉아 있는 축복이다. 새 소리마저 들려올 때면 비발디의 사계보다 더욱 생동감 있는 숲의 교향악이 울려오는 것이다. 도심 한가운데서는 경험하기 힘든 자연의 소리와 정취에 푹 젖어드는 이 생활, 끝나버리면 너무 아쉬운 느낌이 들 것이다.

명절이 가까워지니 마음이 뒤숭숭해지는데도 그냥 이 숲이 좋으니 철들기는 아직 멀었나 보다.

그리스도 예수의 향기,

푸른 숲의 향기,

푸른 사람들의 향기 가득한 밤이다.

숲에서 띄운 편지 40

내 영혼의 날씨는?

2007년 2월 16일

그믐 무렵인지라 숲은 짙은 어둠에 그 형체마저 구분하기 어렵다. 어두움과 침묵이 무섭다는 느낌이 없다. 오히려 깊고 신령한 분위기다. 그 속에 가만히 있으면 침묵의 선방에 들어앉은 듯하다. 비행기 지나가는 소리, 개 짖는 소리만 이따금 들려올 뿐 그도 지나가면 깊은 고요가 흐른다. 다른 어떤 훈련 프로그램보다 '숲에 앉아 있음'이라는 과정을 누구나 체험해보면 좋으리라. 무어라 말로 표현할 수 없는 감동을 맛볼 수 있을 것이다.

내일 날씨가 어떨지에 대하여 다들 궁금해하고 똑바로 알기를 원한다. 비가 오는지, 눈이 오는지, 추운지, 따뜻한지. 그러나 진정 우리가 알아차려야 할 것은 외부의 날씨만은 아니다. 내 영혼의 날씨 상태는 어떤지 차분히 돌이켜보고 자세히 살펴야 한다. 얼어붙어 있는지, 흐늘흐늘한지, 불빛 한 점 없이 어두운 길을 헤매는지, 우리 내면의 기상 상태도 궁금해하고 떠들쳐볼 필요가 있다.

바깥으로만 나돌아다니면 초점을 놓치고 살 가능성이 많다. 마치 사진사가 검은 천으로 모든 빛을 차단한 상태에서 사진을 찍듯이 어둠과 고요, 침묵 속으로 깊이 들어가 내 안의 영롱한 빛을 찾을 필요가 있다.

'너는 세상의 빛이다'라고 주님이 말씀했는데, 내 안의 빛을 내가 보지 못하고서야 그 빛을 누구에게 발할 수 있겠는가 생각해본다. 또렷하게 빛나는 영롱한 불빛을 내 안에서 볼 수 있기를, 내 안에서 빛으로 계신 주님을 알아볼 수 있기를 기도할 뿐이다.

귀한 분이 오셨다. 데이비드David 목사님. 여러 번 이야기 들었는데, 서로 이제야 대면을 한다. "목사님! 좋은 일 하셔요." 한국말을 참으로 착하게 말씀하시는 캐나다인이다. 반갑고 고마웠다. "자연 안에, 우리 마음 안에, 고요 안에 계시는 주님이 이 숲을 지켜달라"고 기도해주셨다.

솔숲에서 띄운 편지 41

그분 따라 사는 길

2007년 2월 17일

설 명절을 바깥에서 지내려니 식구들에게 면목이 서지 않는다. 사정을 아시고 이해해주시니 다행스럽기는 하지만 송구스러울 뿐이다. 쉰이 다 된 나이어도 속 썩이는 아들이요, 남편이고, 애비라 생각하니 한숨만 나올 뿐이다.

지금까지 살아오면서 월 1백만 원 이상을 받아본 적이 없는 형편이니 스스로 생각해도 무능한 인생이다. 제 좋아서 사는 길이니 누구를 탓할 입장도 아니고, 그럴 이유도 전혀 없다.

오히려 나를 지켜볼 수밖에 없는 피붙이들이 그동안 받았을 스트레스를 생각하면 낯부끄러울 뿐이다. 더욱 죄송한 것은 이 길 그냥 걸으려는 마음이다.

무책임하고 뻔뻔한 이야기인지는 몰라도 다른 길 걸을 엄두도 나지 않고, 지금 걷는 이 길이 나에게는 너무도 행복한 길이기에 어쩔 수 없다. 어쩌면 더 내려가야 되지 않는가 하는 생각도 있는데 그러기에는 용기가 턱없이 부족하다.

헨리 나우웬이 하버드대 종신 교수직을 내려놓고 토론토의 한 장애인 공동체에서 지내는 이야기를 읽고 감명을 받았다. 나로서는 흉내내기조차 어려운 길이다. 누구와 비교할 필요는 없겠다. 내가 감당할 수 있는 몫을 최대한 하는 것이 나에게 주어진 길이라 여긴다. 흔들림 없이 평온한 마음으로 늘 '나의 길'을 걸었던 그분을 따라 사는 것이다.

고향 가는 길, 집으로 돌아가는 길은 어쩌면 뿌리를 찾아가는 길이다. 생의 근본을 향하여 나서는 길이다. 우리들의 고향 집은 어디에 있는가? 경상도인가, 전라도인가, 충청도인가? 진정 나의 삶의 원뿌리는, 근원은 어디 서 있고, 그 본향 찾아가는 길을 나는 제대로 알고 있는가? 되묻는다. 섣달그믐이어서 그런지 싱숭생숭하다.

기쁜 새해, 희망의 새해 모두 맞이하시기를 기도한다.

식구들이 보고 싶은 밤이다.

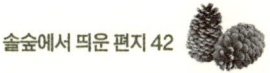
솔숲에서 띄운 편지 42

과꽃과 아버지

2007년 2월 18일

과꽃을 보고 싶다.

금호동 산동네 집의 조그만 뜰에는 8월 중순경이면 과꽃이 피어났다. 흰 꽃, 분홍 꽃, 보랏빛 꽃 등 소박하기 그지없는 그 꽃이 필 때면 아버님 생신이 돌아왔다.

'황소'는 돌아가신 아버님을 떠올리면 연상되는 이미지다. 소학교 4년이 전부이니 무학자인 셈이다. 장남으로 태어났으나 할아버지가 일찍 돌아가셔서 가장 노릇을 해야 했다. 어린 나이 만주로 가서 돈을 벌어야 했었다. 말씀도 그리 없으셨고, 감정을 드러내지 않으셨다. 화를 내는 것은 아주 드문 일이었다. 거의 화를 내지 않았다. 시장에서 100원 내기 고스톱 치는 것이 유일한 낙이셨던 분, 그러나 내게는 너무도 소중한 분이시다.

아버님을 생각하면 부끄러운 일이 하나 있다. 신학교 다닐 때 동기생 중에 종관이가 있었는데, 그 친구가 부러웠다. 종관이 부친 되시는 분이 박형규 목사님이어서 그런 것이다.

1978년 9월인가, 10월인가 정확치는 않다. 전주에서 열린 기청전국대회의 시위 사건으로 상당수의 기장교회 소속 대학생들과 청년들이 학교에서 쫓겨나거나 징계를 받게 되었다. 그래서 기독교회관 2층 예배실에서 항의 집회를 가졌다. 그때 박 목사님을 처음 뵈었는데, 그 힘하고 힘든 시기에 큰 품을 우리에게 보이셨다. 그 모습이 너무 훌륭해 보였기에 그런 마음을 품은 듯하다.

이후 내내 이런 기억으로 아버님께 죄송스러운 마음을 지녔다. 아버님이 급성 폐암으로 돌아가시기 며칠 전 병원 침대에 앉으셔서 알아듣지 못할 노래를 당신 혼자 나직이 부르셨는데, 그 모습이 자꾸 생각난다.

나는 새벽이에게 어떤 모습일까? 새벽이의 삶에 나란 존재는 어떤 의미를 지닐까? 놈도 언젠가는 커서 '과꽃'을 떠올리는 날이 있을지 모르겠다.

'민중의 길'을 걷겠다고 마음먹은 이유 가운데 하나가 내 아버지와 같은 참 순박한 사람들과 더불어 살아야겠다는 마음도 있을 거다.

솔밭에 선녀들이 내려왔다. 다함, 다예, 해린, 해준, 어찌 그리도 예쁜 아이들이 있단 말인가? 입이 헤벌쭉해진다. 한복을 곱게 차려입고 솔밭으로 온 아이들과 마음을 써준 은영 씨와 현정 씨에게 깊은 감사를 드린다. 하늘에서 내려준 세뱃돈 받고 즐거워하는 모습이 귀엽다.

날이 더해 갈수록 대책위에서 수고하는 친구들에게 자꾸 마음이 쓰인다.

월 환경운동연합, 화 생명평화기독연대, 수 녹색연합, 목 인천민중교회운동연합, 금 인천참여자치연대, 토 민주노동당, 일 주민자치를 여는 인천희망21이 짜임새 있게 나무 위 농성을 지원하고 홍보 활동을 벌인다. 나야 앉아서 받아먹기만 하면 되는 것이다. 일상적인 활동과 대책 활동을 하면서, 지원까지 하니 고생이 참 심하다. 모든 분께 감사의 큰 절을 올린다.

조금 더 힘내자. 거의 정상이 보이는 곳에 이른 느낌이다. 산행을 할 때 가장 힘든 곳이 바로 이 지점이다. 여기를 좀 더 올라가면 사방이 활짝 트인 곳을 우리가 만날 것이다.

솔숲에서 띄운 편지 43

자비를 베푸소서

2007년 2월 19일

로마제국은 체제를 위협하는 범법자들을 악형으로 다스렸다. 대표적인 것이 불에 태워 죽이거나 끓는 기름에 던지는 것, 굶주린 사자나 맹수의 먹잇감으로 내주는 것 그리고 십자가형이 있었다. 최대한의 공포와 고통을 주어 극악한 범죄자들을 처형했다.

그 가운데에서도 십자가형을 최고의 악형으로 여기는 것은 그 죽음엔 저주와 모욕, 수치스러움이 담겨 있기 때문이다. 나무 위에 벌거벗겨 매달아 수치와 모욕을 줄 뿐 아니라, '너는 죽어서도 흙에 묻히지 못한다'는 잔혹한 저주가 담겨 있는 처형 법이다.

그런 이유로 로마제국은 노예제도의 근간을 흔드는 탈주노예와 체제에 도전하고 반란을 일으키는 정치적 무리에게만 십자가형을 집행한 것이다. 영화《스파르타쿠스》의 마지막 장면은 십자가형의 실체를 보여주는 것으로 마친다.

십자가에서 죽은 시신들에게는 독수리나 갈까마귀, 늑대와 승냥이들이 달라붙어, 매장할 것이 별로 남지 않았다. 죽어서도 땅으로 돌아가지 못했다. 나사렛 예수는 노예의 신분이 아니었다. 그러기에 예수의 의도와 동기와는 관계없이 로마의 정치범으로 처형된 것이다. 그 예수를 따르는 것 역시 불온시되었을 것은 충분히 짐작할 수 있다.

'말구유에 오시고, 십자가에 못 박히신 예수'. 가장 천한 모습으로 이 땅에 오시고, 저주와 수모를 받으며 처형을 당하신 예수를 그리스도로 고백하고 따른다는 것은 그리 쉬운 길이 아닌 것이다. 실로 '값비싼 은총'의 사건이다.

너무도 안이하고, 게으른 신앙생활이었다. 적당히 살아온 것이다. 제자의 길, 어떻게 걸을지 묻는다. 그 길 진실로 걸을 마음이 있는가? 모를 일이다. 그렇다고 주저앉을 수는 없다. 주께서 자비를 베푸시기를 기도할 뿐이다.

대동강 물도 풀린다는 우수답게 볕이 환하고 따뜻하다. 침낭과 모포를 말리고, 나도 해바라기를 해보았다.

잠이 들었는데 송경평과 악당(?)들이 쳐들어왔다. 석화石花를 잠자다 깨어 먹는다.

하나님의 기획 작품

2007년 2월 20일

안드레아 보첼리와 사라 브라이트만이 함께 부르는 노래 《Time to Say Goodbye》가 라디오를 통해 흘러나온다. 강릉 참소리 박물관의 추억이 새롭다. 숲에서 아름다운 음악을 들으며 햇빛을 받는다. 이 속에서 기도를 하면 눈시울이 저절로 뜨거워진다. 감사할 뿐이다. 사무엘이 드린 기도를 반복해본다. "주여, 제가 여기 있나이다. 말씀하소서."

봄 길을 여는 미풍이 어머니의 자애로운 손길처럼 온몸을 쓰다듬는다. 가슴 벅찬 순간이다.

나무 위 시위는 하나님이 기획한 아름다운 작품인 것을 진심으로 고백할 뿐이다. 배급사는 '롯데'일 것이다. 그 점에서 감사드린다.

봄이 오면 계양산에 피게 될 '노루귀'의 연보랏빛 꽃 사진과 함께 무위딩 징일순 신생님의 이야기 보음 『나락 한 알 속의 우주』를 백리향 님이 올려주었다. 이현주 목사님이 머리글을 쓰셨는데 한 자락 베껴본다. 장 선생님께서 하신 말씀인데 마음에 찔리는 것이 있어 적어보는 것이다.

"시내에 나갔다가 친구들을 만나지 않는가? 술 한 잔 걸치고 거나해지면 말이지, 그러면 얘기가 시작되는데 이게 뭐냐 하면 천지현황서부터 논어 맹자에 노자 장자며 석가모니 부처님에 예수님까지 총동원해서서 수작이 난만인거라. 그렇게 정신없이 아는 척을 하다가 말이지 밤이 이슥해서는 이리 비틀 저리 비틀 취한 걸음으로 뚝방길을 걸어오는데 달

빛은 환하게 맑고 말이지, 그 달빛에 제 그림자 밟으면서 집으로 돌아올 작시면 그러면 그때 내 마음이 얼마나 참담한지 자네가 그걸 알겠능가?"

저녁에 회의를 시작하면 회의 시간보다 몇 배나 더 길고 긴 뒤풀이를 하며 집으로 향할 때 나오는 소리다. "뭐하고 사는 거야." 수첩에는 '기도, 산행, 말씀, 묵상'을 십수 년째 반복해서 써갖고 다니면서도, 정작 뒷전으로 미루고, 닥친 일 게으름 피며, 또한 허둥대며 처리하고 살던 생활이 눈에 선하다.

그 짓거리 또 할 것이냐? 묻는데, 머리로는 '이번에는 아니지' 하면서도 스스로 겁을 먹고 있다. 그럴 가능성이 농후하다는 것을 내가 잘 알고 있기 때문이다.

습관만큼 바꾸기 힘든 것도 없다. 사람이 변화하려면 '습관 바꾸기'를 이를 악물고 해야 하는데, 그 점에서 나는 번번이 무너졌다. 솔직히 두 번째 사람답게 살아보는 경험을 한다. 한 번은 '감옥'에서이고, 또 한 번은 '지금, 이곳'이다. 곤고한 인생인데, 모르겠나. 워낙 숲이 주는 기운이 세서 이번에는 조금 바뀔꺼나!

계획성 있게 준비하고, 자기 절제를 잘 하는 사람이 너무도 부럽다.

'머리 따로, 몸 따로' 사는 생활이 어느 정도나 고쳐질지는 솔직히 여기서는 모를 일이다. 내려가봐야 알지. 아무튼 마음먹은 대로 살 수 있는지 실험은 해보아야 한다.

법정 스님의 말이다.

"생각하는 대로 살지 못하면, 사는 대로 생각하게 된다."

곧 롯데에게 'Time to say goodbye'라고 말할 날이 올 것이다. 주님께서 그 길로 몰고 가심을 믿어 의심치 않는다. '봄날은 온다!' 부드럽고 온유하게 한 발 한 발 다가오는 '봄'을 막을 사람은 없다. 천하장사라도 못 막는다.

솔숲에서 띄운 편지 45

나무에게 한 고백

2007년 2월 21일

오늘 인천지역 조간 신문들은 '계양산 골프장' 사업 추진에 제동이 걸렸다고 크게 보도했다. 환경부가 지난 16일(금) '부동의' 회신을 인천시에 보내왔고, 시는 이달 도시계획심의위원회에 롯데 변경안을 상정 않기로 했다는 내용이다.

  신문을 본 여러 친구들이 전화를 걸어왔다. "언제 내려오느냐!"고. 그러나 아쉽게도 내려갈 수 없다. 계양구와 롯데건설이 사업을 포기하지 않고, 3차 변경 추진을 하려고 하기 때문이다. 끈질기고도 집요한 모습이라고 해야 할지 모르겠다.

  재벌기업이 무섭긴 무섭다. 그래야 돈을 잘 버는 기업이 되는가 보다. 결국 그들은 계양산에 포클레인 작업을 하겠다는 의지를 밝힐 것이다. 인천시는 이 사안에 대하여 명명백백한 자신의 입장을 밝히지 않는다. 나도 속으로만 짐작할 뿐이다. 뻔하다고.

  싸움이 고비에 다다른 것이다. 무섭도록 스스로를 채찍질한다. 여기서 물러설 수 없다는 것을 묻고 또 묻는다. 마지막 고비를 잘 넘기기를 재삼 다짐한다.

'야훼 하나님, 힘을 주십시오. 용기를 잃지 않게 해주시기를' 손 모은다. 그리고 간청한다. '생명을 살리는 무지개의 연대'에 한 사람 한 사람 더 참여하여 이번 골프장 문제만이 아니라 몰가치하고 파괴적인 사업에 대하여 한목소리를 힘 있게 낼 수 있기를 바란다.

첫 단추를 잘 꿰는 것이 중요하다. 옷을 급히 입다 보면 단추를 제대로 맞추지 못할 때가 종종 있다. 그럴 때 어떻게 해야 하는가? 다른 수가 없다. 잘못 꿴 단추를 풀고, 다시 단추를 꿰는 수밖에 없다. 다들 그렇게 간다. 그게 길이다. 그게 답이다. 다른 방도가 없다.

그런데 이상한 일은 옷 입을 때에는 다들 그렇게 하면서, 사람 관계나 사업을 진행할 때에는 그러지 못한다. 잘못된 길인 줄 알면서도 고집을 피며 가는 수가 있다. 잘못을 알아차렸으면, 시인하고, 잘못을 사과하고 다시 시작하면 좋을 것을, 그러지를 못한다. 잘못을 한 것이 문제라기보다 잘못을 시인하지 않는 것, 그것이 더욱 사태를 복잡하게 만든다. 더욱 안타까운 일은 자신이 하는 일이 도대체 잘하는 일인지, 잘못하는 일인지 자체를 구분할 수 없는, 분별력이 모자라는 때도 있다는 것이다.

이때는 어쩔 수 없다. 스스로의 무지를 폭로할 수밖에. 다른 누가 아닌 내가 그런 삶을 이어왔음을 부인할 수 없다.

단추를 다시 푼다. 아주 천천히 하나씩 풀어 내린다. 풀면서 반성한다. 그게 나은 길임을 깨닫는다. 순수하고 뜨거웠던 첫 마음으로 되돌아가기를 소망한다. 나무들이 '그래 그게 좋아!', '늦지 않았어!' 힘주듯이 나를 싸고돌아 서 있다.

"나무야 우리 서로 친구하자!"고 처음으로 말을 꺼냈다. 아직은 대답이 없다. 무언의 동의인가?

맨 처음 고백이 늘 쑥스럽듯이 그 생각하고 나도 겸연쩍은 마음이다. 수십 년을 이 자리에 서 있는 친구들에게 들어온 지 얼마 되었다고 벌써 친구하자고 하는 내가 조금은 뻔뻔하다는 생각이 들어서다.

이번 봄은 유난히 기쁜 하루하루가 될 것이다. 죽이자는 편에 서지 않고 살리자는 편에 서서 하루를 사는데 기쁨이 넘침은 당연지사다. '살림'이다. '살림', '살이'이다. 내려가서도 '살림살이' 잘해야겠다. 나무 살리고, 새 살리고, 두꺼비 살리고, 생강나무와 진달래 살리는 길이다. 우리들 자신을 살리는 일이다. 죽이는 데 서지 않으리라. 살리는 데 서서 죽더라도 죽을 작정이다.

그리스도 예수는 죽었다. 사람들이 장사 지냈다. 무덤에 갇혔다. 그런데 소수의 사람들로부터 이상한 현상이 일어났다. '그가 살아났다'는 해괴망측한 소문이다. '그는 죽지 않았다'는 믿기 힘든 이야기들이 떠돌기 시작한 것이다. 죽었는데 산 사람, 그분을 주님으로 모시는 사람 역시 그분께서 '죽이되, 살리신 것'을 고백한다. 그 고백을 하는 것이 그 자체로 기쁨이다. 찬양이다.

솔숲에서 띄운 편지 46

기도는 그분의 명

2007년 2월 22일

어제 일기를 쓰고 나서 기도를 하는데, 속에서 물음이 올라왔다. '첫 단추가 뭐야?'라는 물음이다. 일기 쓸 때는 첫 단추를 잘 꿰어야 다음 단추도 바르게 꿸 수 있다. 지금까지 생활을 돌이켜보니 무언가 잘못 꿴 게 있는 것 같아 썼을 뿐인데, 첫 단추 내용을 물으니 순간 아무런 대답도 할 수 없었다. 그래서 조금 생각해보았다. 시간이 흐르고 내 나름 고개 끄덕일 만한 실마리를 찾았다. 그게 정답이라는 생각은 하지 않는다. 그런데 오래 묵은 체증이 풀리는 느낌이 든다. 시원하다.

'묻고 사는 삶'이다. 그동안 나사렛 예수를 그리스도로, 주主로 고백한다고 생각하며 살았지만, 진정 그랬는가? 솔직히 말하면 입술의 예배를 드려 온 것이다. '마음이 담긴 예배'를 드린 것이 아니다. 예수님을 삶의 주인主人으로 영접했다면, 그 삶이 기초는 '묻고 사는 삶'인 것이 당연했을 터다.

솔직히 묻지 않았다. 내가 생각하고 판단하고 결정한 다음에, 어떤 때는 이미 판을 다 벌인 다음에 예수님을 초청했다. 예수님을 나의 삶의 주인이 아니라, 어떤 때는 손님으로, 어떤 때는 박수 부대로, 또 어떤 때는 사고 처리 반장으로 삼은 것이다. 버르장머리 없는 신앙인이었다.

시청 앞에서 천막을 쳤을 때, 박경서 목사가 나에게 물었다. "형, 윗분께 묻고 했어?" 대답을 못 했다. 묻지 않았으니까! 이 일은 신앙과 양심의 눈으로 볼 때 너무도 당연한 것 아니야! 늘 그래왔다. 일 저지른 다음

125

에야 '주여, 주여' 한 것이다.

생명평화기독연대 첫돌 기념으로 이현주 목사님을 모시고 강좌를 열었는데, 이미 그때 '묻고 사는 길' '여쭙고 사는 자세'에 대하여 들었다. 당시 꽤나 충격과 감동을 받은 기억이 떠오르는데, 그게 다다. 구체적인 현실에서는 적용해보지도 못하고, 안 하고 살아도 제 잘난 맛에 잘산다고 하니, 그저 통탄할 노릇이다. '소 귀에 경 읽기'라는 말이 이때를 두고 하는 말이다.

솔직하게 털어놓으면 어제 골프장 계획이 2차로 반려되었는데도 계양구와 롯데가 새롭게 일을 꾸미고 있고, 인천시는 사실상 방조하는 짓거리를 보고 화가 났다.

그래서 이제 마지막 고비다. 마지막까지 참아왔던 '단식기도'를 시작해야겠다고 마음먹었다. 대책위 관계자들이 볼멘소리를 할지언정 마지막 용트림을 하려고 굳게 결심하고 주님께 '도와주십시오, 힘주십시오' 하고 기도하는 중에 이런 생각이 온 것이다.

마침 어제가 그리스도 예수의 십자가 고난을 기리는 40일의 기간(사순절)이 시작되는 날이어서 명분도 좋다. '사순절 금식기도' 한다고 마음먹고, 김지태 목사에게 전화를 걸어 "내일 아침 식사는 준비됐으니까 해오지 마라"고 부탁한 다음에 기도를 드리는 시간에 퍼뜩 정신을 차린 것이다.

묻고 했는가? 아니다. 기도를 통하여 나는 주께 또 '통고'를 하려고 한 것이다. 슬프기도 했고, 기쁘기도 했다. 마음을 가다듬고 다시 기도했다. '이제 묻고 살겠습니다. 여쭙고 살겠습니다' 그랬다. 이 마음도 의심해보아야 하지만, 그 마음을 먹은 것이나마 그저 스스로 대견하게 여길 뿐이다. 사인sign이 내려지면 그리할 것이다. 사인이 없으면 대기 상태로 살

뿐이다. 다시 되뇐다. '기도는 통고'가 아니다. 거꾸로 '그분의 명을 듣는 자리'이다. 명심해야겠다.

'나락 한 알 속에 우주가 담겨 있다'는 말을 하루 내내 중얼거리며 묵상해본다. 작은 씨알 하나에 온 생명이 들어 있다는 실로 놀라운 이치다. 햇빛과 바람, 별빛과 달빛, 비와 흙, 모든 것이 협력을 하여 선善을 이룬 것이고, 생명生命을 이루는 것이다. 그래서 '생명은 하나다.' 그 생명의 주인主人께 겸허히 묻고 사는 길, 어쩌면 가장 쉬운 길인지도 모르는데, 수십 년의 세월을 돌아다녔다.

'이제 제자리에 왔는가?' 묻는다. 이 자리가 그 자리인가? 눈꺼풀이 조금 떠진 것인가? 묻고 물을 수밖에 다른 수가 없다. 감사의 기도를 드린다. 첫 단추 정말 제대로 꿰고 살자.

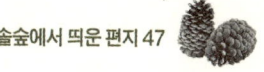

솔숲에서 띄운 편지 47

외롭지 않아요

2007년 2월 23일

어느덧 나무 위 생활이 익숙해졌다. 긴장도 많이 풀렸다.

첫날밤을 떠올린다. 잠을 자려 누웠는데 이게 장난이 아니다. 잠을 자려 해도 쉽게 잠들지 못했다. 솔직히 무서웠다. 대나무로 엮고 그 위에 합판 석 장을 이어 지은 집이라 누우니 꿀렁꿀렁하다. '혹시, 이게 무너지면 어떻게 하나?'라는 생각이 드니 불안과 두려움이 몰려왔다. 그래 다시 일어나 앉아 생각을 하는데, 평소 "죽음은 삶의 끝이 아니라 새로운 시작이다, 변화일 뿐이다"라고 외쳐댔던 설교가 떠올랐다.

〈죽음은 끝〉이 아니라고 여기면서도 혹여 사고 나면 어떻게 하느냐?'는 염려 사이에 스스로의 못난 모습을 자책한 밤이다. 그러다 어찌 잠을 잤는데, 이제는 누우면 그냥 잔다.

스스로도 놀랄 정도다. 저녁 10시만 되면 잠자리를 준비하고 누우면 그리 편할 수가 없다. 밑에 있을 때, 저녁 10시면 한참 떠들 때다. 무에 그리 할 말이 많은지, 무에 그리 논의할 일들이 많은지, 그리 안 하고 살아도 잘살 수 있는데 말이다.

이곳으로 와서 저녁 8시 이후부터 아침 8시까지 거의 말없이 지내는데, 그 맛이 일품이다. 이 생각 저 생각도 하고, FM 음악 방송을 듣기도 하는데, 요즈음은 주로 기도를 한다.

말없이 차분하게 앉아 어둠이 짙은 숲을 바라보며 지내는 묘미가 더해지는 나날이다.

심심하다거나 무료하다거나 하는 느낌이 전혀 안 든다. "외롭지 않느냐?"고 묻는 친구들이 있는데, 그런 것도 없다. 내 생각에도 이런 체질 아닌데 하며 고개를 갸우뚱할 뿐이다.

조용히 스스로를 돌아보는 시간이 얼마나 긴요한 것인가를 깊이 느끼고 깨닫는 체험을 하고 있다. 번잡하고 소란스런 곳을 떠나보는 것이 우리네 삶에 얼마나 절실히 요구되고 있는지 생체험하는 것이다. 특별히 사람 많이 만나고, 많이 떠들며 사는 사람일수록 그만큼 더 가만히 입을 다물고 머물러 있는 시간이 필요하다.

그러지 않으면 '향'을 풍기는 삶이 아니라, '독'을 내뿜고 살 수도 있다. 내 안에 기쁨이 넘칠 때 기쁨이 배어 나온다. 내 안에 평화가 가득할 때 그 기운을 내놓을 수 있다. 속이 부글부글 끓고, 답답하고 속상한 사람이 맑은 기운 내놓기는 쉽지 않을 것이다. 누구도 믿어주지 않을 소리 한다면, '이 생활 너무 좋다!'

특별히 나를 염려하는 사람들에게 전하고 싶다. 진정으로 나를 생각해 준다면, '나를 여기 이곳에 그대로 있게끔 하기를' 청한다. 언제, 어디서, 이런 시기를 맞볼 것인가?

이 숲은 참으로 은혜의 도가니이다.

한국기독교장로회 총회장 양태윤 목사님과 총무 윤길수 목사님이 실로 먼 길 오셨다. 무어라 감사를 드릴지 모르겠다. '성심성의껏 주어진 몫'을 다하는 것이 도리라 여긴다. 총회장님의 기도에 새 힘을 얻는다. 기도가 쌓이면 하늘이 감동할 것을 믿는다.

김상근 목사님이 전화를 주셨다. 어떡하느냐고 염려하신다.

솔숲에서 띄운 편지 48

두 부류의 노인들

2007년 2월 24일

햇살이 숲으로 살포시 스며드는데, 일흔이 넘은 듯한 연세의 할아버지 한 분이 천막을 향해 오신다. 인사를 나누는데 성호를 그으며 정중하게 인사를 하시니, 몸 둘 바를 모를 정도다. 장기동 성당에 다니시는 성도님인 듯하다. 불현듯 어머니가 떠오르고 눈덩이가 붉어졌다.

그런 일이 있은 지 30분이나 지났을까, 나이가 지긋하신 할아버지 세

분이 숲길에서 내려오신다. 나는 아침 운동을 하고 있던 참이었다. 속으로 노인들이 요새 힘도 좋으시지 하고 무심코 바라보는데, 세 분 말씀을 듣고 나는 놀랐다. 한 분이 "저 뭐하는 거야?" 하니까 다른 한 분이 "또라이 짓하는 거지" 하신다. 그러더니 또 다른 한 분이 "개X야" 그러는데 분이 나는 게 아니라 그냥 허탈해진다. 나이 드신 어른 입에서 나오는 두 마디에 그저 할 말을 잊는다. 아침 햇살 받으며 운동하면서 겪은 두 일이 하루 종일 머리를 떠나지 않는다.

비슷하신 연세인데, 한 부류의 사람은 사람을 대하는 데 성호를 그으며 정중하게 인사를 하고, 또 한 부류의 사람은 막말, 비참한 말을 하는 것이다. 입장이 달라서 그런 것인가? 그런 점도 없는 것은 아닐 게다. 그러나 그것만은 아닐 거라는 생각이다. 너무 극단적인 일을 당한 터라 솔직히 혼란스럽다. '곱게 늙어야 한다'는 말이 입가에 뱅뱅 돌 뿐이다. 어쩌면 두 모습을 그분들을 통하여 보여주시는 것인가? 하고 되짚어보기도 한다.

화가 이름은 미켈란젤로로 떠오르기는 하는데 정확치 않다. 천사의 모습을 그리고 싶어서 이리저리 찾던 중에 한 청년을 만났고, 그의 이미지를 기초로 천사의 얼굴을 그렸다. 나이 들어 이번에는 악마의 얼굴을 그리고 싶어 수소문한 끝에, 그가 보기에도 정말 흉악한 한 사람을 찾아내서 그림을 그렸다. 놀라운 일은 그림의 모델이 된 사람이 '똑같은 인물'이었다는 이야기다. 아침 사건을 겪은 후 머리 속에서 불쑥 연상된 이야기다.

만남과 그 자태에 대하여 다시금 생각해본다. 어찌하고 살았지? 지극한 정성으로 사람을 대했는가? 건성으로 대한 점은 없었는가? 인상 찌푸리며 만나지는 않았는가? 겉모양만이 아니라 속마음은 어떠했는지? 어찌하고 살아야 할지? 생각 좀 깊이 하고 살아야겠다.

일미진중함시방 —微塵中含十方

하나의 미미한 티끌 가운데 온 세상이 포함되어 있다는 말이다. 『화엄경』에 나온다 한다. 무위당 장일순 선생님은 이 말을 이렇게 풀어 말씀하신다. 하찮게 여겨지는 풀 한 포기, 돌멩이, 벌레들 같은 미미한 존재 가운데 온 우주가 들어 있다고……. 거기서 '나락 한 알 속의 우주'라는 말이 생겼을 것이다. 이현주 목사님은 또 이렇게 풀이하신 적이 있다. '산 정상은 아주 좁은데, 그곳에 오르면 온 사방이 탁 트인다'고…….

《달마야 놀자》라는 영화가 있다. '조폭'들이 도망칠 데가 없어 산사山寺로 들어가서 해프닝을 벌이는 재미난 영화다. 스님들과 조폭들이 369놀이도 하고, 절하기도 하고, 물속에 오래 있기도 하고, 고스톱도 치고 등등 해도 결판이 나지를 않자, 노스님이 문제를 던진다. 이 문제를 푸는 사람들이 이기는 것으로 하자며, '깨진 독에 물을 가득 채우기'를 문제로 낸다. 화두라 하겠다.

'깨진 독에 물 붓기' 해도 독은 채워지지 않는다. 조폭 두목이 문제를 푼다. '연못(물) 속으로 깨진 독을 넣으니' '깨진 독에도 물이 가득하게 되는 것'이다. 이런 걸 패러다임의 전환이라고 부를 수도 있겠다. 여기서 '깨진 독'은 아마 '깨진 인생', '금간 인생' 곧 조폭들을 뜻하겠다. 중생 일체를 뜻할 수도 있다. '연못의 물'은 대자대비한 부처님의 마음, 곧 불심佛心을 뜻하는 것으로 나는 이해한다. 불심의 바다에 들어가면 '깨진 인생'도 가득 차게 된다는 것으로 풀이하고 있다.

성경에는 이런 구절이 나온다. 한 여인이 간음하다 잡혀왔다. 사람들이 예수께 묻는다. 어떡할까요? 그들은 답을 알고 있다. 돌로 쳐 죽이는 것이 그들의 율법이다. 예수는 가만 계시더니 뭐라고 쓰셨다. '죄 없는 사람이 먼저 쳐라'라고. 그랬더니 사람들 가운데 노인들부터 떠나갔다는 이야기다. 소위 '깨진 인생'의 한 여인도 예수님의 품에서 새 삶을 얻는 것이다. 이 목사님은 만약 서울 종로 복판에서 이런 일이 있었으면 누구라도 할 것 없이 다들 돌 던지고 갔을 거라고 했다.

아침 일이 충격은 충격이었는지 뭐라뭐라 주절거린다. 화풀이하는가, 내게 욕을 하고 간 그분들 안에도 온 우주가 담겨 있다는 해월 최시형 선생의 큰마음으로 위로 삼는다. 나는 아직 멀고도 멀었다. 미진한 인생이다. 그런 나에게도 온 우주가 꽉 들어차 있단다. 그게 놀라운 일일 뿐이다.

솔숲에서 띄운 편지 49

슬프디 슬픈 하루

2007년 2월 26일

숲이 햇살로 화사하게 빛이 나는 정경과 숲이 달빛으로 물들어 있는 정경을 마음껏 보며, 마음 깊이 담는다. 그 광경을 보는 눈이 축복을 받은 것이다. 그 빛을 보는 마음이 은총을 받은 것이다. 큰 빛을 진 느낌이다. 헤아릴 수 없는 많은 분들의 지지와 격려, 지킴이 활동이 이 생활을 유지하게 하는 힘인 것을 새삼 깨닫는 하루였다.

민주노동당 노회찬 의원께서 지지 방문을 하러 오다가 돌아갔다. 노란 대문집 앞 주차장 부근에서 주민들이 길을 막고 서 있기에 오던 발걸음을 돌린 것이다. 3·1절 삼보일배에 참여하겠다고 했단다. 감사하고 큰 힘을 얻는다. 바쁜 와중에도 시간을 내고 마음을 표현한 것이 보통 일이 아니다.

분이 안 가셨는지 열 명 남짓한 주민들이 숲으로 와서 현수막도 떼어내고, 솟대도 쓰러뜨리고 나에게 항의도 하신다.

김은영과 심유정, 이혜경, 한정애, 노현기 등 다섯 명의 친구들이 그들을 막고, 실랑이하는 것을 보며 나는 위에서 눈시울만 붉힌다. '세상에 쉬운 일이 하나도 없구나' 하는 한숨도 절로 나온다. 그럴수록 '이 일, 참으로 작지만 온 정성과 힘을 다하리라' 손에 힘을 줘본다.

일본 바둑계를 뒤흔든 조치훈 프로 기사는 한 판을 두는 데 혼신의 힘을 쏟아 붓는다고 한다. 이 한 판을 두고 쓰러진다는 심정으로 임한다는 것이다.

선배 목사님들은 설교를 하실 때, 강단에서 쓰러질 각오로 준비하고 실행하신다고 했다.

어머니는 혼신을 다하여 생명을 낳는다. '네 마음을 다하고 정성을 다하고 뜻을 다하라'는 말씀과 다르지 않다. 지극한 정성민이 하늘을 움직이고, 사람들을 움직이게 할 것이다.

계양산 숲을 살리고 골프장을 막을 수 있는 방법을 나는 세 가지로 본다. 하나는 '비타협, 비폭력 평화운동의 법칙'. 둘은 '지성이면 감천'이라는 태도. 셋은 '생명을 살리는 광범위한 무지갯빛 연대'를 이루는 길이다. 인천시민들이 보내는 전적인 호응과 지지를 현실의 모습으로 형성해내는 것, 어려운 일이지만 결코 불가능한 일도 아니라고 여긴다.

모두 분발하자. 터널의 끝이 보이기 시작한다.

계양산 숲을 지켜내는 일은 작지만, 결코 작지 않은 일이 될 것이다.

이곳에서 아이들이 뛰놀 것이다. 솔방울 놀이도 하고, 숲이 주는 신선한 바람도 맛볼 것이다. 청설모는 가지를 타고 재주 피며, 오색딱따구리와 꿩, 까치, 박새는 알을 낳을 것이다. 솔 향 지극히 배인 곳에서 진달래가 여린 보랏빛 꽃망울을 터트릴 것이다.

'생명의 보고'인 숲을 더 이상 파헤치지 말라. 오만하고 거만하고 미련한 인간들이여. 이제 자신이 하고 있는 짓이 어떤 짓인지를 잠자코 돌이켜보라. 모든 생명의 어머니인 땅을, 모든 생명의 자궁인 숲을 보존하라. 그 은혜를 은혜로 깨닫기를 빌 뿐이다.

그리스도 예수의 은총이 이 숲에 충만하기를 빈다.

솔숲에서 띄운 편지 50

떠남과 돌아옴

2007년 2월 27일

가스등을 켠다. 새벽 2시. 사위는 고요하다.

땀을 흘리며 잤나 보다. 온몸이 땀으로 흠뻑 젖었다. 물을 끓여 보온통에 넣고 자는데 날씨마저 풀리니까 숲 속의 한증막이다.

오늘이 나무 위로 오른 지 꼭 70일이 되는 날이다. 가스등불이 영롱하다. 하루하루, 순간순간이 감격과 탄성으로 가득하다. 내 마음 빛도 환하다. 무언가 지금 '이렇게 살아서는 안 되지'라는 생각을 품고 있는 이들이 있다면 권하고 싶다. '그곳을 떠나 참 한적한 곳으로 가보라'고 진심으로 권하고 싶다. '떠남'이 은총이다. '돌아옴'은 영광이다.

로버트 펑크는 그의 책 『역사적 예수 이야기』에서 '떠남과 돌아옴'이 성서의 일관된 주제임을 강조한 바 있다. 출애굽 이야기도, 바벨론 포로 이야기의 주제 역시 '떠남과 돌아옴'이다. '탕자 이야기'의 주제 또한 매 한가지다.

고등학생 때 한용운 선생님의 시 「님의 침묵」을 읽으며 회자정리會者定離와 거자필반去者必返이란 구절을 암기했는데 이제야 그 의미의 틈새를 조금이나마 엿본다. 솔직히 만해 한용운 님의 시 중에 가장 기억에 남는 것은 '날카로운 첫 키스의 추억'이지만 말이다.

요새 탕자는 집으로 돌아오지 않을 거다. 휴대폰으로 '아빠, 나 여기 있어. 데리러 와!' 그러겠지. 그래도 옛날 탕자는 꺼이꺼이 울며 집으로 돌아오고야 만다. 그거다. 그게 중요하다. 돌아갈 수 있는 용기가 중요하다. 돌아갈 수 있는 힘이 필요하다.

친부는 늘 자식을 목을 빼놓고 기다리신다. 친할 친親 자는 입立+목木+견見으로 이루어져 있다. 무식하게 내 식으로 읽는다면 나무 위에 서서 목 빠지게 바라보는(기다리는) 거다. 친하다는 것은 그런 거다. 행여 오려나 언덕 마루, 그것도 나무 위에 올라서서 목이 빠지도록 보고 또 보고 하는 거다. 자식이 돌아올까 봐 친아버지는 그렇게 한다.

기독교는 우리 모두를 양자로 만들었다고 한다. 나는 아니라고 본다. 예수님이 우리에게 가르쳐준 진실은 예수님만 하나님의 친자이고 우리들은 양자, 양녀, 더 나아가 죄인이라고 말씀하신 것이 아니다. 예수님은 우리 모두가 하나님의 참 아들이요, 참 딸인 것을 보여주셨다.

나는 그리 믿는다. 하나님은 우리의 참 어버이시다. 아버지고, 어머니다. 그래서 우리가 울며 돌아가야 할 분이시다. 그런데 놀라운 것은, 정말 놀라운 것은 해월 최시형 선생님은 우리 인간만이 아니라, 나무와 별과 달, 벌레 모두가 그렇다는 것을 100년 전에 아셨다. 장일순 선생님은 그것을 '나락 한 알 속에 담긴 우주'라고 보셨다. 대단한 일이다.

불빛이 밝다. 제 몸을 태우며 살아 오르는 저 불빛 한 점 내어놓는 삶이기를 간절히 기도한다. 그리고 욕심을 내어 기도한다. 이것을 분명하게 알려준 이 숲 제발 살려달라고. 이 기도 눈물로 올린다. 너무 감사한 새벽 미명이다.

한국기독교교회협의회 총무 권오성 목사님이 격려 전화를 주셨다.

기장 총회본부 신승민 목사가 일본 기독교교회협의회에서 지지와 연대를 알리는 성명서가 왔음을 알려주었다.

솔숲에서 띄운 편지 51

평화로 가는 길

2007년 3월 1일

"우리 일본기독교교회협의회,JNCC는 인천의 아름다운 계양산을 파괴하는 것에 항의한다. 우리는 이 아름다운 계양산의 많은 지역을 골프장으로 바꾸려는 롯데건설의 계획에 경악을 금치 못한다. 우리는 계양산을 하나님의 창조물로서 보호하고 보전하려는 윤인중 목사의 평화로운 저항을 지지한다……."

일본기독교교회협의회 총무 야마모토 목사님이 연대의 뜻을 전해왔다. 큰 힘이 될 것이다. 감사드린다. 그리스도 안에서 성도의 교제와 일치를 맛본다. '정의, 평화, 창조질서의 보전Justice, Peace And Integrity of Creations'은 실로 세계 교회의 공통된 기도 제목일 것이다.

한 꽃다운 젊은이가 '전사'했다. 조의를 표한다. 아들을 잃고 울부짖는 어머니의 얼굴을 신문을 통해 보았는데, 안타까운 마음뿐이다. 무어라 위로할 것인가?

본 훼퍼는 우리에게 외친다. "목사의 임무가 장례식을 거룩하게 치르는 데 있는가? 미치광이 운전수가 아이들을 향하여 비탈길을 내리 달릴 때, 그 운전사를 끌어내려야 하는 것은 아닌가?" 하고.

한국인 병사만 죽은 것은 아닐 것이다. 자살폭탄테러였다면, 누군가는 또 죽었을 것이다. '자살폭탄테러' 참 무서운 말이다. 어쩌면 원자폭탄보다 더 무서운 힘이다. 왜 '테러와의 전쟁'은 더 많은 테러를 낳는가? 그로 인하여 무수한 사람들이 고귀한 목숨을 잃어야 하는가? '자살폭탄테러'라는 실로 흉측하고 참담한 일은 그저 악독한 테러범들의 허튼 수작인가? 아니면 제국주의 미국, 전쟁을 일삼는 군사대국 미국의 일방적이고 잔혹한 군사폭력에 대한 대항 폭력인가? 성전인가?

어떠한 폭력을 통해서도 평화를 이룰 수 없다. 더구나 전쟁으로 남의 나라의 '자유와 민주주의'를 세워준다는 것은 어불성설이다. 미국은 아프가니스탄, 이라크에서 철수해야 한다. 그렇지 않으면 더 많은 잔혹하고 끔찍한 사태만을 양산할 것이다. '국익을 위한다'는 명분으로 '이유 없는, 근거 없는 참전을 독려한' 한국 정부 역시 우리의 젊은이들을 즉각적으로 본국으로 불러와야 한다. 나는 이리 생각한다.

자연의 봄은 어김없이 찾아오건만, 인간사의 봄은 아직 오기 어려운

가? 정태춘 님의 거리 콘서트 제목이 그래서 '평화, 그 먼 길을 가다'였는가?

계양산 숲을 지키는 일과 반전평화 운동을 하는 것은 결코 다른 일이 아니다. '전사'한 꽃다운 젊음에 대한 추모의 물결이 일어나는 모양이다. 다행이다. 아주 다행스런 일이다. 그러나 거기서 머무를 수 없다. '죽은 자에 대한 추모'만큼 애절한 것은 없지만, 또 누군가가 똑같은 위협에 처해 있다면 그것을 미리 예방하는 것이 필요하리라.

미치광이 운전사로 하여금 운전대를 잡게 해서는 안 된다. 더 이상 '눈에 넣어도 아프지 않을' 자식을 빼앗기고 통곡하는 어미, 애비가 없기를 원한다면, 우리는 이제라도 함께 외쳐야 한다. '전쟁 반대, 평화 정착' '미국은 제발 전쟁을 일으키지 마라!' 큰 소리를 함께 내야 한다.

솔밭은 향기로 가득하다. 향린, 강남향린, 들꽃향린 세 교회가 여섯 번째 3·1절 연합예배를 올해는 '계양산 숲'에서 드리는 것이다. 고맙고 영광일 뿐이다. 참 먼 길을 오셨다. 쉬운 일이 결코 아니다. 교회다운 모습을 본다. 평화와 생명의 향기를 이웃들에게 나누는 교회 공동체가 참 아름답다. 강남향린교회, 들꽃향린교회, 향린교회의 성도 분들께 머리 숙여 감사드린다.

홍근수 목사님 얼굴이 불현듯 떠오른다. 은퇴하시고 '평화와 통일을 여는 사람들' 사무실에서 상근하시는 모습을 보고, 저렇게 따라 살 수 있을지 스스로 묻던 때가 기억난다. 목사님 건강하시기를 또한 빌어본다.

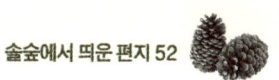

솔숲에서 띄운 편지 52

빗소리, 음악 소리

2007년 3월 2일

이른 새벽부터 또닥거림이 시작되었다. 봄비가 오신다. 숲은 말끔한 자태다. 솔잎은 더욱 푸르다. 솔잎이 무성하게 떨어져 쌓여 있는 뜰은 적갈색의 깊은 맛을 드러낸다. 등산객의 발길마저 끊긴 숲길은 호젓함을 더해준다. 빗줄기는 가늘게, 또 굵게 바뀌며 잔잔히 내린다. '여기 그냥 앉아 있어라' 하고 오는 '이슬비'다.

3월 29일이면 나무 위로 오른 지 꼭 100일이 된다. 옛 사람들은 정성으로 무언가 소망을 이루기 위해 '백일기도'를 드렸다. 계양산 자락의 솔밭에서 올리는 '백일기도'가 하늘에 이어지기를, 그리하여 기쁜 소식 한 자락 내려오기를 간절히 빌 뿐이다. '앉아 있음' 자체가 기쁨이다. 평화다. 고요하다.

목욕하고 싶다. 머리끝에서부터 발가락 마디마디에 이르기까지 말끔하게 씻어내리고 싶다. 아주 천천히 오래도록 '물세례'를 받고 싶다. 내 안의 흐트러짐, 얼룩, 상처와 분노, 한 맺힘, 무언가를 이루겠다는 집착, 누군가를 쓰러뜨리고 싶다는 못된 마음들 하나하나 따스하게 닦아주고 싶다.

온유한 그리스도의 손길, 따스한 눈빛으로 몸과 마음을 정화하고 싶다. 솔잎 끝에 방울방울 맺힌 빗방울의 청순한 원형을 그저 망연히 바라본다.

부딪쳐 왔다. 온몸으로 부딪치며 살아왔다. 수많은 사람을 만났고, 사건과 정황을 만났다. 어떤 때는 신이 나서 만났고, 또 어떤 때는 마지못해 만났다. 때로는 도망쳐버리기도 했다.

  그 무수한 만남과 떠남 들을 찬찬히 되돌아본다. 정작 그 속에서 나는 나와의 대면을 제대로 하지 못했다. 나를 제대로 응시하고, 직면하고, 어루만지고, 다듬는 과정을 무척이나 소홀히 했다. 그러면서 또 부딪히고 뒤뚱거려왔던 삶이다. 혼란스럽고 방치된 내 안의 살림살이들을 가지런하게 정리도 하고, 내려놓을 것은 내려놓고, 버릴 것은 버리고, 단정하게 꾸며본다. 워낙 오래도록 묵은 것들이 많아 시간이 꽤나 걸릴 것이다.

  가족들에게는 한없는 죄인이다. 거의 '나 몰라라' 하고 살아왔다. 어머니를 매형과 둘째 누이가 모시고 산 것이 10년이 훨씬 넘었다. 대범 형에게는 할 말이 없다. 매형은 중학 시절 이래로 오랫동안 나의 우상이기도 하다. 어린 눈으로 볼 때 매형은 못 하는 것이 없는 사람이었다. 노래하기, 각종 악기 연주, 그림 그리기, 글쓰기 등 모든 방면에서 뛰어났다. 어쨌든 폐 끼치는 생활 언제나 마감하려는지 모르겠다.

  비가 하루 종일 내리니 움직임은 아주 굼뜨다. 오래 앉아 있으려니 허리는 뻐근하고, 시큰하다. 오후 내내 누워 지냈다. 누워서 빗소리 듣는 것도 그럴듯하다. 숲 가운데 누워 빗소리에 맞추어 노래도 흥얼거려 본다. 양희은 님의 《세노야》를 참 오랜만에 듣는다. 늘 들어도 들을수록 슬픈 가락이다.

  '기쁜 일이면 저 산에 주고, 슬픈 일이면 님에게 주네.'

  배따라기의 노래 《그댄 봄비를 무척 좋아하나요》가 흘러나온다. 나는 고개를 끄덕이며, '봄비를 좋아하지. 아무렴' 하고 혼자 대답한다. 빗속의 음악 청취. 생각도 못 한 일이다. 비는 그쳤지만, 숲은 옅은 안개로 뿌옇다. 사람이라고는 흔적도 없는, 나무들만이 물기 머금고 무심코 서 있는 자리에서 혼자만의 추억 여행을 즐겨본다.

새벽이가 초등학교 처음 입학하던 날도 떠오른다. '뜰뜰한 놈'. 늘 입에 그 말이 맴돈다. 엉거주춤한 그놈을 보면, 똑같았던 나의 소년 시절이 오버랩된다. 그 아이가 올해 대학을 간다 하니 대견하기만 하다.

성남교회 고등부 시절을 통하여 나도 많이 변했다. 여러 계기를 겪으며 사람은 변하고 성장하는 것이다. 계양산 숲 자락을 장년의 나이로 만나는 것도 다 때가 되어 이리 되는 것이다.

'노고지리' 노래가 나온다. 그 친구들과는 초등학교 6학년 때 한 반이었다. 쌍둥이 친구들. 그게 벌써 37년 전이다. 그 친구들은 이미 그때 극장무대에 섰었다. 집에 가면 온통 영화 포스터 같은 것으로 벽이 도배질 되어 있었다.

'향순이'가 그런다. 목사님은 "이성적이기보다는 감성적이에요." CBS FM 음악 DJ들은 오늘 아에 '빗소리'에 맞는 노래로 나를 사로잡는다. '백일기도' 이리 해도 되는가? 하며 웃는다. 비 오는 날은 음악 기도로 대신해야겠다. 이문세의 《옛사랑》이 라디오에서 흘러나온다. 영화 《스팅》의 두 주인공, 폴 뉴먼과 로버트 레드포드가 나온 영화 《내일을 향해 쏴라》의 주제곡이 듣고 싶은데 못 듣는다. 기타 치고 싶은 밤이다.

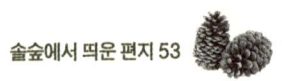

달마중 채비

2007년 3월 3일

앞동산에 뜬 보름달이 이마를 살짝 비춘다. 저녁 7시 13분쯤이다. 구름이 끼어선지 달빛이 아주 환하지는 않아도 제법 둥그스름한 얼굴이다.

오랜만에 머리를 감는다. 열흘 만이다. 얼굴 씻고, 발 닦고, 머리마저 감으니 달마중 채비는 어느 정도 한 것이다. 내일은 전국에 비가 올 것으로 예상되어, 달구경하기 힘들다고 하니 나 혼자라도 전야제를 즐겨야겠다.

'플럼 빌리지 plum village'에 거처하는 틱낫한 스님이 말씀하셨다. 도道는 반드시 세속을 떠나야 하는 것이 아니다. 오히려 일상생활 속에서 늘 마주 대하는 일들을, 마치 처음 대하듯 '마음을 다하여 mindfulness' 하는 것이 수행이라 했다.

설거지를 해치우지 않고 마음을 다하여 설거지를 하는 것, 차 한 잔을 마셔도 마음을 다하여 마시는 것, 걸음걸이 하나하나에 마음을 다하는 것을 강조하셨다. 언젠가 새만금에 와서도 '걸음명상'을 한 것으로 기억된다.

'지금, 여기 마음을 다하여' 사는 것이 수행의 길임을 가르쳐주신다. 일상 속에 있되, 일상에 매이지 않고, 일상을 넘어서는 삶이다. 그 마음가짐으로 숲 생활을 이어가려 하는데, 자주 흐트러지는 것은 어쩔 수 없다.

대구에서 혜영이가 올라왔다. "목사님, 언제 내려와요?" 묻기에, "몰라, 잘 되면 3월 말이나 4월 초에는 내려가겠지" 답했다. 옆에 있던 도은이가 거든다. "끝장 보셔야죠!" 도은이는 역시 도은이다. 그러기에 나도

"그래야지!" 그랬다. 사실 모른다. 그때가 언제일지 누군들 알 수 있겠나? 칼자루를 쥔 사람들의 처분에 맡길 수밖에 없다.

우리가 할 수 있는 것은, 내가 할 수 있는 것은 그저 최선을 다하는 것일 뿐이다. '마음을 다하여' 순간순간을 살 뿐이다. 며칠 동안 물었다. '그때가 언제나 올 것이냐?' 아무 말씀 없으시다. 그래, 그냥 있을 뿐이다! 잠자코 있는 것이 내가 할 도리다.

'눈 터지는 계가 바둑'이라는 말이 있다. 바둑이 마무리될 즈음인데, 누가 이길지 도무지 알 수 없는 혼미한 형국을 이르는 말이다. 이리 보면 이리 보이고, 저리 보면 저리 보이는 상황인 것이다. 누가 유리한가를 누구도 모르는 상태이다. 그때 중요한 것이 '평상심平常心'이라 했다. '평상심'을 지닐 때 수읽기가 정확하다는 이야기다. 그 마음 지니기가 수월치 않음이 숙제일 뿐이다.

뉴스를 들으니 하동과 구례, 광양 부근 햇볕 잘 드는 곳에 벌써 매화가 꽃망울을 터트렸나 보다. 섬진강 굽이굽이 꽃 잔치가 벌어질 날이 얼마 남지 않은 것이다. 그 정경 눈에 선하다.

솔숲에는 몇 그루의 생강나무가 있어 꽃망울을 열어주기를 바랄 뿐이다. '짝짓기 철이면 새 소리가 더욱 아름다워진다'고 현기가 알려주고 갔는데, 그러고 보니 아침 무렵 들려오는 새들의 지저귐에 활력이 넘친다. 생기가 넘치는 숲이다. 봄은 역시 생기발랄하다. 보름달 둥근 달이 제법 높이 솟았다. 내 마음도 두둥실 떠오른다.

모든 분께 청명한 보름달을 띄워보내는 밤이다.

솔숲에서 띄운 편지 54

이젠 머물고 싶다

2007년 3월 4일

난리다. 작은 오두막이 춤을 춘다. 요동을 친다. 일찍 잠을 청했지만, 잠은 오지 않는다. 이리도 바람이 심할까 싶을 정도로 천막이 운다. 비는 그친 것일까? 그나마 다행이다. 봄비치고는 제법 내렸다.

거무튀튀한 소나무 숲도 심하게 몸부림을 치고 있다. 비를 철철 맞으며 봉정암을 오르던 산행이 떠오른다. 계곡물은 철철 넘쳤다. 산행을 함께하는 것만큼 우애를 돈독히 해주는 것도 없으리라. 함께 걷는 것이다. 함께 오르는 것이다. 함께 쉬는 것이다. 함께 마주보며 웃는 것이다. 그러면서 정드는 거다.

천막 아래 있는 생강나무가 꽃망울을 맺었다. 아침에 발견했다. 대견스럽다. 새벽이가 엉거주춤 첫 발을 뗄 때의 감동을 잊지 못한다. '그래, 그렇지' 하며 안아주었다. 생명이 꿈틀댄다는 것이 얼마나 사람의 마음을 벅차게 하는가? 세상을 향한 아이의 첫걸음처럼 아슬아슬하게 보이는 꽃망울이다.

안양교도소 4동 상 3호실이 기억난다. 정남향의 독방이었다. 조그만 꽃밭이 있었는데, 봉숭아 꽃이 그리 좋았다. 일어나면 창틀로 달려가 꽃을 보는 것이 버릇이 되어버렸다. 수세미 꽃이 예쁜 것을 그때 알았다. 저녁 어스름해지면 꽃잎을 오므렸다가 아침 햇살로 피어나던, 활짝 피어나던 그 모습이 신기할 뿐이었다.

돌이켜보면 비바람 치던 삶이었다. 운명이라는 것이 있는가? 늘 격정

의 삶을 살아온 듯하다. 한 곳에서 오래 산 적이 없다. 언젠가 주민등록 초본을 떼었는데, 주르륵 나오는 주소지를 보며, 이렇게 전전하며 살아왔는지를 되짚어볼 정도다. 그것도 알 리 없는 동사무소 여직원이 불쑥 "아저씨, 부동산 투기하세요?" 하고 물었다. 웃고 말았다.

이제 머무르고 싶다. 한 곳에 지그시 눌러앉고 싶다. 오늘처럼 바람이 심하여 흔들리면서도 한 자리에 뿌리를 내리며 의연하게 서 있는 나무처럼, 정처 없이 떠도는 짓을 멈출 때다.

아브라함 요수아 헤셸이 짓고, 이현주 목사님이 번역한 『어둠 속에 갇힌 불꽃』을 일독했다. 어려웠다. '무서웠다'라고 해야 할지 모르겠다. 거짓이 판치는 세상, 무사태평한 세태, 적당히 안주하는 종교 풍토에 던지는, 항거하는 외침이 담겨 있다. 바알 셈 토브, 렙 멘들, 키에르케고르 등 두 명의 유대교 랍비와 한 명의 기독교 사상가의 생애와 고뇌를 통하여 '진실'을 향한 고결한 수행길을 보여준다. 참 고독하게, 참 치열하게 사신 분들이다.

진실은 왜 땅에 묻혀 있는가? '하나님은 왜 진실을 땅에 묻어두었는가?'라고 온몸으로 묻는다. 묻혀 있는 진실을 캐내려는 그들의 삶은 마치 바윗돌을 언덕으로 떠밀고 올라가는 시시포스처럼 무모하리만치 우직하다. 바보처럼 세상의 모든 달콤함을 뿌리친다. 적당히 세상과 타협하며 안주하는 통속화된 종교의 위선과 거짓을 낱낱이 밝힐 뿐 아니라 불같은 비판을 서슴지 않는다. '어둠 속에 갇힌 불꽃'들이다.

3월 18일(일) 오후 2시 부평역으로 모이기를 소망한다. 계양산의 뭇 생명들을 살리는 평화행진에 함께 힘을 모으자. 간절하게 바란다. 어린 아이들이 많이 참여했으면 좋겠다. 봄나들이 하듯이 가벼운 마음으로 계양산을 향하여 걷는 거다. 부평역에서 계양산을 향한 대로를 《우리 승리하리라》 노래에 맞추어, 손뼉을 치며 걷는 상상을 해본다. 신나는 행진, 기쁨이 넘치는 사람들 물결, 그것이 이 숲을 지키고, 이 숲을 모태로 하여 생명을 이어가는 뭇 생명들을 지키는 길이 될 것이다. 아주 대단한 사건이 될 것이다.

비바람은 멈출 줄 모른다. 겉 천막까지 치고 가스등 켜고 앉아 이것저것 생각하는데, 어쩌면 내가 나무 위에 앉아 '빈둥거리는' 삶을 살고 있다는 생각이 든다.

비바람 치는 대보름날 밤이다. 그리스도 예수의 은총이 과분하게 쏟아진다. 우우우 소리 내며 쓰러질 듯 휘청거리는 검은 숲을 바라본다.

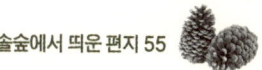

솔숲에서 띄운 편지 55

나무 위에서 맞이한 생일
2007년 3월 6일

특별한 놀이를 할 수 없는 여기, 그나마 재미있는 놀이 시간이 있다. '발 씻기' 놀이다. 물을 끓여 대야에 옮기고 난 후, 찬 물을 적당히 섞으면 발 담그기에 적당한 온도가 된다. 거기에 발을 담그고, 손으로 만지작거리는 일에 점점 더 재미를 느낀다. 꾸준하게 관리한 덕에 얼음 꽃도 이제는 시들어가고 있다. 발 씻기인지, 물장난 치는 시간인지 구분이 안 간다. 빨리 할 수 있는 일임에도 불구하고, 일부러 천천히 발을 씻는 것이다. 단순한 생활 가운데, 아주 소소한 일조차 의미 있는 시간으로 다가온다. 그 재미 쏠쏠하다.

오늘은 49번째 생일을 맞았다. 음력으로 1월 17일, 노모老母의 전화를 받고 그저 죄송할 뿐이다. 몸을 주신 것 감사하다고 말하려 했지만, 그 말조차 꺼내지 못했다. 유구무언이다.

크리스마스, 신정, 설, 대보름, 생일 등 겨울 잔치 죄다 나무 위에서 맞이하는 것도 남다른 감회를 준다. 다시금 왜 이 짓거리 하는지 돌이켜보기로 했다. 돌이키면 돌이킬수록 특별한 체험인 것을 깨닫는다. 아주 값진 하루하루다.

기장 여신도회 전국연합회 서현선 회장님과 임원 여러분(회계: 홍혜신, 부서기: 손향자, 재정부장: 진상윤)이 유근숙 목사와 함께 와 염려를 하고, 눈물로 기도를 올려주셨다. 목포, 익산 등에서 오신 여신도회 임원들께 감사를 드린다.

'눈물 젖은 빵을 먹지 않고, 인생을 논하지 말라'는 말이 있듯이, 눈물 어린 기도 없이 신앙을 논할 수 없을 것이다. 눈물로 드리는 기도만큼, 눈물 흘리며 순간순간을 벅차게 맞이하는 삶이기를 기도한다.

연도는 기억이 나지 않는다. 연세대 노천극장에서 전노협을 결성하고 한강 다리를 건너 국회까지 걷는데 그때 참 눈물이 많이 났다. 벅찬 감동이 올라왔다. 공장에서 소모임 하나 만드는 일이 얼마나 힘든 일이었는가? 합법적인 노동조합조차 불온시되었다. 만들다 걸리면 터지고, 쫓겨나고, 관운이 많으면 감옥에도 갔던 참 미친 시대였다. 아직도 '무노조 경영'을 자랑으로 여기는 세계일류기업이 버젓이 행세하는 현실 역시 어처구니없는 일이지만 말이다.

참 힘든 시기였지만, 거꾸로 그때만큼 순수한 불꽃이 튀기며 뜨거운 동지애를 맛볼 수 있었던 때도 없었다. 참 이상한 일이다. 역설적인 진리다. 고난 가운데 기쁨이 있다는 사실이 그렇다.

고난의 시간, 고난 받는 자리에 함께 서 있음이 기쁨이고 평화고 보람이고 영광일 뿐이다.

'눈물로 씨 뿌리는 자, 기쁨으로 단을 거두리로다.'

그리스도께서 잡히시기 전, 제자들의 발을 씻기시며 말씀하셨다. "너희도 이같이 하라." 더운 물에 발을 씻으며, 내려가면 수고하며 지친 이들의 발을 마음을 다하여 씻어주는 삶 이어가기를 기도하는 밤이다.

롯데는 끈덕지고 악착같이 일을 진행하려 할 것이다. 더욱 끈덕지고 악착같이 달려들어야 할 것이다.

마음은 기쁘게, 마음은 평화롭게, 자비로운 마음 가득하게 주어진 일 맞이하는 우리 모두이기를 기도한다. 스스로 생일 축하한다고 말해본다.

솔숲에서 띄운 편지 56

질긴 놈이 이긴다

2007년 3월 7일

오후 3시경부터 눈이 흩날리더니 제법 내렸다. 숲은 흰 눈으로 살짝 덮였다. 눈이 바람결에 천막 안으로 들어와 겉 천막을 걷었다, 닫았다를 반복하며 눈 구경한다. 한 폭의 그림 같다. 마당비로 눈을 쓸었다. 눈을 쓸어본 것이 10년도 넘었다. 하얀 면사포를 쓴 신부처럼 소나무의 자태가 아름답다. 순수하다. 눈길을 끝없이 걷고 싶다. 인적이 끊긴 솔 숲길을 찬찬히 걸어보고 싶다. 날씨가 워낙 따뜻했던 터라 개구리가 나왔었는데, 그 개구리 지금 어쩔거나, 염려된다.

소나무 숲을 한눈에 볼 수 있는 기막힌 위치에 천막이 쳐 있는 덕을 톡톡히 보고 있다. 지금 시각이 저녁 7시다. 어둑어둑해지기 시작한다. 얼른 가스등을 켠다. 그리고 버너에 불을 댕겨 찻물을 끓인다. 푸른 버너 불빛, 짓노란 가스등 빛. 어둠이 내리는 눈밭이 더욱 희다.

봄, 여름, 가을, 겨울 사시사철이 뚜렷한 이 땅이다. 봄도 좋고 여름도 좋고 가을도 좋고 겨울도 좋다. 그런데 나이 들수록 봄이 오는 시기에 점점 마음이 쏠린다. 계양산 자락에서 한겨울을 나고 봄이 오는 길목에 서 있음이 가슴 벅찰 뿐이다. 언젠가 기회가 닿는다면 개마고원 깊은 산골에서 한겨울을 나고 싶다. 펑펑 내리는 눈 속에 갇혀 고립되고 싶다. 눈 속에 푹 빠져서 한겨울 나면 왠지 마음도 깨끗해질 것만 같아서다.

영화《닥터 지바고》의 한 장면이 눈에 선하다. 길고 추운 북구의 겨울이 끝난 어느 날 아침, 창을 여는데 튤립 꽃밭이 온 화면 가득하도록 나났던 장면이다. 여주인공 이름이 라라였던가? 모르겠다. 주제가 역시 라라의 테마라고 기억한다.

어둠이 제법 짙어졌다. 숲 속에 홀로 앉아 있는 이 모습 누군가 흑백사진기로 찍어줬으면 하는 생각도 난다. 영락없는 홈리스 모습이겠지. 지금 여기에서 맛보는 희열도 시간이 지나면 바래지고 눈 녹듯이 흔적이 없어질지도 모르겠지만, 너무도 뜻 깊은 체험의 현장인지라 마음 깊이 자리할 것만 같다.

깊은 맛이 있다. 중년의 고갯길에서 만난 전혀 예상치 못한 체험이었다. 이 숲과의 만남, 둥실 떠올라 맑은 빛 비추는 달과의 만남, 참 고맙고

그래서 더욱 소중하게 여겨진다. '너 참 고마운 친구야'라고 말해본다. 맥 빠진 생활이었는데 생기가 도는 것이다. 흐트러진 모습도 제법 정돈된 느낌이다. 거칠고 풍랑 일던 마음에도 잔잔함이 깃든다. 거친 호흡도 가라앉은 듯하다. 롯데에게 감사해야 할 일인가. 아직 그 정도로 큰마음을 얻지는 못했다.

그나저나 이 싸움 오래갈 조짐이다. 100미터 달리기 하듯 전력 질주를 해왔는데, 페이스 조절을 해야 할지 모르겠다. 마라톤 코스로 마음을 변경해야겠다. 누군가 그랬다. "질긴 놈이 이긴다." 질긴 싸움이 될 것이다. 여한이 없어야 한다. 여한이 없는 유일한 길은 최선을 다하는 것 외에는 없을 것이다. 땀과 눈물, 피로 범벅이 된 복싱 선수가 나오는 영화 《주먹이 운다》의 최민식처럼 최선을 다하다 쓰러지면 그뿐이다.

며칠 전 방송국 기자가 또 물었다. "목사님, 언제 내려오실 거예요?" 하기에 자신 있는 목소리로 "골프장 백지화되면 당장이라도 내려갑니다" 그랬다. 스스로 다시 묻는다. "그거 참말이야, 허튼 맹세 아니야?"라고.

솔직히 두려움도 있다. 또한 미안함도 있다. 어머니와 가족들, 그리고 인천평화 교우들에게는 할 말이 없을 정도로 미안할 뿐이다. 짧으면 짧아 좋고 길면 길어 좋은 생활을 해볼 요량이다.

또 하루 멀어져간다. 봄 길에 내린 눈꽃이 마음을 사로잡은 하루가 저문다.

솔숲에서 띄운 편지 57

숲은 일심동체의 원형

2007년 3월 8일

도무지 종잡을 수 없는 날씨다. 해맑은 아침이었다. 그러더니 돌연 눈발이 날리기 시작한다. 해질 무렵부터는 바람이 세지기 시작한다. 변화무쌍하다. 습기가 꽉 차 바닥에 물이 배어, 천막을 다 걷고 말리기 시작했다.

이참에 봄맞이 대청소하는 셈치고 짐을 밖으로 내놨더니 그야말로 한 짐이다. 반 평짜리 천막 안에 이토록 많은 짐이 들어가 있다는 것이 놀랍다. 욕심 많은 것은 여전하다. 언제나 이 짐들 내려놓고 단순하게 살려는지 모르겠다.

법정 스님은 만년필이 두 개 생겼을 때 하나를 남에게 선물했더니, 그제야 새삼 만년필의 소중함을 체험했다는데, 나는 볼펜이 3개 정도 있어야 마음이 뿌듯해진다. 나는 그 정도다. 아직 멀었다. 소유는 어쩌면 불안과 두려움의 표현인지 모르겠다. 소유한 것이 많을수록 불안과 두려움이 크다는 반증이겠다.

짐 배치를 조금 바꿨더니 방이 한결 정갈하다. 새로 장만한 것은 없다. 있는 것들을 정돈하고 자리를 약간 바꾸어준 것뿐인데 이리 달라 보인다. 조금만 바꿔도 그 효과는 클 수 있다. 생활 방식도 마찬가지다. 조금만 바꾸면 크게 바뀐다.

일심동체一心同體. 부부 사이를 일컫는 말이다. 여기 생활을 통하여 새삼 깨닫게 된 것이 또한 이 말이다. '숲'이야말로 일심동체의 한 원형을 보여준다. 달과 숲, 새와 나무, 나무와 땅, 땅과 물, 바람과 숲, 땅을 모태

153

로 피어나는 갖가지 나무와 꽃들이 그야말로 일심동체를 이루고 있다.

숲은 하나를 이룬다. 그 하나는 무수히 다르고, 다기 다양한 요소들로 이루어져 있다. 다양한 일치요, 일치가 다양함을 짓누르지 않는다. 하나도 아니고 그렇다고 둘도 아니다. 한마음으로 살아 움직이는 몸을 이루는 것이다. 비가 오면 함께 비를 맞고, 바람이 불어도 함께 맞는다. 달빛도 햇살도 함께 맞이한다. 그런데 제각기 자기의 모양과 때깔을 잃지 않는다.

사람은 그런가? 사람의 숲인 이 사회는 그런가? IMF가 닥쳐 대다수의 사람이 곤궁에 빠졌을 때, 그때 최대의 호황을 누린 사람도 있었다. 자연의 숲이 사람의 숲보다 훨씬 성숙한 것이다.

이利가 되는 일에는 뛰어들었다가도, 고苦가 있는 곳이면 빠지는 것이 우리 모습이다. 나도 그 점에서는 재빠르다. 부인할 수 없다. 변화무쌍한 날씨 속에서도 숲은, 숲에 있는 하나하나는 그 모든 것을 함께 묵묵히 맞이하고 있다. 장엄하게 느껴진다. 함께하는 삶, 함께 이루는 삶이다. 네가 있어 내가 있고, 내가 있기에 너 또한 있는 것을 터득한 모습이다. 신영복 선생님이 '더불어 숲'이라고 했는데, 그게 이거로구나 할 뿐이다.

마침내 생강나무 가지에 물이 올라 새 가지가 여리게 나온 것을 본다. 물오른 나무 얼마나 보기 좋은지. 나의 삶도 그런가? 그럴 거다. 생기가 어디선지 모르게 쑥쑥 올라온다. 살아 있다. 내가 살아 있다는 느낌을 받는다. 참 오랜만이다.

숲이 지닌 치유의 능력을 확신한다. 생명의 치유 능력을 체험한다. 시멘트 건물 더미와 네온사인 불빛에서 점점 고갈되었던 몸, 마음, 영혼이 생명의 숲 속에서 차츰 회생하는 과정을 체험하는 것이다.

아침 햇살 기도, 저녁노을 기도, 달빛 물든 기도의 효험일까? 그럴 거다. 식사할 때나 잠자리에서 드리던 그 상투적이고 지극히 형식적인 기도하고는 딴판이다. 감사하다고 고백하는데 그게 진정 감사였는가?

깊은 의존을 통하여 살아가면서, 모든 분들께 신세를 지고 살아가면서 '감사'가 도대체 무엇인지를 조금이나마 깨닫는다. 감사는 입으로 하는 것이 아니다. 마음 깊은 곳에서 우러나올 때 그게 진짜다. '만물이 한 뿌리'란 것도 깨달으려나 모르겠다.

반가운 소식이 왔다. 이번 주일(3월 11일) 오후 2시 솔밭에서 '드림예배'가 있다고 한다. 참 기쁜 일이다. 고맙고 감사할 뿐이다. 찬미 예수.

솔숲에서 띄운 편지 58

아주 특별한 배웅

2007년 3월 10일

『아주 특별한 배웅 - 김홍겸이 부르는 사랑과 노래』(나눔사, 2007). 영원한 방랑자님이 책이 나오자마자 올려주셨는데, 이제서 읽는다. 《민중의 아버지》의 작시, 작곡자 김홍겸의 고민과 활동, 암 투병과 떠남의 궤적이 담겨 있다. 그가 떠난 지 10년이 된 즈음, 함께했던 벗들이 만든 책이다. 80년대, 90년대 초반를 살았던, 온몸과 마음을 던져 살았던 '한 사람'의 이야기다.

시대를 함께했던 운동가들의 이야기가 꾸밈없이 담겨 있다. 워낙 활동을 치열하게 했고, 고민과 사색이 깊었고, 더구나 탁월하고 예민한 그의 예술적 재능이 슬프게도 빛나는 책이어서 한 번 잡고서는 시간이 가는 줄 모르고 읽었다. 사랑하는 아내, 아직 어린 딸 '봄', 그리고 그의 20대 이후 삶 그 자체가 상처가 되고 한이 되었던 아버지와 어머니를 떠나야 했던 암 투병기이자, 그의 꽃다운 생애 기록을 가슴에 담는다.

"봄이가 눈에 밟혀, 자꾸만 눈에 밟혀, 봄이를 가슴에 꼬옥 안을 때마다 봄이 머리칼에 작은 물방울 뿌려져, 서른세 살에 예수님이 드렸던 겟세마네 기도가 떠올라. '할 수만 있다면, 이 잔을 거두소서! 그러나 당신 뜻대로 하소서.'"

"우리들에게 응답하소서 혀 짤린 하나님. 우리 기도 들으소서 귀먹은 하나님. 얼굴을 돌리시는 화상 당한 하나님. 그래도 당신은 하나뿐인 늙으신 아버지. 하나님 당신은 죽어버렸나. 어두운 골목에서 울고 계시나. 쓰레기 더미에 묻혀버렸나. 가엾은 하나님. 얼굴을 돌리시는 화상 당한 하나님. 그래도 당신은 하나뿐인 민중의 아버지."

— 「민중의 아버지」 1983년 지음

가난과 투쟁과 해방의 '민중해방'과 '할렐루야'를 합류시킨 '해방루야'라는 신조어를 만들고, 낙골 공동체에서 철거민과 함께 노점상이 되어 노래를 불렀던 삶은, '지금, 여기'를 사는 우리 모두에게 걸림돌이고, 처절한 물음이고, 해학과 익살로 웃어넘기는 재치로 다가온다.

김홍겸. '창녀들의 아버지, 전과자의 형'이 되고 싶었던 사람. 서른여섯, 그냥 떠나기에는 너무 젊다. 아깝고, 비통스럽기조차하다.

서철협 활동을 함께했던 친구의 회상 글이 생생하다.

"문득 발견한 암 병이었다. 사당의원 김종구 박사의 노말normal한 암 선고를 듣고 우리는 같이 병원을 나와 서로 다른 곳을 물끄러미 보면서 담배를 한 개씩 피워 물었다. 5월의 아지랑이와 함께 허공으로 흩날리는 담배연기만 한참 동안 바라보았다. 그러다가 문득 해철(김홍겸의 운동명)이가 말했다. '에이 씨팔, 내 인생이 이렇게 좆같이 끝날줄 알았어.'"

친구들은 그와 함께했던 날들을 이렇게 추모한다.

"우리들은 감사한다. 너를 낳고 기른 고난의 80년대에 감사한다. 함께 젓가락 두드리며 딩동 디리동 노래했다가 꺼이꺼이 울고 웃던, 한 시절 너무도 아름다웠지. 잊지 못할 길벗을 주신 그분, 그리고 식구들에게 감사한다."

80년대. 계엄령, 서울의 봄, 광주학살, 민중항쟁, 전두환 집권으로 시작되었던 그 세월이 신얼하게 떠오른다.《진달래》라는 노래가 다시 불리던 시대다. 그 시대를 어떻게 잊고 살 수 있는가? 나의 정서와 머리, 추억 모두 아직도 그 시대를 벗어나지 못하고 긴박되어 있다. 이제는 구닥다리가 된 것인가? 이제는 꽉 막힌 진보, 더 이상 출구가 없는 운동권, 무능력과 게으름뱅이의 상징조차 되어버린 것인지도 모른다.

21세기 한국사회는 80년대를 어쩌면 도서관의 한 구덩이에 묻어버릴 수도 있다. 잊고 살 수도 있다. 어쩌면 도려내어 제거하고 싶은 사람도 있을 수 있다. 나의 시퍼런 젊음도 이제는 중늙은이가 되어버린 것처럼.

'아주 특별한 배웅'은 김홍겸에게 하는 것인가? 아니면 80년대와 80년대를 몸으로 헤쳐 나온 사람들에게 그가 하는 '아주 특별한 배웅'인가?

하루 종일 요상한 날씨가 계속된다. 눈 날리다가 바람 불다가 잦아지다가. 마치 80년대가 그런 거와 같이, 그때 나의 정처 없는 발걸음, 마음가짐과 같이.

솔숲에서 띄운 편지 59

소나무 친구로 살아야

2007년 3월 11일

이현주 목사님께서 아호雅號를 송린松隣으로 지어주셨다. '소나무 이웃' '소나무 친구'라는 의미일 게다. 과분한 선물을 주셨다. '소나무와 친구하는 삶'이기를 기도했는데, '그리 살라'고 '그렇게 살아보라'고 주신 것이다. 선생님의 따뜻한 마음에 머리 숙여 감사의 인사를 올린다.

내 자신의 생김새를 잘 알기에 이름에 걸맞게 살 수 있을지 모른다. 솔직히 말해 자신이 없다. 그래도 해보는 데까지 걸어보는 것도 괜찮을 성싶다. 미리 포기하고 주저앉아버리는 삶을 살 수는 없겠다.

'즐탁啐啄'. 병아리가 알을 깨고 나올 때, 어미 닭이 미리 나올 곳을 쪼아준다는 말이다. 선생님이 쪼아주시니, 새로운 변모를 향하여 나도 쪼고 나갈 뿐이다. 여태까지 이어져온 삶이 금세 바뀌는 것을 기대하지 않는다. 꾸준히 뚜벅뚜벅 걸어갈 뿐이다.

'사람의 친구' 노릇도 제대로 못 하고 살아온 사람이, 소나무와 뭇 생명과 소통하며 친하게 지낸다는 게 어쩌면 불가능한 일인지도 모른다. 그래도 너무 귀한 선물을 덜컥 받아버렸으니 '선물 값'은 해야 도리일 것이다.

주식회사 主式會社 드림, 무모하다고 하는 편이 맞을 수도 있겠다. '미친 놈' 소리 듣기 딱 알맞다. '드림이 내는 책은 돈 받고 팔지 않습니다. 달라고 하시는 분에게만 거저 드립니다'라고 책머리에 쓰여 있다. 주식회사 株式會社와는 전혀 딴판이다. '주님의 방식으로 운영되는 회사요, 공동체'를 지향하며, 구체적으로 실행하는 것이다.

"태어날 때 이미 모든 것을 받았으니, 우리가 이제 할 일은 도로 내어 드리는 것밖에 없다는 '생각'에 동의한 사람들이 만들어가는 회사다. 이 회사에는 있는 것보다 없는 것이 더 많다. 회사 내규도 없고, 이사진도 없고, 사장도 임원도 없고, 사무실도 없고, 예산도 없고, 기획조차도 없다. 그래도 창립 이래 여태까지 무언가를 세상에 드릴 수 있었고 앞으로도 그럴 것이다."

'돈 맛'을 모르는 사람들이다. '돈 맛'을 '놀 맛'처럼 여기며 사는 삶이다. 세상사람 보기에 '머리가 약간 빈' 사람들로 보일 수도 있다. '바보들이 하는 짓'이다. 나는 신선하게 느끼고, 받아들인다. 나도 무언가를 거저 내어놓고, 거저 가져오는 사이가 될 것이다. 나처럼 어리석은 사람이 있을까 싶어 카페 주소를 적는다. (http://cafe.daum.net/DreemtheLORDSGame).

무모하기 짝이 없는 일을, 무모한 방식으로 살아가는 사람도 필요하지 않겠는가? 너무도 셈이 빠르고, 속도가 빠르고, 머리 굴리는 회전 수 빠르고, 자동차 핸들 빠르게 돌리는 세상에, '이런 삶'도 있는 것이다. 되도록이면 천천히, 느리게, 더디게, 굼뜨게 걷는 삶 걸어 봄 직하다. 워낙 급한 성질인지라 매번 실패하지만, 귀에 못이 박히도록 스스로 외우면 조금 나아지리라.

초록 동무 100여 명의 병아리들이 짹짹거리며 솔밭을 누빈다. 녹색연합 선생님들과 함께 봄나들이 왔다. 싱그러운 아이들 모습에 기분마저 상쾌하다.

솔숲에서 띄운 편지 60

너나 잘하세요
2007년 3월 12일

벌써 7,8년 전의 일이다. 워낙 오래된 사건인지라 상세한 내막은 떠오르지 않는다. 들꽃향린교회 김경호 목사님과 몇이서 이현주 목사님을 모시고 강의를 듣자고 이야기 나누고 연락을 내가 맡았다. 댁으로 전화를 드리고 이러저러해서 선생님이 와주셨으면 좋겠다고 청했는데, 요즈음 말 안 하고 싶다고 그러셨다. 그래, 제 얼굴 봐서라도 꼭 오셔야 한다고 오시기만 하면 된다고 억지를 부렸더니 그러마 하셨다.

동숭동 크리스천 아카데미 토론방에 20~30명 모였고 이제 목사님이 무언가를 말씀하실 때가 되었다. 그런데 목사님이 말씀을 안 하시는 사태가 발생했다. 진땀이 나기 시작했다. 말씀을 들으러 왔던 사람들도 당황하는 기색이더니 속에서 열이 나나 보다.

누군가 그랬다. 오셨으면 말씀을 하셔야죠. 그랬더니 목사님이 이렇게 대답하셨다. "본래 나는 이야기 안 하겠다고 말했다. 그런데 윤 목사가 제 체면 세워주라고, 오기만 하면 된다고 해서 왔다."

내 얼굴은 화끈 달아오르고 어찌할 바 몰랐는데, 그때 이런 생각이 들었다. '일은 벌어졌고, 나도 모르겠다'며 늦게나마 마음을 비웠다. 숨 막힐 듯 답답하던 마음도 한결 편해졌다. 김영 목사님이 말문을 여시고 박재순 목사님도 거들고, 여러 사람이 물은 것에 대하여 목사님 말씀하시고 해서 마무리는 잘된 모임이 기억난다.

그때 생각, 아주 잊어버리고 있었는데 어제 드림예배 드리고 목사님 뵙고 나니까 불쑥 떠오르는 것이다. 혼났다. 생각만 해도 아찔한 일이다. 쩔쩔매던 내 모습 생각하니 웃음마저 나오는 기가 막힌 일이다. 체면치레에 민감한 편이다. 남의 눈치 잘 본다는 뜻이다.

왜 남의 눈치 보느냐? 진정 남을 생각해서냐? 그게 아니다. 나를 다른 사람에게 더 잘 보이고 싶어서 하는 게 체면치레다. 선생님을 강사로 모시는 임무를 맡은 것은 나였다. 그래 연락을 드렸더니 못하시겠다고 하셨다. 그러면 거기서 내 임무는 다른 사람들에게 "목사님이 어렵답니다" 하면 되는 것인데, 억지를 부리고 조른 것에는 이유가 있다.

돌이켜 생각하면 좋은 뜻으로 해석할 때 목사님 말씀을 진정으로 듣고 싶어서 그랬던 점도 있을 거다. 그런데 그것만이 다가 아니다. "이 목사님, 내가 잘 알아. 나도 그런 사람이라고" 하는 뻐기는 마음이 없었다고 하면 거짓말이 된다: 이 목사님하고 친하다는 거 슬며시 냄새 풍기려는 수작도 숨겨져 있던 것이다. 그리고 된통 당한 것이다. 그날 이 목사님 말씀에 나는 그냥 무너져버렸다. "나는 안 하겠다고 말했다. 그랬더니 윤 목사가 제 체면 좀 세워주라고, 오기만 하면 된다고 해 내가 왔다."

나는 그때 케이오 펀치 맞고 꽝 하니 쓰러졌다. 다행히 마음을 비웠더니 한결 나아졌는데 마음은 무슨 마음을 비운 것이냐. 체면 구길 것 다 구긴 처지에. 뻔뻔한 사람이 되고 말았다.

제 잇속이 없는 사람, 남을 생각하는 척하면서 속 깊이 '나'를 세우려는 짓 그만 끝내버리는, 그런 삶을 찾아나서야겠다. 입만 열면 '고난 받는 이를 위하여, 억눌리고 가난한 이를 위하여' 살겠다고 허언장담(호언장담이 아니라)을 내뱉는 나 같은 사람에게 '친절한 금자 씨'가 살며시 이야기한다. "너나 잘하세요!"

봄날이다. 바람은 여전하다. 봄바람 속에서 '루미'가 말한다.

"사랑하는 사람들에게는 그들만의 종교가 있다. 그 종교의 유일한 신조는 사랑이다."

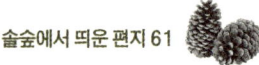

솔숲에서 띄운 편지 61

기타치고 노래한 날

2007년 3월 14일

"너 지금 무슨 말을 하고 있느냐?
먹고 사는 일에 묶여서 보물찾기를 그만두다니!
일상생활을 포기하지 말라.
거기에 보물이 숨겨져 있다."
—『루미 지혜』드림, 54쪽

일상생활 가운데 보물이 숨겨져 있다. 루미의 지혜다. 그 지혜를 내 눈으로, 내 몸으로 깨우치는 과정이다. 아침, 겉 천막을 열면, 천막 안에서는 볼 수 없었던 숲이 그대로 눈에 들어온다. 안개마저 자욱하여 그 신비함을 더하는 소나무들이 숲으로 펼쳐지는 것이다.

천막을 걷어내는 일, 한대수 님은 '장막을 걷어라'라고 노래했다. 숲이 있다. 아름다운 생명의 일체가 있다. 천막을 걷을 때, 내 눈에 비늘을 떨쳐낼 때 '이미 거기 있는 숲'이 보이는 거다. 천막 안에 웅크리고 앉아 '숲은 어디에 있는 거야?' '도대체 나무들은 어디에 서 있는 거야?' 묻지 말자. 절망하지 말자. 가로막힌 천막을 살짝 걷어내면 그 장엄한 광경이 눈앞에 있다.

천천히 몸을 풀어본다. 관절을 하나씩 돌리기도 하고 펼치기도 한다. 잠을 푹 자고 난 그 자체로 몸이 풀리고 깨어나야 하는데 아직 그 정도는 어림없는 소리다. 할 수 없다. 의도적으로나마 몸을 풀고 잠을 떨쳐낸다. 어느 순간 '이제 됐군' 하는 느낌이 온다. 그때 차 한 잔을 끓여 마신다.

지난 주일 이현주 목사님이 '보이차'를 올려주셨다. 그서 고마운 마음으로 한 모금 마셨는데, 이게 예사롭지 않다. '차 맛', '다도'와는 거리가 먼 생활이었다. 무식이 용맹한 것이다. 한 모금 하는데 난생처음으로 머리가 맑아지는 체험을 했다. '정말 그러네!' 하는 소리가 나왔다.

지금까지 '괜히 폼 잡는 소리야' 했던 무지가 폭로되는 순간이었다. 차가 남다른 것인가? 차 끓인 사람이 남다른 것인가? 차 마시는 사람이 달라진 것인가? 하여튼 그때 마신 '차 맛', 특별했다.

물 데우고 발 씻고 옷 갈아입고 다시 몸 풀고 곶감 하나 먹고 하니 오전 10시. 천막을 내리고 앉아 '아침 햇살 기도'를 드린다. '그리스도 예수이시여, 자비를 베푸소서.' 이 구절을 붙들고 기도한 지 7년 정도 되는데, 오늘 아침 기도, 오랜만에 은혜 받는 체험한다.

억지로 했다. 꼭 억지만은 아닌데 무엇도 모르고 그냥그냥 해왔다. 조금 풀린다. 왜 이 구절이 묵상기도하기에 좋은 구절인지 조금 맛본다. 루미의 지혜, '일상생활을 포기하지 말라. 거기에 보물이 숨겨져 있다'는 말은 너무도 쉬운 이야기다. 알아듣지 못할 대단한 깨달음이 아니다.

그런데 그 쉬운 이야기를 매 순간 온몸으로 느끼고 깨닫고 사는 삶, 그리 많지 않다. 다른 누가 아니라 내가 그래 왔다. 얼마나 더 있어야 그 쉬운 이야기를 쉬운 이야기로 알아들을지 모를 뿐이다. 갈 데까지 가보는 수밖에 없다. 사도 바울은 늘 달음박질한다고 했다. 그 대단한 영성가도 늘 목표를 바라보며 쉼 없이 달렸다는데 어찌할 것인가?

백리향 님이 프란츠 알트가 쓴 『생태주의자 예수』(나무심는사람)를 올려주었다. 지구 생태계의 위기와 교란이 끝 모를 정도로 진행되고 있다. 책은 위기의 지표를 들어 경고한다.

"당신이 이 글을 읽고 있는 오늘 하루 동안 우리는,
— 100가지 종류의 동식물을 멸종시키고
— 2만 헥타르의 사막을 만들어내고
— 8,600만 톤의 비옥한 땅을 침식시켜 파괴하고
— 1억 톤의 온실 가스를 배출하고 있다."

알트는 평화주의, 생태주의, 민주주의는 창조 세계의 보존을 위한 전제 조건이라고 역설한다. 생태 위기를 본질적으로 치유하기 위해서는 새로운 영적인 깊이가 필요하다. 음미할 만한 대목이다.

　녹색연합의 '퐁당'과 '만두'가 숲의 낮과 밤을 지켰다. '만두'가 숲에 들어오니 '퐁당' 하고 소리 나는 하루다. 셋이서 기타를 치고 노래했다. 완연한 봄날, 봄바람 산들 부는 참 좋은 하루가 저문다.

솔숲에서 띄운 편지 62

나무 위의 여자

2007년 4월 3일

　보름 달빛이 숲을 물들이는 정경에 탄성이 절로 나온다. 은빛 물결이 소나무의 허리를 휘감아 도는 모습을 보고 있으면, 피겨스케이팅을 하는 요정들이 춤추는 듯하다.

　스페인어로 달을 뜻하는 '루나'라 이름 불리는 삼나무에서 738일(2년 하고도 8일)을 생활했던 맹렬 여성이 있었다. 줄리아 버터플라이 힐이다. 그녀가 쓴 『나무 위의 여자』를 선물 받고 참 기뻤다.

　친구들과 여행을 하는 길에서 만난 태고의 숲 속으로 그녀는 빨려 들어간다. '장엄한 성소'를 만난 것이다. 그대로 주저앉은 채 한참을 울었다. 우연히 운명처럼 만난 삼나무 숲이 다 베어져 채 3%도 안 남았던 사태를 안 그녀는 '대책 없는 일'을 저지르는 것이다. 3.7미터의 둘레에 61미터나 되는 높은 나무 위로 올라간다.

　2년여의 기간을 '루나'와 더불어 울고, 웃고, 미친 듯이 소리치고, 추위와 두려움에 떨고, 마침내 폭풍우가 몰아치는 속에서 재탄생을 체험하는 '버터플라이'다. 애벌레가 고치가 되고, 고치가 나비로 변화(변태)하는 과정을 스스로가 겪는 이야기다.

나보다는 훨씬 어리지만, 선배가 되는 셈이다. 그러고 보니 나무 위 생활하는 덕에 인생 선배 두 분을 만나게 되었다. '보름'과 '나비(버터플라이)'. '나이 어린 선배님들'을 모시게 된 것은 처음인지라 잘 할지 모르겠다. '나비'는 대단하다. 내가 심심풀이로 하는 것이 고작 '발 씻기 놀이'인데 그녀는 '나무타기'를 즐긴다. 61미터 꼭대기 '루나'의 나뭇가지를 맨발로 디디고 서서 사진을 찍은 장면이 나오는데, 날아갈 듯 아찔하다. 나는 다리가 후들거려 꿈도 꿀 수 없는 형편이다.

그녀는 '숲'을 통하여 '나무' 위에 서서 세상과 우주와 교감을 한다. 아름다운 삶의 비상을 한다. 퍼시픽 목재회사의 탐욕을 기어코 멈추게 한 것이다. '루나'를 살렸고, 삼나무 숲을 살렸다.

4월 5일이면 식목일이다. 올해부터 빨간 날에서 검은 날로 바뀌었다. 높은 사람들은 의례적인 식목행사를 할 것이다. 숲은 베어버리면서 나무를 심는 '쑈show'를 벌이는 것이다. 교묘하다고 할까, 기만적이라 해야 할까 모르겠다. '나무 심는 사람들' '숲을 지키는 사람들' 그리하여 '생명의 본성을 풍성케 하는 사람들'은 지금 무엇을 할 것인지 곰곰이 생각해야 할 때다.

참 대책 없는 여자, 줄리아 버터플라이 힐을 알게 되어서, 의미 깊은 하루다.

'보름' 선배는 뭐하고 지내나 궁금해지기도 한다. 나무를 통하여 맺은 인연 역시 독특한 인연이다. 그 인연을 통하여 '생명의 공명'이 일어나기를 소망할 뿐이다.

"나비가 고치를 헤집고 나올 때, 인간이 어떤 식으로든 도움을 주게 되면, 그 나비는 영원히 날지 못하게 된다. 마지막 집착에서 벗어날 수 있는 힘을 스스로 찾을 때, 비로소 아름답고 자유롭게 비상할 수 있다."
— 『나무 위의 여자』 134쪽

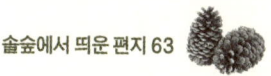

늘 바람 부는 곳

2007년 4월 6일

"위선자야! 먼저 네 눈에서 들보를 빼내어라. 그래야 눈이 잘 보여 형제의 눈에서 티를 빼낼 수 있지 않겠느냐?" (마태 7:5)

'먼저'라는 단어가 눈에 띈다. '먼저' 해야 할 것이 있다. 삶의 우선을 어디에 두고 사느냐가 중요하다. '먼저' 할 것을 하지 않고, 내일로 미루면 그 길은 무덤 앞까지 갈 것이다. 1루를 밟지 않고 2루로 가면 '아웃out'이다. 아웃당하면 밖으로 나가야 한다.

'내 안에 박혀 있는 들보'는 무엇인가? 남의 모습은 보는데, 내 모습은 쉽게 보지 못한다. 눈을 뜨면 나무도 보이고, 꽃도 보이고, 움직이는 청설모도 보이는데, 정작 그것들을 보는 나를 제대로 보지 못한다.

'겉'은 거울로 볼 수 있는데, '안'은 거울로도 보이지 않는다. '속'을 볼 수 있는 거울, '안'을 환히 볼 수 있는 거울이 필요하다. 그런 거울을 지닌 사람만이 '자신 안에 들어 있는 들보'를 발견할 것이다. 전향이 필요하다. 밖으로만 향하는 에너지를 제 안으로 돌릴 수 있어야 하리라. 삶의 방향을 전환하는 노력을 반복적으로 할 수밖에 없다.

'낡고 오래된 집'은 청소하기 힘들다. 아예 부수고 새 집을 짓는 편이 쉬울지도 모른다. 켜켜이 쌓인 먼지와 찌든 때를 벗겨내고 씻어내는가 싶은데 여전하다.

들보는 집을 버텨주는 역할을 한다. 그 '들보'를 빼내어버리면 집은 무너지고 만다. '들보를 빼내야 한다'는 말씀은 결국 이제껏 살아왔던 존재의 집(틀거리)을 부수어야 한다는 말이다. 낡고 오래된 그래서 지저분한 삶의 틀거리를 부수어버릴 때 '눈이 성해져 잘 볼 수' 있을 게다. 올봄 참 늦었지만 큰 붕괴 사고 나기 전에 '나의 낡고 오래된 집의 들보'를 빼내어 볼 의지로 살아보자.

국수나무(가지를 꺾으면 속이 국수 같아 붙여진 이름. 그래서 수난을 많이 당한다고 유종반 위원장이 가르쳐줌)에 푸릇푸릇 새 잎이 돋아난다. 며칠 전부터 옅푸른 기운이 돌더니 눈에 띌 정도로 새잎이 나왔다. 겨우내 마른 나뭇가지 안에 있던 생명의 기운들이 밖으로 나오는 중이다. 푸르른 생명의 잎들을 바라보며, 푸르른 빛에 물들고 푸름의 기운이 내 안에 돌기를 기도한다.

성 금요일, 그리스도 예수, 나무 십자가와 못을 묵상한다. 수난이요, 그 수난은 순종의 열매다. 하나님을 온전히 신뢰하고, 의지하고, 그분의 뜻에 완전히 순종하는 삶이었다.

오늘도 바람이 살살 분다. 여기 생활을 통하여 안 것이지만, 늘 바람이 분다. 바람이 불지 않는 날이 드문드문 있을 뿐이다. 봄이어서 그런지 연일 바람이 불어온다. 처음엔 바람이 잦아주기를 바랐는데, 그 바람을 놓아버렸다. 흔들거리는 천막에 따라 나도 흔들거리며 지내고 있다. 잠은 얼마나 잘 자는지, 가끔 산에 있다는 것을 잊어버릴 때도 있다. 그만큼 적응이 된 것이다.

오늘이 108일째다. 108가지의 번뇌를 떨칠 수 있기를 바란다. 그리스도의 십자가 속에 삿된 욕망을 못 박고 내려가기를 기도할 뿐이다.

눈은 마음의 등불이다. 눈을 떠야 마음이 밝아지고, 눈을 감으면 마음도 어두워지기에 '등불'이라고 했다. 깊은 잠에서 깨어나고 싶다.

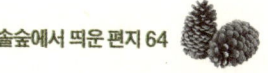

누군가와 함께 밥 먹고파

2007년 4월 10일

혼자 점심을 먹다가 소나무 뜰을 보니 군데군데 등산객들이 둘러앉아 밥을 먹는 장면이 눈에 들어온다. 도란도란 이야기를 나누면서 밥을 먹는 정경이 정겹게 느껴진다.

매양 올려주는 도시락을 잘 받아먹고 있는데 문득 누군가와 같이 먹고 싶다는 생각이 든다. 사람은 어울려 살아야 하는가 보다. 늘 어울려 지내다가 뚝 떨어져 지내니 그 호젓함이 그리 좋더니만, 시간이 흘러가니 어울려 지낼 때의 복닥거림이 슬금슬금 그리워지는 것이다. 변덕스러운 마음 따라 오늘 날씨도 비 올 듯하다, 맑아지고 개인 듯하더니 다시 빗방울 흩날린다.

누군가의 친구가 되어준 적이 있는가? 친구 타령, 파트너partner 타령을 늘 하면서도, 정작 누구의 친구, 누구의 파트너가 되어준 경우는 거의 없었다. 모든 것을 '나' 위주로 보는 편은 아니라고 자평하면서도, 실상은 '나' 위주로 살아온 것이다.

아닌 척하면서 그러는 꼴을 못 보면서도, 지가 그런 짓을 하면 슬쩍 눈감아버리는 꼴이다. 놀부 심보다. 심지도 않으면서 거두기를 바라고, 남 잘되는 것 못 보는 심성은 어떻게 해야 고쳐지나!

'나무 위 생활'을 하면서 분에 넘치는 지원과 지지를 받고 있다. 신세 지는 생활은 나이 들어도 여전하다. 시간이 지날수록 고마운 생각뿐이다. 밑에서 지원 활동, 대책 활동하는 모든 분들께 감사의 큰 절을 올린다. 그분들의 애정과 관심이 있기에 이토록 건강하고 특별한 하루하루를 보내고 있는 것 아니겠나.

지난 토요일(4월 7일) 숲 속 음악회 때, 이춘상 님이 올라와서 보수도 해주고 천막 연결 끈도 갈아주어서 답답했던 시야가 한결 환해졌다. 천막 앞만 보고 지냈는데, 이제는 사방을 훤히 볼 수 있게 되었다. 숲에 가리어 볼 수 없었던 별들도 이제는 만날 수 있는 것이다. 저 멀리 계양산 정상도 볼 수 있게 되었다.

부활절 달걀을 임병구, 이인숙 선생네가 삶아왔다. 포장도 정성스럽게 해와서 천막 안에 놓고 보고만 있다가 상할까 몰라 먹는데 짠해진다. 삶은 계란일 뿐인데 여러 느낌이 오는 것이다. 성탄절로부터 부활절에 이르는 기간이 주욱 스쳐 지나간다.

올 추수감사절이 11월 25일이니 다행이다. 추수감사절은 내려가서 지내야지 마음먹는다. 며칠 전 학기 형이 전화로 "윤 목사 없으니까 심심해" 그러는데, 솔직히 듣기 좋으라고 하는 말이지 하면서도, 내심 반갑기도 했

다. 둥글둥글 모여 앉아서 '지난 일들 얘기하며 웃는' 날이 오지 않겠나?

너무도 익숙해진 생활이다. 조금 긴장을 해야지 하는데도 그저 일상적인 흐름에 젖어 지낸다. 어제는 잠을 자려고 눕는데 시계를 보니 9시 40분이다. '참 나' 웃음이 절로 나온다. 새벽이가 어릴 때 처갓집 신세를 꽤 오래 졌었는데, 그때가 기억난다. 장인어른께서는 저녁 9시면 주무시고 새벽 3시면 일어나셔서 움직이셨는데 나는 그때야 잠을 잤으니 아침 식사 때면 거의 정신없이 밥을 먹었다. 철이 없어도 한참 없던 시절이었다.

롯데는 1,2차 때와는 달리 아주 신중하게 움직이고 있다. 구청과 시청이 전적으로 밀어주는 탓인지 조급함이 없다. 숲 길 입구에 현수막을 계속 붙이고 있는 것을 보더라도 골프장 건설을 추진하려는 의도에는 변함이 없다고 봐야 한다. 그만큼 이 싸움은 오래갈 것이고, 치열해질 것이다. 지치지 않기를 바랄 뿐이다. 오래가면 오래갈수록, 치열해지면 치열해질수록, 신명을 다하여 함께 운동해보는 것이다.

관청의 엄청난 지원을 받는 재벌 그룹을 상대로 시민들이 승리를 한다면, 그 기쁨은 대단할 것이다. 그리고 분명히 이 싸움은 이길 수 있다. 그런 확신이 점점 더 강하게 온다. 소나무 숲이 그런 기운을 준다. 《반지의 제왕》1편에서 오래된 나무들이 움직이며 다가올 때 느꼈던 감동이 이번에도 재현될 것이다. 숲이 움직일 것이고, 새가 함께 노래할 것이다. 봄꽃이 환하게 웃는 것도 한마음임을 표현하는 것이리라.

푸릇푸릇 새 잎이 돋아나는 이곳은 생명의 기운으로 가득 차 있다. '생명을 살리는 평화의 행진'이 큰 강물 되어 흐르기를 기도하며, 부활의 주님을 계양산 자락에서 만나는 기쁨 나누고 싶다.

마침 KBS FM 음악방송에서 수산네 룬뎅의 바이올린 연주로 《당신의 소중한 사람》이 나온다. 나무 위에서는 처음 듣는데 이 글을 읽은 모든 이에게 띄운다.

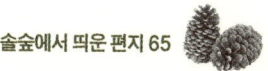

자연에 몸을 맡기는 중

2007년 4월 11일

이진권 목사가 장일순 선생님의 『노자 이야기』를 올려주었다. 언젠가 사서 책장 어딘가에 푹 박아놓았을 책인데 이 자리에서 읽는 것이 다행이다.

무위당 장일순 선생님과 관옥 이현주 목사님이 노자의 '도덕경'을 놓고 차 한 잔 마시며 나누는 말씀인데, 무위당께서는 뒷부분이 책으로 되어 나오는 것을 보지도 못하고 돌아가셨다. 이를테면 유작이다. 그분의 향기가 나는 대목을 한 자락 적는다.

'아버지 한 분 안에서 만물이 한 송이 꽃이다.'

萬物一華

가슴 저미는 말씀이다. 문학이요 신학이다.

부슬부슬 봄비가 내린다. 봄비이자 밤비다. 소나무 숲은 아무 소리 없이 거룩하게만 보인다. '무위이화 無爲而化'의 진면목을 나무에서 본다. 나무는 아무 일 안 하고 사는 것 같이 보이나 새 잎도 내고 꽃도 피우고 새들의 보금자리도 되어준다.

그 그늘 아래로 피곤한 인생들이 쉬어든다. 인위 人爲와 작위 作爲로 범벅이 된 삶, 돌이켜 셈하면 아무 것도 변변히 남은 것이 없는 삶으로 질척거려온 나에게 '말없는 가르침을 주는 行不言之敎' 것이다.

무얼 그리도 해보겠다고 덤비며 살아왔는지 모를 일이다. 무얼 그리도 움켜쥐고 싶어서 갈지자걸음 해가며 지나왔나. 여기 이렇게 앉아 있으면서도 이 생각 저 생각 쉬지 않고 궁리하는 모습을 본다. 속으로 그런다. '그래서 잘되는 것 하나도 없구먼.' 언제나 잔머리 굴리는 거 내려놓고 살아갈지 까마득하다.

좋은 글을 읽는 즐거움을 참으로 오랜만에 맛본다. 책을 놓고 산 지가 얼마나 오래 되었는지조차 가물가물하다. 책이란 게 묘해서 안 보고 살아도 못 사는 것도 아니다. 그런데 책을 읽으면 읽을수록 특히 오래된 글일수록 깊고 깊다. 근본이 되는 글을 대하며 잊고 살았던 근원의 자리를 되새길 뿐이다. 성경이 괜히 성경이 아닌 것을 맛보고 있다.

책을 열심히 탐구하는 생활을 하고서 책을 버려야 하는데 '책을 버리라'는 귀에 솔깃한 가르침만 달랑 배우고 책과는 먼 생활을 했으니 삶이 뒤죽박죽이 된 셈이다.

배를 타고 강을 건너야 하는데 마치 제가 이미 강기슭에 도착한 것처럼 배만 떠나온 삶이니 늘 맴도는 것이다. 늘 맴도는 짓거리도 끝장낼 때가 되었다. 골프장 건설만 끝장낼 것이 아니라 이참에 뱅뱅 도는 삶도 끝장내야 할 텐데 그게 잘될 것인지는 더 두고봐야 안다.

아무튼 뜻하지 않은 은총의 나날을 지내고 있음은 분명하다. 봄철에 새 잎을 맨 먼저 낸다는 '귀룽나무', 향이 그리 좋아 옛날 뒤편에 두었다는 '누리장나무', 귀신 홀리는 소리를 내는 '호랑지빠귀' 등을 하나하나

알아가는 재미도 쏠쏠하다.

　해지고 어둠이 깃들기 시작하면 FM 음악방송을 듣는데 거의 숨넘어간다. 배미향 님과 오미희 님의 팬이 되어버렸다. 책 읽고, 운동하고, 음악방송 듣고, 기도하고 정성이 듬뿍 담긴 도시락 먹고, 일찍 자고 많이 자니 몸이 놀라고 있다. '이 사람 돌았나!' 하고 몸이 놀란다. '돌아도 한참 돈' 생활을 하는 중이다. 억지 안 부리고 순리에 따라 사는 법을 배우고 익히는 중이다. 좋은 일은 누가 뜯어말린다고 해서 그치지 않는 법이다. 오래 묵은 업장들을 조금이라도 덮고 내려간다면 그보다 좋은 일이 또 어디에 있겠는가?

　비는 아직 멈추지 않았다. 숲은 안개가 끼여 신묘한 자태를 드러낸다. 천막을 또각또각 두드리는 소리를 '깨어 있으라'는 신호로 알아듣고 생명의 주인께 '눈을 뜨게 해달라'고 기도하는 밤이다. 비가 오는데도 공기는 차지 않다. 봄이 제대로 온 모양이다.

솔숲에서 띄운 편지 66

'song of joy'

2007년 4월 14일

　솔밭은 봄 햇살로 환하다. 야트막한 동산으로 아침 해가 얼굴을 내미는 때가 오전 6시 40분쯤이다. 밝고 맑고 따사로운 아침 햇살이 빛줄기를 마음껏 펼치고 있다.

　며칠 동안 바람과 구름, 비로 꾸물거리던 날씨는 온데간데없이 물러나

버렸다. 산기슭 곳곳에 푸릇푸릇한 기운이 마구마구 올라온다. 새 소리마저 또랑또랑하다.

숲의 아침은 환희다. 'song of joy'. 그야말로 환희의 노래가 절로 울려 나온다. 진달래꽃이 드문드문 연보랏빛을 내비친다. 꽃이 피어야 나무의 진가를 알 수 있다. 꽃을 피우지 못한다면, 어쩔 수는 없다 해도 아쉬움이 있을 거다. 봄꽃을 피워내는 나무들이 대견하기만 하다.

나무는 춥고 긴 겨울을 인내하다 따뜻한 봄볕을 벗 삼아 꽃망울을 맺고 새 잎을 돋아낸다. 나무의 희망이 꽃을 피우는 것이기는 하나, 나무에 뿌리가 없다면 그 희망은 물거품이 되고 말 것이다.

뿌리가 본本이고 꽃은 말末이다. 본말本末이 있다. 본本이 있어 말末이 있는 거지 말末이 있어 본本이 있는 것은 아니다. 그러나 나를 포함한 여러 사람들이 본말을 뒤집어 산다. 뿌리 없는 꽃을 바라기를 그 얼마나 숱하게 해왔는가.

뿌리 내림 없이 꽃과 열매를 얻으려는 놀부 심보를 발휘하고 살고 있지는 않은가. 뿌리 없는 꽃도 화병 속에서 며칠은 가지만, 곧 시들고 마는 것이 자연의 법도다.

진달래꽃이 저리도 곱게 피어난 연유는 긴 겨울 언 땅 밑에서 숨죽이듯 잠자코 있던 뿌리들이 그 기운을 펴기 때문 아니겠는가. 그러나 잠자코 생각해보면, 꽃이 피어나기에 뿌리는 그 생의 가치를 확인하는 것이 아닌가. 꽃이 있기에 씨앗이 여물고 열매가 맺히니, 꽃은 또 다른 뿌리의 원천이 되는 셈이다.

뿌리와 꽃이 서로를 살리고, 서로를 이어가는 생명의 신비를 맛볼 뿐이다. '예수와 교회', '부처와 승가공동체'의 관계도 이와 같으리라 짐작

해본다. 그리스도 예수의 맑고 밝고 환한 기운이 평화의 꽃으로 피어나는 공동체를 다시금 꿈꿔본다.

그런데 놀라운 건 전혀 억지가 없다는 것이다. 억지를 부려서 꽃을 피우는 나무는 없다. 마치 저절로 피어난 듯할 정도다. 자연은 무위無爲로서 삶을 사는 것이다. 삶을 누리는 것이다.

생강나무는 매년 생강나무 꽃을 피우고, 진달래는 매양 진달래꽃을 피우는 것이다. 서로를 탐내지 않으며, 서로 시기하지 않으며, 서로 다투어 경쟁하지 않고, 제 길을 가고, 제 꽃을 피울 뿐이다. 자기를 꽃 피우는 삶이다.

'남'을 따르라고 주님이 말씀하시지 않고, '나'를 따르라고 하신 연유도 그와 같지 않을까. '남'을 따르는 인생과 '나'를 따르는 인생 사이에서 어느 길을 걷는 것이 쉽고 편하겠는가. '나'를 따르라는 말씀이 결코 쉬운 길, 편한 길은 아니겠으나, '남'을 따라 사는 길보다야 쉽고 편한 길이지 않겠나.

아침 햇살 영롱한 가운데 새들은 지저귀고 꽃은 피어나 생명의 환희를 만끽하는 '지금, 여기'가 벅찰 뿐이다.

솔숲에서 띄운 편지 67

개구리죽 먹던 시절

2007년 4월 15일

살아오는 동안 '슬픔'이라는 이름의 무어라 밝힐 수 없고 표현할 길 없는 처지를 맛보지 않은 사람이 있을지는 모르겠다. '억울하다'와 '슬프다'는 조금 다르다. '억울한 일', '억울한 때'도 슬픔이 동반되지만, '억울함'이 없이도 오는 '슬픔'이 있다. 그저 슬픈 것이다. 맑은 슬픔이다.

참 가난했던 때, 찢어지게 가난했던 시절에 '신장염'을 앓았다. 그때가 고등학교 1학년 때였다. 1974년이다. 혼자 많이도 울었고, 두려워했다. '죽을 수도 있다'는 생각이 들어서였다. 당시 우리 집은 빈곤의 끝자락을 겨우 붙들고 있는 형국이었다. 병원비조차 마련하기 어려웠다. 어린 나이지만 나는 그 가난을 알았다.

언젠가 하루는 개구리죽이 신장염에 좋다고 하여 어머니가 멀리 가서 개구리를 잡아다가 솥에 끓여준 적이 있다. 개구리를 통째로 삶았으니 워낙 입이 짧은 형편에 죽인지 국인지 모를 그것을 먹을 수가 없었다. 미선 누이가 그러는 내 앞에서 먼저 떠먹었고 나도 한 숟갈 입에 넣다가 도저히 먹지를 못했다. 푸르죽죽한 개구리죽은 내 가난한 시절의 떠올리기 싫은 한 컷이다.

그날 저녁 잠을 자는데 눈물이 주르륵 흐르는 거다. 당시 우리는 여섯 식구가 두 평이나 될지 모르는 한 방에서 함께 살았다. 그런 형편이니 소리도 낼 수 없는 그 처지에서 눈물만 흘렸던 기억이 되살아나는 밤이다. 그 소년을 이 밤 보듬어주고 싶은 거다. 지금 생각해도 아찔한 때다.

179

새벽교회 목회 시절, 아버지가 돌아가신 후 어머니는 꽤 오랜 기간 과하다 싶을 정도로 헌금을 했다. 나는 목회자이면서도 솔직히 말리고 싶었다. '돈'이 아까워서가 아니었다. 교회는 교인들의 힘으로 자라야 하고, 그 길 외에는 다른 길이 없다고 확신을 하고 있었다.

그런데 가만히 생각해보니, 어머니의 심정에서 살펴보니까 해야 되는 거였다. 그래 나의 어머니로서가 아니라, '오준영 권사'가 실컷 원 없이 바치고 싶은 만큼 바치는 게 나을 것이란 생각을 했다. 얼마나 바치고 싶었을까! 바치고 싶은데도 바칠 것이 없어 그것이 한이 되어서는 안 되겠고, 또 그때는 형편이 그럴 수도 있을 때니 어쩌면 당연히 해야 되는 일이기도 했다.

그런저런 생각을 하는데, 이제야 돌이켜보면 열여섯 살 아들이 숨죽여 운다 해도 그것을 모를 부모가 어디 있겠나! 그런 깨우침이 오니 그 소년뿐만 아니라, 자식의 울음을 오히려 숨죽여 들을 수밖에 별 도리가 없는 아버지와 어머니를 이제는 내가 안아주어야 하나 보다. 그 생각이 이제야 오니 그게 참 슬픈 일이다.

지금은 이미 철거가 되어버린 응봉동 산꼭대기 시영아파트 지하 2층, 그래서 주소도 없는 형편에서 지내왔던 그 시절이 있었기에 그나마 돈독한 가족애를 지니고 있는지도 모른다. '처절한 가난의 공동 체험' 속에서도 모두가 밝고 건강하게 성장한 것이 축복일 뿐이다. 그 기억을 새벽이 놈에게 이야기해주고 싶은데, 언젠가 때가 되면 물어올지도 모르겠다.

뭐 자랑할 게 있다고 말하랴 싶지만, 구약성경의 이야기도 노예시절로부터 어떻게 자유인이 되었는가를 핵심 내용으로 되풀이하기에 힘을 얻는다. 그 가난했던 시절, 뜨거웠고 순수했었기에, 어쩌면 맹목적일 만큼 열심히 신앙생활을 했었다. 그 힘이 이제껏 버티어준 것이다.

　이제는 눈이, 소나무 숲에서 그 숲을 버텨주는 '땅'을 보게 된 오늘 저녁 나의 아둔함과 어리석음이 슬프기만 하다. 소나무 숲 타령만 백일이 넘게 했는데 아무 말 없이 참으로 무던하게 그 숲을 버텨주는 '땅'을, '흙'을 이제야 보게 되었다. 그 어머니 땅에 한없는 입맞춤을 하고 싶은 밤이다. 그래서 노자 선생님은 '사람이 땅을 본받고 살아야 한다 人法地'라고 말씀했나 보다.

　이현주 목사님이 지난번에 내게 말씀을 주셨다. "윤 목사, 사람은 땅에서 살아야 해." 그 말씀이 무지하게 고마운 말씀인 것을 이제야 아는 늦깎이 신세는 여전하다. 여태까지 '땅'을 딛고 살았으면서도 '땅'이 얼마나 소중한지 이제야 깨닫는 어리석음 때문에 참 슬픈 밤이다.

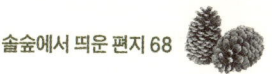

솔숲에서 띄운 편지 68

뿌리가 바위를 뚫는다

2007년 4월 17일

　　"反者, 道之動, 弱者, 道之用, 天下之物, 生於有, 有生於無."
　　돌아감이 道의 움직임이요, 약한 것이 道의 기능이니,
　　세상 만물은 有에서 생겨나고, 有는 無에서 생겨난다.

　　"내가 보기에는 이 짧은 문장이 『도덕경』 전체를 압축해서 담고 있는 것 같구먼. 이게 『도덕경』에서 제일 짧은 장章인데 '反'이라는 글자와

'弱'이라는 글자 두 개로 『도덕경』 전체를 관통하고 있거든."
— 『노자 이야기』 383쪽

'反' '弱' '無' 字를, 그 글이 뜻하고자, 표현하고자, 그래서 전하고자 하는 바를 이 자리에서 조금이라도 알아차리고 내려가기를 기도할 뿐이다. '노자'의 가르침을 두 분 선생님(장일순, 이현주)의 이야기를 통해서 배울 수 있음이 귀하고 귀할 뿐이다.

어찌 그리 '그리스도 예수'의 가르침과 이어져 있는지 놀라울 지경이다. 노자의 눈을 통하여, 두 선생님의 마음을 통하여 예수님의 가르침이 또렷해진다. 시기도 다르고 조건도 다르고 역사적 배경도 다른 '노자와 예수'가 본 근본의 '道'가 그리 어긋나지 않음은, '근본의 道'라는 것이 애초에 '하나'이기에, 그래서 우리가 '하나님'이라 부르기에 어쩌면 당연지사일 게다.

워낙 한자에 어둡고, 글자뿐 아니라 그를 보는 '눈과 마음'이 혼탁한 지경이라 제대로 알아듣는지 모르겠고, 그것이 염려되기도 하지만, 그런 지경에서나마 숨이 트이는 것이다.

몸은 산골짜기에 앉아 있는데, 마음은 멀리 대청산봉大靑山峰으로 날아가 푸르게 빛나는 쪽빛 바다를 본다. 탁 트여 아무런 막힘도 없이 망망하게 펼쳐진 동해東海가 눈에 들어오면, 대청大靑에 섰던 아스라한 추억들이 떠오른다.

내려가면 '설악'으로 가야겠다. 이제는 수운과 해월이 굳이 '동학東學'이라 붙인 연유에 대하여 공부하고 싶은 마음이 샘솟는다.

대립과 반목, 경쟁과 분열, 세 불리기와 뒤통수치기가 운동 진영 안에 없는가? 내 안에도 겹겹이 쌓여 있고, 주위에도 어지럽게 펼쳐져 있다. 이제 그 운동을 접고 싶다. 접을 수 있을지 또한 모르는 일이지만, 돌아가지反 않으면 '퇴색한 옛 추억'으로 멈출 것이란 생각이 든다. '퇴색한 옛 추억'조차 그 자체로 소중한 것이기도 하지만, 물이 멈춤이 없이 늘 흘러가듯이, 운동도 생명체이기에 흘러야 하리라.

가문 밭은 쫙쫙 갈라지지만 물 가득한 논은 생명으로 충만할 뿐이다. 팍팍한 마음, 그 마른 갈증을 해소하기 위해서라도, 깊은 지층을 뚫고 들어가 지하수에 뿌리를 내리는 법을 익혀야겠다.

뿌리의 약弱함이 바위의 강剛함을 뚫는다. 솜털처럼 약한 것이 흙을 파고드는데, 마치 갓난아기의 고사리 손이 어미의 젖가슴을 찾는 듯하다. 아기의 손을 뿌리칠 어미가 어디 있겠는가? 돌아가고, 약하여 부드러워지고, 늘 사私라는 욕심이 없는 삶을 꿈에서라도 한번 맛보고 싶다.

한바탕 봄꿈을 꾸는 듯하다. 연록의 새잎들이 날로 푸름을 더해가는 산자락이다.

붉디붉은 분홍빛 노을이 서쪽 하늘을 물들인다. 오랜만에 맛보는 해넘이의 장관이다.

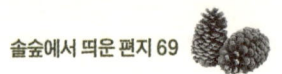
솔숲에서 띄운 편지 69

물이 산 아래로 가는 이유

2007년 4월 19일

장일순 선생의 『노자 이야기』 362쪽에 나오는 송나라 선승인 차암수정의 시詩 한 수를 적는다.

> 흐르는 물이 산 아래로 내려감은 무슨 뜻이 있어서가 아니요
> 流水下山非有意
> 한 조각 구름이 마을에 드리움은 본디 무슨 마음이 있어서가 아니라
> 片雲歸洞本無心
> 사람 살아가는 일이 구름과 물 같다면
> 人生若得如雲水
> 쇠나무에 꽃이 피어 온누리 가득 봄이리
> 鐵樹開花遍界春

사람이 만약 무위無爲로써 살기만 한다면 쇠로된 나무에 꽃이 핀다는 이야기다. 고승들의 티 없이 맑고 정화된 마음은 서산대사의 시詩에서도 잘 드러난다.

> 바람이 멎으니 꽃은 오히려 떨어지고
> 風靜花猶落
> 새가 우니 산은 더욱 고요하다

鳥鳴山更幽

하늘은 흰 구름과 함께 밝아오는데

天共白雲曉

물은 밝은 달 데리고 흘러간다

水和明月流

— 『노자 이야기』 372쪽

'물은 밝은 달 데리고 흘러간다'는 대목에 이르면 그야말로 숨죽일 수밖에 없다. 고요한 정경인데 그것이 멈추어 있지 않고 흐르는 것이다. 고요히 흐르는 것이다. 더불어 그렇게 가는 것이다.

어제(4월 15일) 학기 형이 슬그머니 와서 한약을 올려준다. 겨울 보약 먹고, 봄철에 보약을 먹으니 어느새 몸이 통통해졌다. 그 많던 얼굴 주름도 살이 올라 펴지는 중이다. 몸보신하게 생겼다.

그동안 함부로 한 것은 '말'만이 아니다. '몸'도 함부로 대했다. 마치 내 것 내 마음대로 쓰는 양, 마구 사용했는데도 참고 있는 '몸'이 오히려 대견하고 기특할 뿐이다. '땅'을 누구의 소유로 삼을 수 없다면 '몸'도 누구의 것이 될 수는 없을 게다.

하늘을 모시는 마음이 있는 사람이, 제 몸조차 잘 모시지를 못한다면 그런 말은 성립하지 못한다. 사도 바울은 그래서 '우리의 몸'이 그리스도를 모시는 '성전'이라고 본 것이다. 몸을 잘 섬긴다는 게 결코 헬스장 다니고 좋은 보약 먹는 것을 말하지는 않을 게다. 제 몸도 잘 모시고, 만물의 몸도 잘 모시고 하늘의 몸도 잘 모시고 산다면 그만이다.

어제는 신학교 동기 영숙이가 4시간 걸려 왔다. 그야말로 물 넘고 산

넘어 왔으니 반갑기 그지없다. 바리바리 싸온 선물 보따리를 올려준다. 주일이면 보급투쟁을 하러 나간 빨치산처럼 작은 천막 가득하게 채운다. 수북해진 짐을 오히려 덜어내야 할 정도다.

월요일이어서 그런지 인적이 드물다. 봄날은 점점 무르익고 솔밭은 새들의 노래 소리로 총총하니 나도 스무 살 청년으로 되돌아간다. 되돌아가면 정겨움이 묻어나온다.

지난 일들을 돌이킬 수 있는 사람은 아무도 없다 하여도, 때 묻지 않은 그래서 섣부르고 설익은 시절이 그리워지는 것은 어쩌지 못한다. 수유리 잔디밭에서 폼 잡고 노래하던 친구들이 떠오르고, 백일 넘게 기른 머리보다 더 길었던 푸릇한 머리카락들이 아련하다.

화육제化肉祭. 한신대 축제 이름이다. 'Incarnation'. 묘하게 4월 19일이 한신대 개교일이어서 그날은 늘 한바탕 길놀이를 북부서 형사들과 함께했고, 교수님과 학생이 공동 목욕을 하기도 했다. '고정희' 선배의 시詩가 생각난다. 지리산도 가봐야지. '흐르는 물이 산 아래로 내려가는데 아무런 의도가 없다'는 말을 잠잠히 생각하는 중이다.

솔숲에서 띄운 편지 70

새벽이가 보고픈 밤

2007년 4월 20일

어젯밤 꽤 늦은 시각에 큰 형님께서 전화를 주셨다 "인중아 잘 있냐?" 삼목회가 있는 날이니 아마 기분 좋게 한잔 하시고 서울로 가는 길에 생각이 나신 모양이다.

"안 내려올래?" 하신다. "내려가야지요"라고밖에 할 말이 없다.

낮에 롯데건설 대표진과 만나 협약을 맺었다 한다. 이제 한 달간 대책위와 롯데가 머리를 맞댈 모양이다. 좋은 결과가 나오기를 바랄 뿐이다. 순리에 따라 대화가 진행된다면 참여한 모두가 흔쾌히 받아들일 수 있는 참신하고 유익한 방안이 나올 것이다.

비가 온다. 오늘은 곡우인데 곡우에 비가 오면 풍년이 든다 하니 기쁜 마음으로 맞이한다. 그런데 바람이 상당히 거세게 불어 천막이 빙글빙글 흔들릴 정도다. 놀이 기구 타는 거 별로 좋아하지 않는데, 어쩔 수 없다.

작은 배 타고 뱃놀이하는 마음으로 놀다가 그도 시들해서 낮잠을 잤다. 바람 불고 비 내리는 숲에서 낮잠을 자고 나니 몸이 한결 풀리고 기분이 좋다. 특별 수업도 여러 가지다.

『노자 이야기』를 일독했다. 혼자서나마 책거리를 한다.

노자 선생님과 그 이야기를 쉽게 풀어주신 장일순 선생님, 이현주 목사님을 떠올리며 감사의 마음을 지닐 뿐이다.

두고두고 배우고 익힐 귀한 책이어서 한 번 공부로 그 무엇을 제대로 알겠나 싶다. 어설픈 공부일 뿐이나 큰 하늘을 날아본 기분이고 어둡고 침침한 밤길 함께 걸을 등불을 얻은 셈이다. 늦어도 한참 늦었다는 탄식은 어쩔 수 없다.

게으름에 찌든 생활이야 이미 지나가버린 것이니 어쩌지 못하나 이제부터라도 마음 새롭게 먹고 걷기를 시작해볼 요량이다.

"남과 더불어 다투지 않으니 마음은 늘 고요하고 사심私心 없이 일을 하니 꿈자리마저 한가롭다."

매일 아침 한 장씩 다시 새길 마음이다.

『성경』과 『도덕경』을 같이 읽는다면 그 뜻과 가르침이 더욱 분명해질 것이다. 몇 번인가 실패하고 만 『도덕경』 통독을 나무 위에서 하는 기쁨, 형언할 길 없다.

숲에 앉아 땅과 나무, 개울과 달을 보며 읽으니 더욱 명쾌하게 들어오는 듯하다. 모든 경經이 그러하듯이 여러 번 깊이 숙독하는 것이 필요하리라. 나이 들어 읽는다는 게 부끄러운 일이건만 『도덕경』을 알아들을 나이도 된 모양이다. '모든 일에 때가 있다'라고 자위함으로 늦은 일독의 부끄러움을 넘어선다. 속에서 '노자 한번 안 읽고 살아온 것이 부끄럽지도 않느냐?'는 말이 불쑥불쑥 나왔던 며칠이었다.

바다 건너편 너무도 어처구니없는 사태가 마음에 걸려 새벽이에게 전화를 했다. 그러곤 "학교 친구들과 싸우지 마라" 했더니, 이놈이 글쎄 피식거리더니 "아빠나 싸우지 마" 그런다. 늘 이 모양이다. 그래 네 말이 맞다. 야는 그리 머리는 안 좋은 것 같은데 가끔 신통한 말(?)을 한다.

언젠가 내가 물었다. "새벽아 시민운동이 어떤 거라 생각하니?" 그랬더니 대뜸 이렇게 말한다. "밤새 정치 이야기하는 거, 아냐?" 이쯤 되면 대화 끝이다. 아이들은 몸을 보고 배우는데 몸은 형편없이 하면서 말로만 가르치려는 애비가 잘못이다.

그래도 그놈이 보고 싶다. 7월에는 들어온다 하니 그때까지야 내려가겠지. 바람이 쉽게 잦아들지 않는다. 흠뻑 비를 맞는 나무들 여럿이 함께 묵묵히 비를 맞는 모습은 다시 보아도 거룩하다.

솔숲에서 띄운 편지 71

주께서 나를 숲으로 이끄셨네

2007년 4월 22일

비 온 다음날 아침 숲의 맑고 푸르른 모습을 보면 신묘한 기분이 든다.

산벚나무가 흐드러지도록 환하게 피었다. 틈만 나면 보게 된다. 화사히다. 눈이 부시게 피어난 꽃이다. 봄 햇살마저 싱그러운 솔밭은 '내 사랑하는 숲' '내 마음에 드는 정경'이다. 이곳에 있는 것이 꿈인 듯하다. 주께서 이리로 이끄셨음을 날이 갈수록 분명히 느끼고 있다.

"고생하며 무거운 짐을 지고 허덕이는 사람은 다 나에게로 오너라. 내가 편히 쉬게 하리라. 나는 마음이 온유하고 겸손하니 내 멍에를 메고 나에게 배워라. 그러면 너희의 영혼이 안식을 얻을 것이다. 내 멍에는 편하고 내 짐은 가볍다." (마태 11: 28~30)

말씀이 나를 감싸온다. 귀한 말씀이다. 여기서 '나'를 감히 '계양산 숲'으로 바꾸어 읽었더니 그 맛이 한결 가까이 다가온다. '계양산 숲'만이 아닐 것이다. '깊은 산'으로 읽어도 좋겠다. 나아가 '단순하면서 기품이 있는 교회당'으로 바꾸어 읽어도 좋고, 도가 높은 분들은 '파업 현장'으로 바꾸어도 변함이 없을 거다. 하나님, 무소부재하시니 어딘들 생명의 주인이 없는 곳이 없다. 지금 나는 이곳에 머물러 있을 뿐이니, '숲'을 통하여 '숲' 안에서 '나'를 안식케 하는 그분을 뵙는 것이다.

우리가 지금 서 있는 그 자리가 그 시간이 바로 '나'가 있는 그 자리요 그때이다. '나'가 있는 그곳이 거룩한 곳이다. 그 '나'는 '나 없는 나' '나를 넘어선 나' '큰 나', 무어라 불러도 좋을 것이다. 그리스도의 은혜가 충만한 숲의 아침이다.

성 프란체스코는 태양을 형님으로, 달을 누이로, 지구를 어머니로 불렀다. 이름만 그리한 것이 아니라 만물과 형제, 자매로 지낸 것이다.

레오나르도 보프가 쓴 『정 그리고 힘』(분도출판사)은 아시시의 성자가 지닌 영성의 깊이와 넓이, 고독한 수행과 내적 평화 과정을 소상하게 밝혀놓고 있다.

편도나무에게 "아우 편도야, 하나님 이야기를 해다오" 하니 나무가 꽃을 피워 화답했고, "개울 형님, 하나님 이야기를 들려주시오" 했더니 고요하던 개울에 물결이 일기 시작했다는 이야기도 담겨 있다. 교감이요 일치다.

새들과 이야기를 나누고 함께 찬양을 하는 삶, 가난한 이들과 일치 속에서 프란체스코 성인은 자연과 단절된 인간, 사람과 단절된 인간에게 새로운 삶의 가능성을 열어주는 것이다.

국민의 상위 20%의 사람이 토지의 94%를 차지하고, 80% 대다수는 6%를 지니는 균열된 사회, 균형이 깨진 사회를 어떻게 선진사회, 민주사회라 부를 수 있는가?

연이은 총격 사고와 이라크에서 벌어지는 자살폭탄테러는 증상일 뿐이다. 그 증상의 깊은 뿌리는 '폭력, 차별, 불평등, 자연파괴'가 만연한 문명사회로 불리는 야만사회가 본체일 것이다. 본체와 뿌리가 병들어 일그러졌는데 어디서 '선한 열매'를 거둘 것인가?

더 늦기 전에 더 악화되기 전에 근본적인 대책 마련이 필요하다. 그 일을 '자신의 일'로 삼을 깨어 있는 사람들이 필요하다. 거기에 희망이 있다. 낭떠러지를 달리는 마차의 진로를 조금씩조금씩 틀어 바꿀 수 있는 용기 있는 사람, 진실한 사람들이 필요한 때다.

성 프란체스코는 그런 점에서 우리 모두의 귀감이 된다. 평화의 사도, 자연의 형제자매의 삶은 우리와 동떨어진 특별한 사람의 일이 아니라, '지금, 여기'를 사는 우리 모두가 걸어가야 할 생명의 길이 아닐까?

참 곱게 어둠이 내리고 있다. 산벚나무 꽃잎이 더욱 희다. 초승달이 솔가지 사이로 선연하게 떠 있는 밤이다.

솔숲에서 띄운 편지 72

비우고 또 비우자

2007년 4월 24일

"더 이상 소아(小我, a self)의 찝찔한 웅덩이에 쪼그려 앉아 있지 말라. 신선한 강물처럼 유유히 흐르는 대아(大我, a big self)를 살라."

— 『루미 지혜』 42쪽

날이 꽤 길어졌다. 저녁 8시가 되어야 어둠이 짙어진다. 동지 무렵 올라왔을 때는 저녁 5시면 어스레해졌다. 해도 일찍 뜬다. 숲에 앉아서 계절의 변화를 만끽하는 중이다. 하루가 다르게 나뭇잎들이 푸르러지고, 크기도 커진다.

태양의 불꽃이 지구별의 뭇 생명을 키우고 스스로 자라게 한다. 값없이 쏟아지는 빛과 열을 무심히 받는 것이다. 주는 사람도 준다는 생각이 없고, 받는 사람도 받는다는 생각이 없는 관계, 그러니 경생도 없고 시기도 없다. 주고받는다는 생각이 없으나, 태양과 지구는 너무 떨어져 있지도 않고, 너무 가깝게 있지도 않으며 오랜 관계를 유지하고 있다.

지구는 태양을 숭배하지 않고, 태양 또한 지구를 깔보지 않는다. 서로 생긴 대로 존재하며 관계를 맺는 것이 도가 튼 수준이다. 주고, 알아주지 않으면 속이 상하는 무리는 사람뿐인지도 모른다. 어쩌면 지구와 태양은 속이라는 게 없는, 속도 없는 존재인가 보다. 속으로 꽉 찬 사람들의 눈으로 보기에 그들은 정말 속도 없고 뜻도 없고 배알도 없어 보인다.

'텅 비어 있는 속'을 지닌 그 점이 오히려 크게만 보인다. 거저 주고, 거저 받는, 어쩌면 '주고받는'다는 말조차 성립하지 않는 지경이 참으로 높아 보인다. 그렇다고 자기 일을 게으르게 하지도 않는다. 태양은 늘 불꽃을 일으키며, 지구도 쉼 없이 자기의 길을 돌면서 걷는 것이다. 나는 언제나 그 마음으로 살아갈 수 있을지.

벚꽃이 후련할 정도로 마음껏 펴 있는 정경을 나도 아무런 대가를 지불하지 않고 보고 있는 중이다. 사람이 생각을 갖고 태어난 이유가 있다면, 자연自然의 도道가 얼마나 깊고 오묘한 것인지 깨달아 찬양하도록 생겼는가 보다.

버지니아 공대에 추모비가 32개가 아니라 33개가 세워졌다는 소식에 놀라움과 고마움을 느낀다. 꽃다운 생명들이 '폭력'의 힘에 떨어졌는데, 죽임을 당한 억울함과 원통스러움을 그 무엇으로 대신할 수 있겠는가? 그럼에도 분노와 복수와 원한에 휩싸이지 않고, 그 일을 저지른 또 한 명의 소중하고도 불쌍한 청년을 받아들이는 그 품이 한없이 넓어 보이고, 따뜻하게 여겨질 뿐이다.

소식을 접하면서 내 안에 잔뜩 쌓아두고, 벼르고 있는 것들을 언제까지 가두고 살지 묻는다. 내려놓고 살아야지 하면서도 그러지 못하니 이 일을 어쩌랴.

날마다 비우는 마음으로 살 수밖에 별 도리가 없다. 그러다 보면 조금이라도 개선되지 않겠나?

이번 주간은 민주노총 인천지역본부가 봉사를 한다. 민주택시, 금속, 화학 등이 역할을 나누어 지원 활동을 하는데, 원학운 본부장님을 비롯한 민주노총 식구들에게 감사의 인사를 드린다.

신정은 간사로부터 이어지는 나무 위 시위가 오늘로 181일이니 6개월

이 지났다. 길고 긴 나날이다. 아직 그 끝을 알지 못하니 답답함도 있다. 기쁜 소식이 들려오기를 기도할 뿐이다.

날이 따뜻해지니 솔밭은 등산객들로 북적거린다. 다람쥐 한 마리가 보인다. 앙증맞은 자세로 먹이를 먹는다. 생명을 지닌 모든 것이 소중하고 그 자체로 귀하다는 생각이 든다. 인간 중심적 가치관은 이제 생명 중심의 가치관으로 확대되고 변화되어야 할 시점이다.

해 뜰 무렵이 환해져서 좋다면, 해질 무렵은 곱게 어둠이 내려 좋다. 참으로 곱게도 어둠이 내리는 중이다.

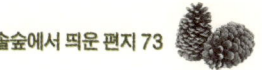

솔숲에서 띄운 편지 73

오는 발길이 뜸해지고

2007년 4월 25일

'희망을 가지고 기뻐하며 환난 속에서 참으며 꾸준히 기도하십시오.' (로마서 12:12)

성동구치소 시절이다. 당시 같은 사동에 있던 친구들 사이에서 토론했던 내용이 지금도 기억난다. 1982년 초이니 지금으로부터 25년 전의 일이건만, 이제까지 활동의 기본으로 삼아왔다.

논제는 「운동가에게 있어 '자세'가 중요한가, '역량'이 중요한가?」였다. '자세'와 '역량'이 상호 배치되는 성격이 아니고, 고루 지녀야 할 점이라는 데 이견은 없었다. 그럼에도 불구하고 굳이 무엇을 우선시할 것인가의 논의였다.

　나는 '역량'보다는 '자세'가 중요하다고 본다. 운동을 얼마만큼이나 능수능란하게 하느냐도 중요하지만, 그에 앞서 '운동'을 왜 하는가, '운동'에 임하는 태도가 얼마만큼 진솔한가에 무게를 두고 살아왔다. 물론 다른 의견도 있을 수 있다.

　계양산 숲을 개발의 논리로부터, 기업의 이윤추구로부터 지키려는 일을 하면서도 다시 한 번 물을 수밖에 없는 물음이다. 그 당시, 지금으로 보면 '철부지 대학생'인 듯 보이는, 그러나 눈망울이 초롱초롱했고 기개가 넘치던 그 시절이 그리워진다. 젊었다. 그래서 시퍼랬을까? 뺑기통 창살을 부여잡고 교도관들 눈치 보며 '통방'하던 열정과 순수가 못내 아쉽다. 그 청년들도 이제는 중늙은이 신세가 되었겠다.

　세월의 흐름 속에 모난 부분들도 많이 둥그스름해졌을 것이다. 때도 많이 끼였겠다. 세상을 따뜻하게 볼 눈도 트였을 것이고, 세상이 열정만으로 움직이지 않는다는 법도 여러 차례의 실패를 통하여 체득했을 것이다. 자기주장을 굽힐 줄도 알고, 적당한 선에서 타협을 보는 것도 어느 때에는 필요한 덕목임을 배웠을 것이다.

　'긴 병에 효자 없다'는 말을 색다르게 체감한다. 지원 오는 발길도 점차 드문드문해지고, 오는 이들의 몸에서도 생기발랄함을 찾기 어려워진다. 지쳐가고 있다. 지칠 만도 하다.

　나는 어떤가? 솔직히 표현하자면 나 스스로도 놀랄 정도로 기운이 넘치니, 이거 체질인가? 오기 부리는 건가? 무언가 한 건 올리려고 발버둥질치는 건가? 묻게 된다. 스스로 묻는 시간이 되었다. 또 함께하는 친구들에게도 물어보고 싶다. 우리는 왜 이런 짓거리를 하고 있는가?

억지로 하는 것만큼 나쁜 일도 없다. 아무리 좋은 '운동'이라도 억지로 하는 것은 결코 선한 열매를 맺지 못할 것이다. 기쁘게 하는 운동, 몸이 가벼운 운동, 정신이 맑아지는 운동이 이 사회를 조금이라도 맑고 고르게 하리라 믿는다. 마음을 다하고, 정성을 다하고, 힘을 다하는 운동은 억지 부려서 되는 것이 아니다. 오히려 '억지 부림'을 내버릴 때 비로소 생동하게 될 것이다.

숲에는 '억지'가 없다. 통이 큰 나무도 바람이 몰아쳐오면 그 바람에 내맡기어 흔들린다. 억지로 맞서지 않는다. 그런데 추호의 흐트러진 모습을 보이지 않는다. 제 모습을 쉬 찾는 나무들이다. 그 의연함은 거듭거듭 나를 일깨운다. 흔들리면 망가지는 내 모습과 다르게, 흔들리다 고만 제자리, 제 모습 찾는 나무들이 대단할 뿐이다.

춘사월 바람이 제법 부는 숲에서 지난 일들 떠올리니 순수와 열정으로 젊음을 구가하던 그 친구들이 보고 싶다.

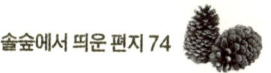
솔숲에서 띄운 편지 74

거기 누구 없나요

2007년 4월 28일

"나는 그때 산이 울고 있다고 느꼈고 살려달라고 하는 애원의 소리를 들었으며 도와주겠다고 약속했었다. 개인적으로 신의가 없고 남의 비밀을 잘 지키지 못하는 게으른 수행자였지만 이 약속만은 지키려고 노력했다."
— 『초록의 공명』 지율 스님, 삼인, 219쪽

말이 없는 산의 소리를 들으려 더욱 마음을 열고 귀 기울인 지율 스님의 글 한 자락이다. 계양산 자락에 앉아 글을 읽으니 울림과 떨림을 함께 느낀다.

책 표지 그림 그 자체만으로도 스님이 바라고 빌어온 내용이 무엇인지를 알게 해준다. '도롱뇽'을 수놓으려고 한땀 한땀 온 정성을 다하는 모습에서 감동이 인다. 지극 정성의 마음이요, 아픈 자식을 내다버릴 수 없는 어미의 큰 슬픔이 담겨 있다. '곡을 하여도 울지 않고, 피리를 불어도 춤추지 않는' 세태 속에서 '슬픔' '공명' '울림'이라는 말조차 꺼내기 힘들다. 팍팍한 길을 우리가 덧없이 걷고 있는 중이다. 진한 외로움이 밀려들고 만다.

가물거리지만 별주부전 첫머리가 아마 '때는 호시절이라'고 시작하는 듯한데, 그 호시절好時節이 지금이다.

소나무 숲은 울긋불긋하고 웃음소리마저 경쾌하다. 추운 시절에는 양지 바른 곳을 찾아들더니, 이제는 숲 그늘로 사람들이 모여든다. 그런저런 구경으로 하루를 마중하는데 다시금 '함께 웃고' '함께 우는' 사람이 문득 그리워진다. 그조차 욕심일지도 모른다. '그러는 너는 그리해본 적이 있었느냐?'는 뼈아픈 소리를 듣게 될 줄 알면서도 푸념을 내뱉고 만다.

녹색연합 장정구 부장이 아주 머쓱한 표정으로 "침낭 가지러 왔어요" 그런다. 그래서 "왜요?" 물었더니 "제주도로 수련회 가요" 한다. 미안한지 "제주도는 처음이에요" 그러는 거다.

'제주도' 소리에 벌써 내 머릿속은 함덕의 푸른 물결과, 중산간 도로 곳곳에서 보이는 오래된 옛집과 돌담, 개나리꽃이 무던히도 피어난 그 모습들이 스쳐 지나간다.

'수련회 끝나고 하루 더 있다 오라'고 쓸데없는 훈수까지 했다. 내가 가고 싶기 때문이다. 내려가면 어디부터 가야 하나. 부르는 곳은 없어도 갈 곳은 많다. 구석구석을 정처 없이 떠돌아다니리라 마음먹는다.

지율 스님이 책 곳곳에서 '길을 잃었다'라고 썼는데 그 말이 무슨 말인지 어렴풋하게나마 알아듣는다. 요새 나도 '왜 여기 있는 거야?'라는 물음 앞에서 흔들리고 있는 중이다. '왜 여기에 있는지' 무언가 분명한 게 있었는데, 그것이 무엇이었는지 영 초점이 맞추어지지 않는 거다. 뿌옇다. 앞이 뿌옇다.

지율 스님이 천성산의 신음 소리를 들은 순간이다.

"바위를 깎는 포클레인 소리에 묻혀 그 소리는 아주 가느다랗게 들렸습니다. 거기 누구 없나요? 살려 주세요……라고 어린아이의 울음소리 같기도 하고 늙은 어머님의 신음 같기도 한 이 소리는 지금 전국의 산하에 울리고 있습니다." (255쪽)

'거기 누구 없나요? 살려 주세요'라는 천성의 울음에 함께 울 사람이 필요했다. 지율 스님은 그 세미한 소리를 들은 것이다. 하늘의 소리는 예로부터 '폭풍' 가운데, '불' 가운데, '지진' 가운데 있지 않다. 세미한 음성, 아주 가느다랗고 여린 소리 가운데 있다. 듣고 싶어 들은 것이 아니라, 그야말로 들려온 소리이다. 못 들은 척할 수도 있었을까? 그러고도 살아갈 수 있을까?

소나무는 여태 한 마디 말도 들려주지 않는다. 맑고 밝은 반달이 머리 위에 떠서 빛을 발하고 있다. 참으로 곱기도 하다.

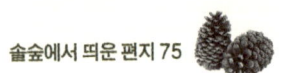

마음에 새기고픈 글

2007년 4월 29일

세상은 하나가 아니다. 여러 세상이 있다. 어느 세상을 살 것인지는 스스로에게 달려 있다. 힘과 돈과 학식과 마침내 종교마저도 소유하며 가난하게 살 것인지? 힘없이 재물 없이 배움 없이 믿음 없이 그렇지만 참으로 누구도 넘볼 수 없는 풍요를 누리고 살 것인지? 누가 결정할 일이 아니라 내가 결정할 일이다. 어느 세상을 맛보고 싶은지, 그 세상을 내가 만들어가는 것이다. 천국과 지옥은 꼭 죽어서만 가는 곳은 아니다. 지금, 여기가 어디인가?

> 친구가 똥물에 빠졌을 때 우리는 바깥에 선 채 욕을 하거나 비난의 말을 하기가 쉽습니다. 대개 다 그렇게 하며 살고 있어요. 그러나 그럴 때 우리는 같이 똥물에 들어가야 합니다. 들어가서 여기는 냄새가 나니 나가서 얘기하는 게 어떻겠느냐고 하면 친구도 알아듣습니다. 바깥에 서서 나오라고 하면 안 나옵니다.
>
> ─『좁쌀 한 알』최성현, 도솔, 147쪽

이 글은『성경』에 없는『성경』이다. 이 글을 마음에 새기고 살고 싶다.

소나무에 이름을 붙이다

2007년 5월 1일

오월의 첫날, 가늘게 내리던 비는 그쳤다. 서해로 기우는 햇살이 오히려 빛나는 저녁 무렵이다.

이곳을 다녀간 분들은 아시겠지만 내가 거처하는 천막은 소나무 세 그루의 허리 부근에 자리하고 있다. 나무 위 시위를 이토록 오랫동안 지속할 수 있게끔 하는 큰 버팀목이 있다면, '시민대책위'와 세 그루의 듬직한 소나무 친구들이다.

진즉부터 이 친구들에게 이름을 붙여주고 싶은 마음이 들었지만, 퍼뜩 떠오르는 이름이 없어 미루어 왔는데, 오늘 『동학東學』이라는 책을 읽다가 '이게 좋겠군' 하는 생각이 들었다. '우직愚直, 묵직默直, 눌직訥直'이라고 부르기로 했다. 그 친구들 마음에 들지 모르겠다.

계속되는 관헌의 턴압을 피해 해월海月 선생이 고생을 하실 때, 강론을 하신 내용이다. "무슨 일을 처리할 때 첫째로 우직(고지식)하게, 둘째로 묵중(말없이 신중)하게, 셋째로 눌직(어눌하지만 정직)하게 행하라." (『동학2』 표영삼, 통나무, 40쪽)

소나무와 직直 자가 잘 어울려 직 자를 돌림자로 사용해 '우직, 묵직, 눌직'이라 불러본다. 어쩌면 그와는 정반대로 행동해온 나 자신에게 돌리는 이름이다. 고지식하게, 소리 없이 신중하게, 어눌하지만 정직하게 말하고, 움직이고, 살아가는 길이 '소나무친구松隣'로서의 마음가짐이라 여긴다. 내 삶의 버팀목인 세 친구에게 참으로 고마움의 인사를 전한다.

우리는 그야말로 더불어 '계양산 소나무 캠프'를 이룬 것이다.

'사인사여천事人事如天'. '사람 대하기를 한울님 대하듯 하라'는 가르침이 숲 가운데 가득하다. 쓰러져가는 봉건왕조와 외세의 침략으로 국운이 쇠하고 민초들이 도탄에 빠져 신음할 때 홀연히 '다시 개벽'을 열어가는 수운水雲과 해월海月의 가시밭길 삶을 마주하니 그저 뭉클한 하루다. '낮은 자세'로 '삶의 바닥'을 한울님 모시며 우직하고, 묵중하고, 눌직하게 걷는 모습이 엄청난 무게로 다가선다.

'개문유하開門流下'. 막힘이 없는 큰마음으로 아래로 흐르는 삶이기를 간절하게 기도한다. 그리스도 예수의 길이다.

'바닥으로 기어라'는 무위당의 말씀이 사무치는 해질 무렵이다.

솔숲에서 띄운 편지 77

숲은 살아 있다

2007년 5월 3일

청설모 숫자가 여섯으로 늘었다. 각자가 소나무 가지에 옹그리고 앉아 솔방울 하나씩 발라먹는 모습을 보고 있는데 그놈들 선수다. 진풍경이다. 어느새 늘었는지도 모른다. 겨우내 두 마리만 보이다가 네 마리, 여섯 마리로 늘어나니, '생육하고 번성하라'는 말씀이 제대로 이루어지는 소나무 숲이다.

홍미영 의원이 상지대 조우 박사와 공동으로 계양산 롯데 골프장 계획 부지 내의 계곡과 습지 등 65개 지점을 조사했더니 도롱뇽, 한국산개구리, 쌀미꾸리, 버들치 등이 발견됐다고 발표했다.

이들은 인천시에서 이미 보호야생동식물 지정 목록에 포함했기에 인천시는 이제라도 계양산 일대를 보전할 방안을 찾아야 할 것이다. 그동안 아시아올림픽 유치 문제로 너무나 바빠 시민위원회가 공식 문서로 면담을 다섯 차례나 신청했는데도 '시간이 없어' 못 만났던 시장님도 이제는 제발 정신 좀 차리고, 계양산 뭇 생명을 지키는 데 '시간 내시기를' 바랄 뿐이다.

인천지역 신문들 특히 인천신문과 인천일보에 감사의 인사를 전하고 싶다. 어쩌면 당연한 일이겠지만, 지역신문이 '계양산 생태계 보전' 문제에 기울이는 애정과 관심은 결코 헛되지 않을 것이다.

'주인 없는 도시' '정주의식이 약한 도시'라는 인천은 이런 과정과 사건을 통하여 변모할 것이다. 자기가 살고 있는 동네와 고장에 대한 애정과 관심이 없다면 그 누군들 이 고장을 함부로 하지 않겠는가?

'계양산의 환경보존 상태가 아주 건강하다'라고 밝힌 조사 관계자와 지면을 통하여 사회이론화에 잎징시 주신 모든 분들께 경의를 표하고 싶다.

붉은 꽃은 백일을 가지 못한다 했다. 권세의 무상함과 변화를 일컫는 말이다. 오만하고 목이 뻣뻣한 정치인들이 새겨들어야 한다. 선거 때면 '민심民心'을 떠받들겠다고 하면서도 정작 권력을 손에 움켜쥐면 등 돌리는 사람들을 '정치인'이라 부르기도 아깝다.

오쇼 라즈니쉬는 '알코올 중독자'나 '약물 중독자'보다 더 무서운 사람들로 '종교인'과 '정치인'을 거론한 바 있다. 그는 말한다. 그들 중독자는 제 몸, 제 인생 망치는 것으로 끝나는데, 다음 두 부류의 사람들은 '자기'

가 아닌 다수의 사람들을 망치게 하기 때문이라고 했다. 그럴 수 있다. '종교인' '정치인'의 역할이 그만큼 중요하다는 점을 시사받는다. 거꾸로 제 역할 못 하면 그들은 참 사람 여럿 망치는 잡놈들이 될 것이다.

도롱뇽과 버들치가 대거 서식한다는 사실은 계양산이 생태적으로 보존 가치가 아주 높은 '청정 지역'임을 말하는 것이다. 함부로 파헤쳐서는 안 된다는 이야기다. 함부로 뭉개버려서는 사람 노릇 못 한다는 이야기다.

청설모 여섯 마리가 한꺼번에 솔방울을 발라 먹으니 '솔 홀씨'가 바람에 흩날린다. 팽그르르 돌면서 가볍게 날아, 생명의 터를 찾아 비행하는 광경을 지켜보면 괜스레 눈시울이 젖는다.

숲은 살아 있다. 숲 속은 그야말로 '공생'과 '공존'의 거미줄 세계이다. '함께 살음'과 '함께 있음'이 그 자체로 이루어지는 곳이 숲이다. 숲은 그래서 생명이다. 숲 가운데 130일을 지나도록 앉아 있는 축복과 은총을 그 무슨 말로 표현할 수 있겠는가? 있다면 '살아 있음이 축복'이라는 것을 몸으로 깨달았다는 것이다.

"호흡하는 자마다 하나님을 찬양하라."

생명의 숲을 있는 그대로 있게 하라.
"Let it be."

솔숲에서 띄운 편지 78

고급 병에 걸리다

2007년 5월 7일

'송화 가루 날리는 외딴 봉우리, 윤사월 해 길다. 뻐꾸기 울면'으로 기억 나는 박목월의 시처럼 소나무 숲은 바람결 따라 송화 가루가 흩날린다.

아침볕이 좋아 침낭을 내다 걸었는데, 온통 뿌옇다. 먼지가 이리도 심했나 싶어 보니 꽃가루였다. 운동을 하려고 몸을 비틀어보는 순간, 바람이 불었는데 부옇게 날아오는 꽃가루가 얼굴을 뒤덮어온다. 꽃바람을 맞는 순간이다.

며칠 아팠다. 지난 목요일 오전부터 옆구리 쪽에서 결리는 느낌이 들더니 앉아서 발 씻기를 할 수 없을 정도로 심해졌다. 결국 눕는 신세로 며칠을 지냈다.

금요일 밤에는 바로 누워도 허리가 시리도록 아프고, 옆으로 돌아눕기조차 여간 힘들지 않아서 잠들 수조차 없었다. 그러기를 1시간 섬도 했을까. 아예 잠자기를 단념하고 얼마나 아픈지, 도대체 몸이 아프다는 것이 어떤 일인가 살펴보기로 마음먹고 여태껏 해본 적이 없는 '고통명상'을 해보았다. 그리 신통한 해답을 얻은 것은 아니나, 시도 자체가 의미 있었다. 그 덕분인지 허리통은 날이 다르게 회복되는 중이다.

결국 주일 아침 산악 전문가 이춘상의 도움을 받아 학기 형이 올라와 침을 놓아주었다. 오랜만에 침을 맞았는데, 꽤 맵다. 여러 사람의 염려와 기도 덕분에 몸은 거의 다 나은 느낌이 든다. 안 하던 세수와 발 씻기를 다시 하기 시작한 것이다. 고질병이어서 연중행사를 치르는 편이다. 스스로는 '고급 병'이라 부른다. 왜냐하면 이 병이 도지면 '눕는 것'이 가장 좋은 처방이기에 그렇다.

소쩍새는 밤늦게 운다. 두 마리가 우는데 그 소리조차 정겹게 다가온다. 새 울음을 들으면서 밤을 새우니 '아주 특별한 경험'을 여러 차례 하는 셈이다. 그동안 군기가 바짝 든 훈련병처럼 생활했는데, 이제 그만두어야 하나 보다. '훈련 끝, 놀이 시작'을 마음먹는다. 자연의 리듬, 운율, 소리에 흠뻑 젖어보려 한다.

푸르름을 더해가는 숲을 보는 즐거움과 신기로움을 맛보며 초여름날을 맞이한다.

"작은 영웅은 적들을 무릎 꿇리고, 큰 영웅은 자기 자신을 정복한다."
— 『루미 지혜』 48쪽

솔숲에서 띄운 편지 79

너무나 걷고 싶다

2007년 5월 10일

걷고 싶다. 140여 일을 걷지 못했다. 운동 삼아 제자리 걷기를 하루에 1,500~2,000회를 하지만 걷는 맛이 덜하다. 땅을 딛고 걷고 싶은 것이다.

감옥에서도 교도관이 철컥 소리와 함께 철문을 열어주면 그 자체로 기분이 좋아졌다. 면회소 가는 길, 운동하러 가는 길, 목욕하러 가는 길, 특별한 날이면 자장면 먹으러 가는 길, 걷는 즐거움은 비할 데가 없었다.

그때 비록 '독보권(혼자 걸어 다닐 수 있는 권리인데, 모범수나 특별한 수인에게만 부여된 권리)'이 없어 늘 교도관의 감독을 받아야 했지만 그래도 걸어 다니면 얼굴은 벙글벙글거렸다.

하지만 이곳은 워낙 작은 공간이라 1미터 이상을 걸을 수 없는 것이다. 이곳의 한계다.

숲은 신록의 향연으로 푸릇푸릇하다. 지난 밤 비로 푸른빛은 짙어만 간다. 꽤나 넓어진 새 잎에 빗방울이 구르고 있는데 아침 햇살을 받으니 보석처럼 빛이 난다. 영롱한 빛이다. 희고 맑고 투명한 빛에 눈이 부시다. 비 온 뒤 아침 숲 속 길을 아주 편한 마음으로 여유 있는 발걸음으로 거닐고 싶어진다.

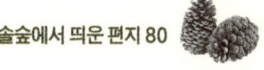

솔숲에서 띄운 편지 80

모두가 생명이요 평화다

2007년 5월 11일

이번 주일(5월 13일)이 소나무 시위 200일이 되는 날이다. 보름이가 선발 투수라면 나는 중간 릴리프 선수인 셈이다. 계투 요원치고는 꽤나 오래 버틴다.

백일잔치를 한 날이 엊그제였던 것 같은데, 두 번째의 백일이 다가오니 착잡하기도 하고, 뭉클해지기도 한다. 얼마나 더 이곳에 있어야 할지는 모르겠지만 세 번째 백일을 향하는 마음이 편하지만은 않다. 이렇게 오래 갈지 예상하지 못했다. 겨울을 보내고 봄을 지나서 여름으로 들어서고 있는 것이다.

살아 있는 모든 존재가 소중한 하늘의 작품인 것을 깨달은 산 생활이다. 밑에 있을 때도 이런 생각이 없었던 것은 아니다. 그러나 실감하고 살았는가? 되물을 때 자신 있게 그렇게 살았노라고 말할 수 없다. 머리로 아는 것과 몸으로 새기는 것의 차이라고나 할까 보다. '돌판'에 새긴 계명과 '마음'에 새긴 계명이 다른 것처럼 말이다.

새 소리가 들리자 해월 선생이 제자들에게 묻는다. "누구의 소리인가?" 제자들이 어리둥절할 뿐 대답을 못 하자 "한울님의 소리입니다"라고 하셨다.

비록 그 지경에 이르지는 못했다. 그럼에도 새 소리를 하루 종일 듣고 산 적도 없던 생활에 비하면 지금 이곳은 별천지임에 틀림없다. 은총과 감격이 넘칠 뿐이다. 새 소리, 다람쥐와 청설모의 나무타기, 보름 달빛, 미인의 눈썹이라는 초승달, 아침 햇살의 눈부심, 부챗살처럼 숲으로 퍼져나가는 빛줄기, 송화 가루의 흩날림, 생강나무의 노오란 꽃잎, 산벚꽃이 흐드러지게 피어 있는 모습, 연보랏빛 진달래꽃, 영롱한 가스불빛, 비가 오는 거룩한 숲, 안개, 눈송이가 소복하게 내린 솔가지, 우직이와 묵직이와 눌직이의 힘으로 지탱하는 작은 오두막, 그리고 그 모든 것을 통하여 내게 생명을 주는 그리스도, 무던히도 오랜 날을 묵묵하게 버텨주는 시민과 운동가들. 그 모두가 일체로 생명이요 평화다.

생명의 거대한 울림이다. 교통이요, 공명이다. 유연한 연대의 발걸음이 한 발 한 발 전진해 나가는 것이다. 큰 강물이 되어, 큰 물결이 되어 넘쳐흐르는 것이다. 장엄하다.

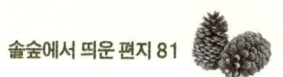

세상에서 가장 아름다운 집

2007년 5월 12일

> 삶과 죽음이 가장 큰 일인데 生死事大
> 덧없는 세월은 빨리 가버리니 無常迅速
> 짧은 시간은 한껏 아끼며 寸陰可惜
> 방심하고 게으르지 말라 愼勿放逸
> ─『진리의 길2』청화 스님, 사회문화원, 343쪽

　수행하는 제자들에게 주는 청화 스님의 당부 글인데, 수행의 게으름에 찌든 나에게 일침을 준다. '짧은 시간도 한껏 아끼며' 정진하는 길이 절실하다. 나날이 짙어지는 나무들을 보면서 무심코 사는 듯한데 한시도 제 일을 빠뜨리지 않고 있음을 배운다.

　한 달 전쯤에는 겨우 움트는 듯했는데 이제는 잎이 무성하나 할 정노로 성장했다. 메마른 가지에서 새움이 나고 아기 손처럼 연한 잎이 제법 푸른빛으로 성장한 모습을 지켜보는 행운을 값없이 받았다.

　녹색연합 '만두'가 인천일보에 쓴 글을 읽으니 '세상에서 가장 아름다운 집'에 사는 사람이 '나'라는 사실에 감동받는다. 지금껏 살아오면서 받은 칭찬 가운데 최상의 것을 받아버렸다. 속으로는 '만두'가 뻥이 심한데 그러면서도 벙글거린다. '나무 위의 예술가 윤인중 목사의 시 낭송과 기타 연주는 특급 서비스로 나간다.' 오버다. 그래도 만두가 예뻐진다.

　잠시 오고 그칠 줄 알았는데 추적추적 비가 내린다. 근일에 내리는 비치고는 제법 굵다. 빛이 번쩍, 번개와 천둥마저 동반하는 큰 비가 되어버렸다. 천막 안으로 빗물이 튕겨져서 어쩔 수 없이 겉 천막을 쳤다. 가끔 지퍼를 내리고 얼굴을 내밀어 '비 오는 숲'을 멍하니 바라본다.

솔숲에서 띄운 편지 82

200일의 축제
2007년 5월 13일

솔밭에서 21번째 주일예배를 드렸다. 모처럼 인천평화교회 식구들이 다 모였다. 어른 9명, 아이 5명. 희재는 일이 생겨 빠졌다. 미안하다는 말을 하지 않아야 사랑하는 사이라는데, 그래도 미안할 뿐이다. 점심도 푸짐하게 싸와서 함께 먹는 모습을 보니 그저 흐뭇할 뿐이다. 감사한 일이다.

하연이가 따박따박 걷는데, 쓰러질 듯하면서도 제법 자리 잡았다. 해미는 숙녀 티가 다 나고, 솔잎이 호연이 희수 모두 건강하고 예쁘다. 나무 위 시위를 통하여, 솔밭 예배를 드리게 된 것이 어찌 사람의 머리에서 나온 작품이겠나?

생각지도 못한 나날이요 사건이다. 은총의 사건이라고밖에 표현할 길이 없다. 임병구, 이인숙 선생 부부를 보내주신 분께 감사드릴 뿐이다.

보름이로 시작된 소나무 시위 200일이 되는 날이어서 축하 잔치가 벌어졌다.

사람 좋게 생긴 한승우 처장의 구수한 사회로 진행되는데 내려가 함께 참여하고 싶은 마음이 든다.

봄이와 다예, 다함이가 몸짓을 하며 노래하는 모습에서 '딸 없는 설움'을 맛본다. 아무래도 21세기 한국사회는 '여성의 시대'가 될 것으로 보인다. 야무지고 발랄한 아이들이다.

꽃다발을 받았다. 화분도 받고, 이지현이라는 가톨릭대 1년생이 정성스럽게 쓴 '편지'도 받았다.

마침 우연히 솔밭으로 야유회를 왔던 분들이 '분위기 너무 좋다'며 참여했는데, 알고 보니 선수들이다.

레스토랑에서 노래를 부르던 분들이 나서서 즉흥 축하 공연이 벌어졌다. 내가 노래 부를 때는 썰렁하더니, 가수들이 노래를 부르니까 마흔이 다 된 아주머니들이 몸을 흔드는 것을 내가 다 지켜봤다. 누가 그런지도 아는데 밝히지는 않겠다.

소박하지만 따뜻한 정이 묻어 있는 잔치다. 서로 깊이 신뢰하는 사람 사이에서 물큰 느껴지는 뜨거움이 전해온다. 은주가 가연이를 데리고 왔고, 미영이는 둘째를 임신 중임에도 강민이를 데리고 왔다. 강민이 목소리가 쩌렁쩌렁하다.

야마오 산세이의 『여기에 사는 즐거움』(도솔)을 읽는다. 일본 열도의 남쪽 끝 부분의 야쿠섬에서 아내와 아이들과 함께 '자연의 일부분으로서 삶'을 사는 이야기다.

잔잔하며 꾸밈이 없는데, 만물 속에서 가미(신, 정령)를 만나고, 경이로움을 잃지 않고 사는 모습에서 평화로운 기운을 맛본다.

"'여기에 사는 즐거움'이란 '여기에 사는 슬픔'이자 '여기에 사는 괴로움'인 동시에 '여기에 사는 기쁨'이자 그것들을 넘어서 모든 것이 즐거움"이라는 '삶에 대한 찬가'라고 아내 야마오 하루미는 적고 있다.

'생명-지역주의 bio-regionalism'란 말이 기억에 남는다. 자연을 물건으로 간주하며 착취해온 삶의 방식을 버리고, 우리 인간도 '자연의 일부'인 것을 깨닫고 자신이 사는 지역에서 모든 생명, 풀 한 포기, 벌레 한 마리까지 소중히 여기고 돌보는 방식으로 우리 삶을 바꾸는 것을 의미한다.

두 사람의 사진으로 겉표지를 꾸몄는데 소박하고 다정스러운 사이가 잘 드러난다.

송화 가루만이 아니라 플라타너스 홀씨들도 바람결에 나부끼는 이곳이다. 모두가 집으로 돌아간 지금 이곳은 저녁 햇살이 고운 빛줄기로 퍼져오는 중이다. 은혜와 생명의 기운이 가득한 오두막이다.

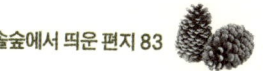
솔숲에서 띄운 편지 83

야마오 산세이를 배우자

2007년 5월 14일

바람이 심하게 분다. 소나무들이 크게 휘청거린다.

천막이 날아갈 듯 진저리를 치고 작은 오두막은 삐걱거리며 춤을 춘다. 이렇게 바람이 심한 날은 서서 있지를 못한다. 앉아서 책을 보거나 눈이 침침해지면 바로 눕는다. 누워서 바람 소리를 듣는다. 그러면 파도 치는 바닷가에 있는 듯하다. 바람결, 물결, 숨결, 나뭇결, 잠결, 얼떨결 등 '결'이라는 끝말이 여러 곳에 쓰이는구나 등 이런저런 생각도 해본다.

'빨리빨리' 증상은 아주 깊고 단단히 뿌리를 내리고 있다. 생각으로는 '아주 느리게' '조금 더 천천히'를 하면서도 번번이 서두르는 모습을 곳곳에서 본다. 서두르는 마음을 느낄 때면 좌절감이 밀려온다. 불치병이 아닐까, 염려되는 것이다.

수십 년을 이 병 안에 갇혀 살아왔으니 쉽게 나아질 리가 없다는 것을 알면서도, 이 병이 낫기를 또한 서두르니, 서두름을 아예 몸에 달고 사는 편이 쉬운지도 모를 일이다. 책을 빨리 읽고 싶고 사람들을 빨리 만나고 싶고 소식을 빨리 전해 듣기를 원하는 이 병, 누가 대신 앓아주었으면 좋겠다.

야마오 산세이의 『여기에 사는 즐거움』을 읽는 동안 서두르지 않는 유유자적의 모습을 느낄 수 있다. 서두르지 않고서도 삶의 깊이와 신비를 맛보는 길이 부러울 뿐이다. 텃밭을 가꾸고 땔감을 주우러 다니며, 가끔 바닷가에 나가 조개 등을 따며 사는 생활, 스스로 신석기 시대의 문화를 사는 생활을 내가 감내할 수 있을까 고민해본다.

'빨리빨리'를 재촉하는 병의 뿌리는 무엇인가? 경쟁에서 앞서고자 함일 게다. 다른 이보다 뒤지지 않고 앞서 나가 좀 더 많은 것을 취하려는 버릇, 그래서 군림하고자 하는, 내세우고자 하는, 뻐기고자 하는 욕심에서 비롯하리라. 경쟁에서 이긴 자에게 쏟아지는 찬사와 갈채를 차지하고 싶은 것이다.

그런 점에서 하늘나라는 꼴찌들에게 열려 있다는, 이러한 예수님의 말씀은 통상적인 지혜를 뒤집어버린다. 전복이다. 거꾸로 뒤집어버리는 일, 삶의 틀거리를 근본적으로 바꿀 생각이 간절해야 '빨리빨리' 병도 누그러질 것이다. 되돌이키는 작업을 꾸준하게 시행할 수밖에 없다.

야마오 산세이는 '서두르지 않는다, 집중한다'를 지키며 살았다 한다.

솔숲에서 띄운 편지 84

마음을 다하는 명상

2007년 5월 15일

"나는 비가 올 때마다 전장 속을 걷고 있다"로 책은 시작된다.

클로드 안쉰 토머스의 『풀 한 포기 다치지 않기를』(정신세계사)을 읽었다. 베트남 참전 용사가 겪은 고통과 외로움이 진하게 배어 있다. 숱한 전투를 통하여 그는 적을 죽였고, 적을 죽이도록 배운 것을 실행했고, 또한 동료들의 죽음과 부상을 목도한다. 그 자신도 죽을 뻔한 위기를 수차례 겪는다. 그 하나하나는 상처로 남는다. 육체적 상처뿐 아니라 감정의 상처, 영혼의 상처로 깊게 남는다. 그 상처의 고통을 없애려 약물과 알코올, 폭력, 문란한 성생활에 파묻히기도 했다.

그러던 어느 날 한 상담가를 만나게 되고, 틱낫한 스님을 통하여 치유의 길을 알게 된다. 그의 치유 과정은 곧 깨달음의 과정이자 수행의 과정이다. 치유, 깨달음, 수행의 전 과정을 통하여 세상의 전쟁과 폭력이 자기 안에 이미 씨앗으로 있다는 연관을 자각한다. 그는 말한다. "우리 모두는 저마다의 베트남을 가지고 있다." 세상의 폭력과 내 안의 폭력이 깊이 연관되어 있다는 통찰이다.

마음을 다하는 mindfulness, 正念 명상을 통하여 고통과 폭력의 실상을 보려 한다. 그는 '치유는 고통의 부재가 아니다'라고 본다. 치유란 고통과 함께 건강한 관계를 맺는 것, 그럼으로써 고통과 화해를 이룬다. 평화는 갈등의 부재가 아니라, '갈등 안에 있는 폭력의 부재'라고 한다.

미국 노숙자의 60%가 (베트남) 참전 용사라 한다. 그들은 전쟁의 참여자이자 피해자이다. 그 피해는 직접적인 전쟁의 상처만이 아니라 전쟁이 끝난 후에도 진행되는 무시와 따돌림, 외면당함을 포함한다. 그는 힘주어 말한다. "전쟁과 나는 무관하다고 이야기하는 당신이 전쟁의 공범자"라고. 나와 무관한 전쟁은 없다는 이야기다. 세상 만물이 깊이 연관되어 있다는 통찰이요, 깨달음이다. '앉기 명상' '걷기 명상' '일 명상' '정직하게 말하기' '귀 기울여 듣기' 등 생활의 구체적인 활동 자체를 명상으로 삼는데, 배울 점이 있다.

솔숲에서 띄운 편지 85

흙처럼 살아야

2007년 5월 18일

"부드러운 흙이 되어라.
온갖 색깔로 꽃들이
네 가슴에서 피어나게 하려거든.
오랫동안 너는 모난 돌멩이였다.
한 번이라도 시험 삼아서
흙이 되어 보아라."
— 『루미 지혜』 51쪽

짱돌, 작지만 단단한 돌멩이는 우리 현대사의 어두움과 폭압을 뚫는 도구였다. 해방의 무기였다. 유동우 선배의 글 『어느 돌멩이의 외침』은

저임금과 장시간 노동, 비인간적인 근로조건에서 힘을 잃고 숨죽여 지내던 노동자들에게 힘과 용기를 북돋아준 기념비적인 책이다.

가난한 농부의 아들로 태어나 금세공 일을 했고 노동조합을 만들겠다고 하면서 쫓겨나고 탄압을 받았던 암울한 이야기이면서 그 어두움을 뚫고 나오는 빛의 이야기요, 용기와 진실의 이야기요, 그래서 생명력이 있는 이야기다.

《차돌멩이》란 운동가요가 어렴풋하다. 그렇게 살아야 했고 되어야 했다. 그러지 않고서는 그 시대를 이겨낼 방도가 도무지 없을 것 같은 삶을 우리가 겪어온 것이다. 짱돌의 삶은 엄혹한 시대를 뚫고 나오려는 사람들이 선택할 수밖에 없었던, 다른 여지가 없었던 길이었는지도 모른다.

돌이켜보면 나도 어설프게나마 그 길을 걸어온 느낌이다. 하지만 짱돌이 되기에는 너무도 유약하고 소심하여 시늉만 내고 살아왔다.

다시 묻는다. 누구에게 짱돌을 던지며 살아왔는가? 앞으로도 계속 그리 살 것가? 5월 18일, 광주민주화운동이 발화된 날. 27년이나 지난 지금에도 여전히 속편하지 않은 날로 다가온다. 짱돌을 내려놓기에는 지금, 여기가 그리 만만치 않은 사회일지도 모른다. 자본의 세계적 운동이 전면화되고, 그 운동의 폐해가 극심하여 부富한 나라는 더욱 부해지고, 한 나라 안에서도 부한 사람에게는 더 많은 부가 쏠리는 지금, 짱돌을 내려놓아야 하는가? 그 길은 배신의 길이 아닌가? 하는 답답한 물음이 아직 말끔하게 정리되지 않은 것이다.

간디 선생이 남긴 글과 선생님에 대한 글들을 묶은 『비폭력 저항과 사회변혁』(소명출판사)을 읽기 시작했다. 샤티그라히(진리파지자)는 자신이 아무리 공격받는다 해도 억압자에게 어떠한 분노나 폭력도 느낄 수 없어야 한다고 하니 그 지경이 도대체 어디쯤에 있는가?
간디는 말한다.

"나의 무저항은 다른 차원에서는 능동적 저항이다. 악에 대한 무저항은 저항 일체의 부재를 의미하는 것이 아니며, 악으로 저항하는 것이 아니라 선으로 저항하는 것을 의미한다. 그래서 저항은 보다 높은 차원으로, 절대적으로 효과가 있는 차원으로 옮겨진다."
―『비폭력 저항과 사회변혁』6쪽

루미의 묵상집을 읽는데 5월 18일 오늘 단락에 이렇게 쓰여 있다.

"오랫동안 너는 모난 돌멩이였다. 한 번이라도 시험 삼아 흙이 되어 보아라."

아들놈 생일이 또한 오늘이다. "잘 지내"라고 말했다. 새벽이에게 짱돌 같은 인생을 물려줄 수는 없지 않겠나. 고운 흙가슴으로 살라고 말해야겠다.

숲에서 무엇을 보았을까?

2007년 5월 19일

"너희는 무엇을 구경하러 광야에 나갔었느냐? 바람에 흔들리는 갈대냐? 아니면 무엇을 보러 나갔었느냐? 화려한 옷을 입은 사람이냐? 화려한 옷을 입고 사치스럽게 사는 사람들은 왕궁에 있다. 그렇다면 너희는 무엇을 보러 갔었느냐? 예언자냐? 그러나 사실은 예언자보다 더 훌륭한 사람을 보았다." (루가 7:24~26)

나무들을 보았다. 나무들이 숲을 이루어 함께 있고, 함께 사는 것을 보았다. 겨울비 내리던 날, 추운 날씨 속에서 주룩주룩 비를 맞는 나무들을 보았다. 아무런 소리도 내지 않은 채로 나무들은 누구나 할 것 없이 제자리에서 묵묵하게 겨울비를 맞는 거였다.

나는 거기서 '거룩하다'는 말이 무엇을 가리키는지를 보았다. 그 장관을 보는 나의 마음이 엄숙해짐을 느꼈다. 눈물을 흘렸다. 어찌 살아가야 되는지, 함께 산다는 것이 무슨 말인지 거기서 한꺼번에 배웠다.

아무 말 없이 묵묵하게 비를 맞는 소나무 숲에서 생명의 이치를, 일심동체一心同體의 신비를 엿본 것이다. '사람보다 낫군'이라는 말이 떠올랐다. 말도 많고, 기대도 많고, 실망도 많고, 틀어지기도 잘하고, 간을 내어줄 듯하면서도 시들해지기도 하고, 뒷말도 무성하고, 군말도 잘하고, 허튼 소리로 시간 보내고, 울다가 웃다가, 성내다가 보듬어준다. 변덕부리고 잔머리 굴리고, 셈하고, 그러다가 문득 허한 자신을 돌보고야 마는 삶이었다. 간사하고 교활하기조차 한 모습이 덕지덕지 붙은 채로 잘 살아왔다. 언제까지 그 모습 보며 살 것인지를 스스로 되묻는 기간이었다.

"무엇을 보러 나갔었느냐?" 물으시면 무엇을 보고 왔다고 말씀드려야 하는지 이제 정리할 시간이 되었다. 계양산 골프장 저지와 시민자연공원 조성을 위한 시민위원회에서 다음 주 수요일(5월 23일) 내려오라 한다. 내려가야지. 있을 만큼 있었다. 기막힌 연극 한 편을 보는 중이다. 꾸밈 없는 극이었다. 시나리오도 없는 즉흥극을 펼친 것이다. 소나무 숲에서 펼쳐진 적나라한 벌거숭이 몸짓이었다. 때가 있다. 올라올 때가 있으면 내려갈 때가 있다.

아침 햇살이 천막 안으로 쏟아져 들어오면 탄성이 저절로 나왔다. 그 빛 가운데 기도를 드렸다. 묻지 않고 사는 건방짐을 알아차렸다. 제 마음대로 마음먹고 결심하고 움직였다. 이제 그 짓을 그칠 때가 되었다. 묻고 사는 삶, 그리고 그분이 주시는 말씀을 듣고자 귀 기울이는 삶을 기도한다.

때때로 잊을 것이다. 갈지자 걸음걸이를 할 때도 있을 것이다. 제 성을 이기지 못하는 분함을 마구 쏟아놓을 때도 있을 것이다. 그때 이 숲을 떠올리리라, 나무 숲 속의 삶을 기억하리라 마음먹는다. 잠시 멈추어 숨을 고르게 하리라. 숨을 고르게 하여 마음을 잔잔케 하리라. 숲이, 숲에서 만난 그분이 그리 살라고 하는 듯하다.

살아 있는, 아니 '있는' 모든 것이 소중하다는 사실을 깨달았다. 솔잎 하나하나에 달빛이 배어 있고, 바람결이 들어 있고, 햇빛의 밝고 환하고 따스한 기운이 담겨 있다. 생명 안에서 만물이 하나임을, 생명 안에서 만물이 하나됨을 슬쩍 본 것이다.

그리스도의 은총과 거룩한 영이 세상에 충만하게 스미어 있음을 고백한다. 사람 숲으로 들어간다는 생각에 떨림과 두려움이 함께 인다. 도로 옛 생활에 젖어버릴지 모른다는 두려움이 있다. 한두 번 경험한 게 아니기 때문이다. 이번에는 어떨지 내려가봐야 알겠지만, 그래도 조금이나마 변화가 있기를 빌 뿐이다.

솔숲에서 띄운 편지 87

여기에 있음이 축복

2007년 5월 20일

마무리를 깔끔하게 하지 못하고 내려가게 되어 착잡하다. 여러분들께 '골프장 백지화'될 때까지 있겠다고 했으니, 그 말에 책임을 다하지 못하고 내려가게 되어 송구한 마음도 든다. 대책위의 결정이기도 하지만, 나 스스로도 내려가는 것이 좋겠다는 생각이 들어서 마음을 정했다.

어쨌든 골프장이 들어서지 못하도록 최선의 노력을 다하려는 마음에는 변함이 없다. 그리되기를 오래도록 기도했다. 또한 기도할 것이다. 마음을 다하고, 뜻을 다하고, 힘을 다하여 할 것이다.

결과가 어떻게 될지는 누구도 모른다. 좋은 결과가 나오도록 최선의 노력을 다하는 것 이외에 우리가 할 수 있는 일은 없다. 솔직히 결과도 결과지만 더 중요한 것은 이 과정에 최선을 다했는가가 중요하다. 여한이 남지 않도록 혼신의 힘을 다한다면 결과는 그리 나쁘지 않으리라.

숲은 살아 있다. 살아 있는 숲은 치유의 능력을 지니고 있다. 잃어버렸던, 잊어버렸던 삶의 기초 원리를 되찾은 느낌이다. 삶의 틀거리를 새로

이 하고자 하는 마음이 뜨겁게 올라온다. 나의 신앙과 목회생활에 아주 특별한 전기가 될 것이다.

감격과 은혜를 넘치도록 맛보았다. 생명의 거룩함, 신비로움, 그리고 단순함에 대하여 묵상하고 체험했던 훈련 기간이었다. 나름대로 열심히 하려고 애도 썼다. 감히 소나무 친구로서의 삶을 내딛고 싶다.

소나무 숲에서 드리는 마무리 예배가 있었다. 새벽교회와 함께 드리게 되어 더욱 기쁜 예배였다. 인천평화교회 교우들에게 사랑의 마음과 고마움을 전한다. 잘 참아주었고, 기쁨으로 함께해주었다. 해 저무는 숲에서 감사의 기도를 올린다.

많은 사람들이 물었다. "힘든 게 뭐예요?" 솔직히 그 물음에 답하기가 어려웠다. '힘들다'는 생각은 거의 없었다. 있는 것 자체가 감사한 일이었고, 보고 듣고 읽고 대화 나누는 모든 것이 축복이었다. 과장이 아니다. 누군가 여기 올라와 보면 그냥 알게 된다.

환경단체를 중심으로 시민단체, 주민조직, 노동조합, 정치인, 정당, 그리고 교회가 한 덩어리가 되어 움직여온 과정 자체가 소중하다. 어려움이 전혀 없었다 할 수 없지만 그보다는 서로를 알게 되었고, 이해하게 되었고, 우애가 돈독한 기간이었다. 이 힘을 기초로 하여 더욱 활발한 운동이 이어지기를 바랄 뿐이다. 생명의 꽃이 피어나고, 평화의 열매가 맺힐 것을 확신한다.

'겸손하라' '침묵하라'는 말씀을 들었다. 그 말씀이 나의 삶을 통하여 온전히 숙성되기를 빌 뿐이다.

'수심정기 修心正氣'. 마음을 닦고 기를 고르게 바르게 하며 사는 법을 꾸준히 훈련하리라 마음먹는다. 사람 노릇하며 사는 길이 어찌 해야 되는지를 생각한 '나무 위 생활'이었다. 얼마 남지 않았다 생각하니 더욱 찬찬하게 소나무 숲을 보게 된다.

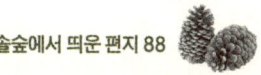
솔숲에서 띄운 편지 88

내가 받은 것은 은혜와 감사

2007년 5월 21일

"지극히 작은 일에 충실한 사람은 큰 일에도 충실하며, 지극히 작은 일에 부정직한 사람은 큰 일에도 부정직할 것이다." (루가 16:10)

다시 떠날 때가 되었다. 이삿짐이라야 보따리로 몇 개 될 것이다. 워낙 이사 보따리를 많이 싸봤기에 염려될 것이 없다. 하지만 이번 이사는 남다르다. 그저 떠나기에는 이곳에 대한 깊은 정과 감사의 마음을 어찌 표현하고 떠나야 할지 아직 잘 모르기 때문이다. '떠남과 돌아옴'이 둘이 아니라는 것을 생생하게 체험했던 '이곳' 생활이었다. 우직이와 묵직이, 눌직이하고도 작별 인사를 나누어본다. '고마워, 잘있어'가 고작이지만.

첫날, 나무 위로 올라와서 허둥댔던 모습이 다시 떠오른다. 이 오두막 집과 잘 사귀어야겠다고 마음먹었었다. 잘 지내고, 쉬고, 놀고, 기도하고, 공부하다 내려간다. 든든한 친구들이다. 친구 사이는 든든한 믿음으로 채워진다. 믿음이 가는 친구가 있는 것이 인생의 축복이다. 누군가에게 그런 친구가 되는 길을 이제 걸으리라. 받을 줄만 알고, 줄 줄은 몰랐다. 그러면서도 속으로는 주기만 하고 받는 것은 적다고 푸념하고 살아

ⓒ 김민수

왔다.

　공기, 물, 흙, 햇빛, 달빛은 흔하다. 모자람이 없고 넘친다. 그래서 사람들은 그 은혜를 모르고 산다. 알다가도 까맣게 잊고 산다. 흔한 것은 마치 아무리 써도 없어질 줄 모르는 것으로 알고 사는 것이다.

　이현주 목사님의 이와 다른 생각이 오래 기억된다. 장일순 선생과의 이야기 나눔에서 "하나님은 사람에게 소중한 것은 흔하게 만들어주셨고, 사람에게 별로 필요 없는 것은 아주 적게 만드셨다"고 했다. 다이아몬드는 그래서 적다는 것이다. 공기와 물, 햇빛은 흔할 정도로 풍족하게 만들어놓으셨다는 말씀이다.

　거꾸로 된 세상살이다. '희소가치'에 대하여는 높이 평가하면서도, '풍부한, 흔한 가치'에 대하여는 그 고마움을 모르는 방식으로 우리가 사는 것이다. 그러다 큰 코 다친다고 여러 선생님이 경고하셨음에도 우리들은 거꾸로 된 '눈, 머리'를 바꿀 생각이 없다. '나무'만큼, '숲'만큼 지구 생태계를 이롭게 하는 존재가 있을까? 아낌없이 주는 나무의 인생이야말로 예수님의 삶과 아주 근접한 모습인 것을 보았다.

　'돈과 금'으로 모든 것을 살 수 있고, 지배할 수 있다는 확신이 모든 사람의 가슴속에 '깊이 뿌리 내린' 이 사회에서, '공기와 바람, 해와 구름, 흙과 나무, 풀과 꽃, 푸성귀와 열매' 없이 살 수 있는 사람은 있을 수 없다는, 아주 쉽고 간단한 이치를 터득하게 된 이곳 살림살이였다. 석유와 핵무기, 인공위성이 없이도 잘 사는 길이 있고, 충분히 그럴 수 있다.

　되돌아가야 한다. 지금의 상식과 가치관을 뒤집어야 한다. 전복이다. 어쩌면 다시 바르게 사는 길이다. 그러지 않고 머뭇거리다가는 큰 전복 사고가 나기 마련이다. 생명의 가치를 살리고, 죽임의 가치를 내려놓는 일이 대대적으로 벌어져야 한다.

'골프장 반대, 숲 살리기' 운동이 어느 특정한 지역에서 일어난 한시적 사건으로 머물러서는 안 될 것이다. 가치관의 변화, 삶의 틀거리의 변화, '욕망'에 기초한 물질문명 만능주의에서 '필요'에 기초한 정신문명의 '다시 개벽'이 절실한 때이다.

영적인 각성, 정신적인 각성, 도덕적인 각성이 있지 않고서는 '지속 불가능한 사회'는 더욱 빠르게 임박할 것이다. '눈'을 채우는 삶이 아니라 '배'를 채우는 삶이다. '배'는 만족할 줄 안다. 급하다고 허둥댈 필요는 없다. '지극히 작은 일에 충실한 사람은 큰 일에도 충실하리라'는 믿음이 있다면 충분하다. 있는 자리에서 '생명의 삶, 평화의 삶'을 출발하는 것이다.

가까운 곳으로부터, 쉬운 일로부터, 여럿이 함께 할 수 있는 사건으로부터 시작하면 될 것이다.

두고두고 기억날 소나무 숲이요 뜰이다. 오두막집이다. 오두막집에 서서 주위를 살피는데, 모든 것이 은혜요, 모든 것이 감사일 뿐이다.

"새소리에 깨어 일어나
아침 햇살 듬뿍 받으며 기도했다.
해 저무는 숲의 고즈넉함을 느끼며 하루를 지냈다.
달이 둥실 떠올라 맑고 환한 얼굴을 드러내면
숲은 은빛 물결로 맞이하고,
나는 벅찬 가슴이 되었던 나날이었다.
짙은 어둠 속에서 고요와 침묵을 배웠다."

모든 생명은 소중하다

2007년 5월 22일

소나무 위에서 쓰는 글로는 마지막 글이다.

지난 해 12월 20일(수)부터 썼던 일기를 꺼내어 읽는다. 글을 읽어가는 동안 소나무 숲 생활이 영상처럼 흘러간다. 마음에 드는 글이 있다. '그리스도 예수, 뒷모습이 너무도 아름다운 삶이지 않은가?' 그 삶을 뒤쫓아 보고자 한 지난날이었다. 허나, 돌이켜보건대 흔들리고 비틀거렸던 발걸음이다. 소나무 숲을 통하여 다시 힘과 용기를 얻었다.

뒤따르는 삶, 다시 시작해보는 거다. 가다가 주저앉고 싶으면 잠시 주저앉았다 다시 벌떡 일어나면 될 것이다. 그게 말이 쉽지 쉬운 일은 아닐 것이다. 그때는 이곳을 기억하리라. 소나무 친구들을 떠올리면 새 힘이 솟을 것이란 믿음이 있다.

'멈추어 서는 것, 가만히 있음, 편히 쉼, 고요하게 숨을 들이쉬고 내 쉬고를 반복하는 것, 고요를 맛보는 것, 몰입하는 것'을 어설프게나마 훈련했다.

해보는 것이다. 해보지도 않는 것보다야 훨씬 나으니까 해보는 것이다. 아침 햇살과 달빛을 받으며 생활한 기쁨을 무엇에 비길 것인가? '값없이, 거저, 실컷' 그러나 소중한 마음으로 겸허한 자세로 받아들였다.

해넘이가 아주 천천히, 잔잔하게, 소리 없이 진행되고 있다. 이런 때 표현 능력의 부족을 절감한다. 기가 막힌 풍경인데 무어라 드러내지 못하니 갑갑하다. 서해를 주홍빛으로 물들이며 해가 서서히 기운다.

정성껏 만든 음식을 먹었다. 따뜻한 격려를 받았다. '지켜 달라'는 기도와 간구를 넘치도록 받았다. 흠뻑 받았다. 많지는 않았지만 욕도 실컷 들었다. 그 욕은 내게 채찍이 되어 훌륭한 스승 노릇을 했다.

이현주 목사님, 법정 스님, 이해인 수녀님, 그리고 장일순 선생님의 소중한 글을 읽는 배움의 시간이었다. '아주 특별한 은총의 시간'이었다. 성경 말씀 앞에서 꼼짝할 수 없는 부끄러움과 샘솟는 위로를 함께 맛보았다. 옛글의 깊이와 옛 어른들의 지혜에 취해본 나무 위 생활이었다.

'계양산 생명을 살리는 평화의 물결'이 넘실넘실 흐르기를 기도한다. 물론 골프장 백지화가 명백하게 이루어지지 않았기 때문이지만, 실재 우리의 흐름은 우리의 물결은 계양산만을 소재로 한 것이 아니다. '살아 있는 모든 존재'를 소중하게 여기고 살아가야 '참사람'임을 깨달았다.

인류의 위대한 스승들, 그리스도 예수, 석가모니 부처, 노자, 루미, 프란체스카, 바울, 간디, 해월 등 함부로 입에 올릴 수 없는 분들의 체취를 조금이나마 맛보았다. 그분들의 가르침이 하나 있다면 '생명은 소중하다. 생명을 함부로 해치지 말라. 더불어 잘 살아라'라고 나는 여긴다. 목에 힘주지 말고, 낮은 자세로, 부드러운 마음으로, 따뜻한 말씨로, 말한 것은 실행할 것을 가르쳐주었다고 여긴다.

저금통장 하나 없이도 풍요로운 삶을 숲이 가르쳐주었다. 아무 말 없이 군말 없이 사는 법을 나무들이 가르쳐주었다. 지금 이대로 내달리면 곧 낭떠러지를 만나니, 이제 돌이키는 것이 어떠냐고 숲이 귀띔을 해준다. 귀 기울여 듣는 법도 흉내는 낼 정도가 되었다.

말이 많다. 언제나 이 병 고칠지는 아직 모르겠다. 그런 생각이지만 한마디만 더한다면, "제발, 이 숲, 이대로 살아 있기를!" 간청한다.

내 친구들을 때리지 마라. 파헤치지 마라. 죽이지 마라. 그리하면 우리 모두 다 사람 아니다.

함께해준 모든 분들께 감사의 큰 절을 올린다. '은혜를 잊지 않고 살겠다'는 허튼 다짐으로 소나무 숲에서 보내는 편지인지, 일기인지, 일지인지 모를 글을 맺는다. 가스 등불을 켜니 노랗게 빛이 환하다.

평화의 그리스도께서 자비를 베푸소서.

소나무 시위를 마치며 드리는 글

살아 있는 모든 존재는 소중합니다. 거룩합니다. 계양산 숲은 우리 모두에게 그 이치를 가르쳐줍니다. 말은 하지 않지만, 숲이 우리 모두를 아무 거리낌 없이 넉넉하게 맞아주는 것은 사람들이 그 이치를 스스로 깨닫게 되기를 바라기 때문입니다. 또한 생명체는 서로 긴밀히 연결되어 있고, 순환합니다. 생명체의 연관과 순환이 끊어지면 생명 역시 끝나게 됩니다. 생명체들은 함께 있고(공존共存), 함께 살기를(공생共生) 원합니다.

이런 마음가짐으로 소나무 고공 시위가 시작되었습니다. 2006년 10월 26일부터 인천녹색연합 신정은 간사가 56일을 지냈고, 같은 해 12월 20일부터 제가 올라와 155일을 지내고 내려오게 되었습니다. 거기에 다른 이유는 있지 않습니다. 숲을 살리려는 마음, 생태계의 연관과 순환을 지키려는 일념에서 행동을 한 것입니다.

도시화율이 90%가 넘는다고 합니다. 한국사람 절대 다수인 90% 인구가 도시에 산다는 이야기입니다. 이런 상황이 바람직하다고 할 수는 없습니다만, 환경 문제의 핵심 가운데 하나가 도시 환경 문제일 것입니다. 그런 점에서 인천 도시의 녹지축을 형성하는 계양산 숲의 가치와 비중은 아주 중요하다고 할 수 있습니다. 도시의 숲을 베어버릴 것이냐? 아니면 보전하고 더욱 울창하게 자라게 할 것이냐?의 문제는 인천시민의 삶의 질과 관련하여 심대한 의미를 지니고 있습니다. 그래서 인천시민의 80%가 골프장 건설에 반대하는 것입니다.

이곳을 시민자연공원으로 지정하고 소중히 가꾸어가고자 하는 것입니다. 환경부가 롯데건설이 제안한 골프장 사업계획에 대하여 두 차례의 부동의 의견을 결정한 이유도 이와 다를 것이 없습니다.

롯데그룹 신격호 회장님께 감히 부탁드립니다.

계양산 숲을 그대로 놔두시기를 부탁드립니다. 이곳에 골프장을 세우려는 계획은 결코 이루어지지 않을 뿐더러 어리석은 일입니다. 인간의 무지와 탐욕이 빚어낸 잘못된 계획입니다. 인천시민들에게 소중한 도시숲으로, 시민들이 일상의 피로를 풀고 새로운 기운을 충전할 수 있는 시민공원으로 조성해갈 수 있도록 큰 도움을 주시기 바랍니다. 롯데그룹이 계양산을 인천시민의 품으로 돌려주신다면 그 일은 오랜 기간 자랑거리가 될 것이고 많은 사람들에게 기쁨을 주는 큰 사건이 될 것입니다.

안상수 인천시장님께 부탁드립니다.

5월 18일, 공식석상에서 "계양구 롯데골프장도 가닥이 잡혀야 한다. 주변 동네 사람이 먹고 살 수 있어야 한다. 개발하면 환경이 나빠진다는 것은 맞지 않는다고 생각한다. (자연환경 훼손을) 최소화해서 개발을 하는 방향으로 갔으면 좋겠다"고 밝히신 글을 신문을 통해 보았습니다. 시장님, 권한과 힘을 바로 사용하시기를 간곡히 바랍니다. 그러기 위해서는 사태에 대한 정확한 조사와 면밀한 검토가 있어야 합니다.

첫째, 이 사업은 주변 동네 사람이 먹고 사는 문제를 위하여 시작한 일이 아닙니다. 롯데가 그린벨트로 묶여 있는 지역에 막대한 기업이윤을 창출하기 위하여 환경 훼손에도 불구하고 골프장을 짓겠다고 해서 일어난 문제입니다.

둘째, 시민대책위는 개발을 반대하지 않습니다. 골프장으로 개발을 하는 것에 대하여 반대하는 것입니다.

셋째, 30만 평의 규모로 골프장이 지어지는데 환경 피해 최소화 운운은 적절한 발언이 아닙니다.

지난해 12월부터 시민위원회는 네 차례의 공문 접수를 통하여 시장님을 직접 만나 대화하기를 원했습니다만 '너무도 바빠' 못 만났음을 안타깝게 생각하고 있습니다. 무시당한 느낌을 받았습니다. 목이 뻣뻣한 오만한 권력자를 보는 느낌을 저는 지울 수 없습니다. 이제라도 마음을 여시고, 바꾸시기를 간곡히 부탁드립니다. 열린 시정을 펴시기를 바라고 골프장 건설에 반대하고 시민자연공원조성을 바라는 시민들의 의견에 귀를 기울여주시기를 바랍니다. 계양산 숲을 베어내면서 '300만 평 숲 조성', '300만 그루 나무심기' 운동을 하는 표리부동한 행정은 멈추시기를 부탁드립니다.

인천시민들에게 지지와 참여를 부탁드립니다.

자기 고장과 마을에 대하여 자치하려는 마음과 책임지는 자세는 성숙한 민주시민의 권리요, 의무라고 여깁니다. 인천시민들이 이제껏 보여준 지지와 격려가 계양산 숲을 지키는 운동에 가장 큰 힘이 되었습니다.

존경하는 시민 여러분, 이제 시민들의 힘으로 지역사회를 바꾸어나가는 아름다운 모범 사례를 만들 때입니다.

우리 도시의 숲을 지킵시다. 우리 아이들과 미래 세대에게 아름다운 계양산과 소나무 숲을 물려줍시다. 청정 지역에만 산다는 버들치와 도롱뇽, 한국산개구리, 그리고 청설모, 오색딱따구리 등 계양산에 서식하는 모든 생명체들과 우리의 아이들이 함께 더불어 사는 아름다운 창조 세계를 이어갑시다.

시민들의 지지와 격려, 행동과 참여가 절실히 필요합니다. 시민의 힘으로 계양산 숲을 지켜내기를 기도합니다.

소나무 시위를 마치는 것이 계양산을 살리기 위한 활동의 끝이 아니며, 이제 또다시 시작입니다. 인천시민들과 함께 계양산을 막아내는 아름다운 마무리를 할 수 있기를 기대합니다. 그리고 롯데골프장을 막아낸 이후에도 영원히 계양산을 인천시민의 숲으로 보전하기 위한 활동은 계속되어야 합니다.

저는 목회자로서 그리고 시민위원회의 공동대표로서 롯데골프장 건설을 막아내고 계양산이 인천시민의 소중한 공간으로 남아 있도록 마음과 몸을 다할 것입니다.

모든 분께 감사를 드립니다. 공정보도를 해주신 언론기관 모든 분께 감사를 드리며 지속적인 관심을 부탁드립니다. 시민위원회와 한국기독교교회협의회, 한국기독교장로회와 인천노회 모든 분께 큰 절을 드립니다.

이름 없이, 빛도 없이, 소리 없이 일하는 모든 분께 존경을 표합니다.

숲은 살아 있습니다.

살아 있는 모든 존재가 고귀합니다. 생명 있는 것은 함부로 파헤쳐서는 안 됩니다. 이것을 배우고 소나무 위에서 내려옵니다.

감사합니다.

계양산 푸르른 숲이 영원하길 바라며…….

2007년 5월 23일(수)
윤 인 중

솔밭 일기

· 신정은(인천녹색연합 간사) ·

* 이 글은 2006년 10월 25일부터 2006년 12월 20일까지 소나무 위 기록이다. 이 글 역시 더 많은 글이 있지만 편집 과정에서 일정 부분 걸어냈다. 독자들의 양해를 바란다. 아울러 신정은 님이 먼저 소나무 위로 올라가 시위를 하였지만, 원고 분량상 뒤에 게재하였다.

계양산 나무 시위를 시작하며

요즘 인천의 가장 큰 환경 현안은 "계양산"이다.

1980년대 말부터 시작해서 이미 수회에 걸쳐서 계양산은 골프장을 짓겠다는 건설업체의 시도와 시민단체들의 싸움이 끊이질 않았고, 시민들의 반대로 골프장 건설이 무산된 역사가 있다. 하지만, 부끄럽게도 난 인천에서 살고 있었음에도 그러한 일이 있었는지조차 몰랐고 시민단체는 운동을 조직해내고 계속 막아왔다.

지금도 여전히 인천의 51개 시민단체들이 연대하여 골프장 건설을 반대하는 서명운동이 이루어지고 있고, 골프장 건설 저지를 위한 시민 산행도 하고는 있지만, 단체 안에서 활동하기 시작한 1년차 활동가의 눈에는 영 신통치 않다. 과연 이 정도의 운동으로 자본가와 정치인이 똘똘 뭉쳐 진행하려 하는 골프장 사업을 막아낼 수 있을 것인가에 대한 의문이 든다.

'나무꾼'의 말처럼 인천일보가 칭라지구 개빌의 투사기업이 된 이후 환경단체의 활동에 대해 언론사와의 소원함으로 인해 눈에 보이는 파급효과가 적을 수도 있다. 하지만 나도 마찬가지이고 우리들의 노력이 부족하지 않은지에 대해서도 반성해야 할 것이다.

인천은 녹지가 정말 없다. 특히나 산이라고는 한남정맥이 흐르는 그 주맥을 제외하고는 200m 미만의 낮은 산이고, 그나마 가장 높고 인천의 주산主山이라고 할 수 있는 곳이 바로 계양산(395m)이다.

솔직히 나에게 계양산은 바다에서 치고 올라가는 가파르고 재미없는 척박하기만 한 산이었다. 그리고 등산객은 왜 그리 많은지 오며가며 채이고 정상부로 갈수록 퍼석퍼석한 돌가루(?)만 날리는 그런, 산 같지도 않다는 생각에 마음도 가지 않았던 그런 산이었다.

그런 내 머릿속의 계양산 모습을 바꿔준 지역이 골프장 예정 부지인 목상동 일대였다. 나는 아직도 처음 찾았던 계양산 목상동의 기억이 생생하다.

인천에서 처음 느껴본 '숲의 기억'.

온갖 새들이 지저귀고 작은 계곡으로는 가재가 살고 있고, 솔밭 아래에 자리를 깔고 가만히 누워 휴식을 취하는 사람들이 있는, 숲길에는 여러 나무들이 그늘을 만들어주는 곳이었다.

"인천에도 이런 훌륭한 공간이 있다니" 하며 감탄했던 곳이다. 숲 속에 들어가면 강원도 어느 깊은 산속에 온 것처럼 나무가 울창한 아름다운 곳이었다. 한데 이런 곳에 골프장이 생긴다니. 그것도 인천시장의 적극적인 협조 하에 말이다.

현재는 골프장 건설을 계획에 두고 주민의 의견을 받고 있다. 그리고 의견을 받은 뒤 인천시 도시계획위원회의 결정을 거쳐 건설교통부에 승인을 받는 과정을 남겨두고 있다. 당장 포클레인이 들어와 산을 파괴하고 나무를 파헤치는 것은 아니지만 지금 막지 않는다면 그때는 늦는다.

나는 작은 행동이지만 나무 위의 시위를 통해 많은 사람들이 계양산 문제에 관심을 갖고 많은 시민들이 계속 이용할 수 있는 쉼터로서, 공원으로서 자리매김할 수 있도록 하는 데 일조를 하고 싶다.

제한된 공간에서 혼자서 지낸다는 것, 롯데와 골프장이 생기기를 바라는 사람들로부터 어떠한 위협을 받을지도 모른다는 것, 잘못하면 다칠 수도 있다는 두려움이 이는 것도 사실이었다. 하지만, 계양산이 더 이상

훼손되지 않기를 바라는 녹색연합 활동가와 많은 사람들이 함께하고 있다는 것을 알기에 나의 결정에 힘을 얻는다.

(부디 나무 위의 생활이 길어지지 않고, 행복하게 내려올 수 있기를……)

2006년 10월 25일
인천녹색연합 신정은

솔밭 일기 01

무서운 아저씨
2006년 10월 28일

아침부터 롯데 측 관리인 아저씨가 왔다 갔다. 끝내 사유지 무단 침입으로 경찰에 신고를 했고, 출동한 경찰은 해결할 수 있는 상황이 아님을 알고 관리인께 신고 서류를 제출하면 조치를 취하겠다고 하니, 그럼 조치를 하든 말든 와서 철거를 해야겠다며 잠시 후에 다시 오겠다고 하며 갔다. 그랬더니 위험 상황이 예상되어선지 경찰 2명이 와서 지켜준다.

이곳에 계신 분들 모두(등산객 포함) "이곳에 골프장이 생기면 어떡하느냐"며 "있는 사람들이나 다니지 서민들 갈 데 없으라고" 하시며 지지해준다.

경찰이 같이 있어 맘은 편하지만 관리인 아저씨가 또다시 나타날까 두렵다. 왠지 이 싸움은 롯데와 인천시와의 싸움이 아니라 관리인 아저씨와의 싸움처럼 느껴진다.

농성장을 함께 지켜주실 여러분들의 도움이 필요합니다.

이왕 오시려거든 시간 여유를 갖고 오셔서 오래도록 있다 가주세요.

솔씨

2006년 10월 29일

  종일 해피로드 님(계양산 친구들)이 지켜주셨다! 하늘타리, 개똥이네 가족과 함께 따뜻한 햇살 받으며 고요한 듯 불안한 듯…….

  관리 아저씨의 선포는 없었지만 한차례 왔다 가셨다. 이렇게 아저씨의 행동에 위축되어서야 원…….

  하늘말나리 님이 보내주신 색종이. 처음에 받았을 땐 이것을 어디에 쓰라고 주셨을까? 했는데, 날 만나러 온 꼬마 방문객들에게 고마움의 편지를 써서 비행기로 접어 날려주었다. 아무리 생각해도 잘한 것 같다.

  이곳에 올라와 보면 미소 짓게 만드는 풍경 중의 하나는 솔잎 씨앗이 방그르르 돌며 바람을 타고 빛을 받으며 어딘가로 떨어지는 모습니다. 생명이 숨 쉬는 곳임을 느끼게 해준다.

  하루에도 수없이 많은 솔씨들이 떨어지고 제자리를 찾으러 날아나닌다. 이 땅이 오래도록 그들의 땅이길 바란다.

  사람들이 많이 다니는 곳에 착지해 뿌리를 못 내릴지라도 해마다 이맘때쯤이면 바람을 타고 온 솔씨들이 자신만의 자리를 찾아 뿌리내릴 수 있는 공간이 되길 바란다.

솔밭 일기 03

나무 냄새

2006년 10월 31일

  그제던가 어제던가?(요즘 시간관념이 점점 흐려진다. 매일 같은 장소에서 비슷한 일상을 보내서인 듯하다.) 그때도 바지에 송진이 떨어졌다. 오늘은 나도 모르는 사이에 손에 송진이 묻었다.

  나무를 만진 것도 아니고 생채기가 난 나무가 가까이 있는 것도 아닌데 끈적끈적한 송진이 어떻게 묻게 된 건지 궁금했다.

  혹시나 싶어 처장님께 나무에서 송진이 떨어지기도 하는지 여쭤봤다. 답은 "글쎄, 모르겠는데"였다.

  도대체 이 송진은 어디서 떨어진 걸까? 아무튼 송진이 손에 묻어서 그런지 손에서 송진 냄새가 배어난다. 시간이 지나니 끈끈함은 사라지고 소나무 향기만 난다.

  예전에 내 몸에서 나는 체취는 나무 냄새였으면 좋겠다는 생각을 했었다. 나도 모르는, 남들만이 느끼는 그 사람에게만 나는 특유의 향기. 피존 냄새도, 샤프란 냄새도, 화장품 냄새도 아닌 나무 냄새, 숲 냄새.

  아주 어릴 적에는 시골 다락방 냄새가 좋아 다락방에 있으면 내 몸에 다락방 냄새가 밸 것 같아 다락방에서 나오지 않으려 한 적이 있다.(돌아보니 곰팡이 냄새였던 듯…….)

  소나무 숲에서 여섯 번째 밤을 보낸다. 며칠이 걸릴지 모르겠지만 이 시위가 끝나고 내려가면 내 몸에 솔향기가 배었으면 좋겠다.

솔밭 일기 04

모기들

2006년 11월 1일

밤새 모기가 귓전을 맴돌아서 제대로 잠을 이루지 못했다. 옆에서는 모기의 알짱(?)거림이 귀에 거슬리고 나무 아래의 두 총각(나무꾼, 애벌레)은 내 얘기로 안주를 삼고 있는 듯 자꾸 귀가 아래로 쏠린다. 내 이야기가 거론되는 것 같은데 들릴 듯 말 듯 내용은 안 들리고 "보름이가 어쩌구저쩌구······."

아무튼 모기와 소음(?)과의 싸움으로 내내 뒤척이다 새벽 4시가 지나서야 간신히 잠이 든 듯싶다.

아침 7시, 일어나 텐트를 살피니 빵빵하니 붉은 피를 가득 담고 무거워 움직이지도 못하고 있는 4마리의 모기가 눈에 들어온다. 아까운 내 피 ㅜㅜㅜㅜ

나의 2006년 10월의 마지막 밤이 그렇게 모기와의 전쟁으로 지나갔다.

두 주먹 불끈

2006년 11월 2일

　이게 힘 빠지는 상황인 건가? 이런 상황을 염두에 두고 그 많은 사람들이 응원의 메시지를 보낸 건가?
　정말 속상했다. 늦은 밤 관리인 아저씨가 찾아와 자신의 처지를 이해해 달라며 텐트를 허물고 간 것도 속상했고, 텐트 없이 밖에서 서리 맞으며 자게 될 두 총각(오아시스, 애벌레)을 생각하니 그것도 속상했고, 이 속상한 마음을 털어놓고 투정부릴 수도 없이 혼자 감당해야 하는 것도 속상했다.
　왜 이런 상황이 만들어져야 하는 건가?

　새로운 아침. 어젯밤 무슨 일이 일어났느냐는 듯 햇볕은 밝고, 기분 전환으로 옷도 갈아입고, 애벌레가 올라와 늘어진 슬링(난간 대용으로 암벽 등반 시 사용하는 줄) 보수도 해줬다.
　아랫집 텐트도 새로 쳐지고, 부서지고, 무너지고, 다시 일어나고, 다시 정비하고.
　우리 싸움도 그런 거겠지! 다시 일어나자! 두 주먹 불끈!!!

계양산이 죽으면 인천이 죽

계 양 산
롯데골프장 반대!
시민자연공원조성!

솔밭 일기 06

번개가 무서워

2006년 11월 4일

천둥, 번개, 비로 밤새 하늘이 요란했다. 역시 요즘 일기예보는 거짓말을 안 한다. 내리는 비야 텐트가 있으니 염려는 없는데, 천둥, 번개가 좀 겁나긴 한다. 설마, 번개가 오두막이 있는 나무에 떨어지는 것은 아니겠지? 혹시 어디 비너(등산용품 고리와 같은 것)가 걸려 있는 것 아닌가? 번개 맞으면 안 되는데…….

쇄도하는 걱정과 우려 문자들에 "계양산이 지켜줄 거야!" 하며 씩씩하게 말하기는 했지만, 그래도 겁이 났다. 그냥, 잠깐 치고 지나가면 좋으련만…….

전화하신 부모님에게는 비를 피해 잠시 내려왔다고 안심을 시키긴 했지만, 아무래도 오늘밤 깊은 잠을 자긴 그른 듯싶다.

솔밭 일기 07

반가운 소식

2006년 11월 6일

낮에 전화가 왔다. 느티나무 샘의 전화다.

"보름! 소식 들었어요?"

"뭐요."

"나도 동훈이(느티나무 아들) 아빠한테 들었는데 롯데에서 골프장 개발 철회한대요."

설마…… 그럴 리가.

"못 들었는데요? 어디에 나왔는데요? 골프장 맞아요?"

"글쎄, 내가 다시 한 번 확인하고 전화줄게요."

'탄약 안전거리 문제로 근린공원 개발이 안 된다는 얘기 아닌가?' 하고 생각했는데 다시 전화가 울렸다.

"KBS 속보로 나왔대요."

이 문제가 속보로 나올 만큼은 아닌 것 같은데…….

"골프장 맞아요?"

"인터넷으로 확인해보고 다시 연락줄게요."

믿을 수 없는 얘기지만 사무실로 전화를 했다. 전화를 받은 '만두'에게 상황을 설명한 뒤 인터넷으로 뉴스를 검색해서 정확히 무슨 내용인지 알려달라고 했다. 잠시 후 사무실에서 연락이 왔다.

"군 당국에서 입장을 발표했대요. 근린공원 시설이 탄약 안전거리 내에 있어 들어올 수 없다는……."

다시 느티나무 선생님이 전화를 통해 자세한 기사 내용을 읽어주었다.

> **계양산 롯데근린공원 건설계획 제동**
> 롯데건설이 인천 계양산에 추진하고 있는 골프장 조성 사업에 제동이 걸렸습니다.
> 인천시는 롯데건설이 인천 계양구 다남동 일대 8만 9천 평 부지에 골프장을 비롯해 테마파크형 근린공원을 조성하려고 추진하고 있는 사업과 관련해 이 일대에 군사시설보호구역이 포함됐다고 밝혔습니다.
> 시는 지난달 군사시설보호구역 안에 근린공원 조성이 가능한지에 대해 군부대와 협의했지만 군 당국이 공원 조성 사업이 불가능하다는 입장을 통보했다고 전했습니다.
> 군 당국은 롯데가 사업을 추진하는 곳에 탄약 폭발물 관련 군사시설보호구역이 포함돼 있어 공사 중에 폭발 사고가 나면 파편으로 인한 피해가 우려된다며 사업 불가 입장을 시에 통보했습니다.
> 롯데건설은 지난 6월 개발제한구역인 계양산 일대에 27홀 규모의 골프장과 테마파크형 근린공원 건설계획안을 인천시에 제출했습니다.

예상했던 일이긴 하지만 롯데에서 골프장을 짓기 위해 내세운 테마파크형 근린공원의 입지가 불가능하니, 주민의 찬성 여론도 바뀌겠군!

내일은 대책위에서 시청 앞 농성에 들어간다. 아직 도시계획위원회의 심의 날짜가 나오지 않았지만 심의 전에 나온 이 발표 내용이 골프장 건설에도 영향을 미치고 무산되길 바란다.

부모님의 전화

2006년 11월 7일

춥다. 입김을 내뿜으면 하얀 김이 나온다. 올 들어 가장 추운 날씨인 것 같다. 가을은 도망가고 겨울이 와버린 것 같다. 손끝이 굳어 글씨도 잘 써지지 않는 추위다. 며칠간의 비바람이 계속되더니 기온이 뚝 떨어졌나 보다.

아침부터 엄마 아빠 번갈아 가면서 전화하신다. "너 땜에 피가 타들어 가는 것 같아 아주 못 살겠다. 도대체 언제 내려 오냐?"는 말씀에 가슴이 턱하니 내려앉는다. "곧 내려가요. 잘되고 있어요. 춥지 않게 잤으니까 염려 마세요" 하며 다른 일 할 게 있다며 얼른 전화를 끊었다.

부모님께 전화가 오면 죄송한 맘 때문에 길게 통화를 못 하겠다. 다른 사람들에게 보이는 씩씩함도 꼬리를 내린다.

하루빨리 심의 날짜가 잡히고 좋은 결과로 웃으며 땅을 밟을 수 있어야 할 텐데…….

솔밭 일기 09

두려움들

2006년 11월 8일

어느 샌가 나에게 바람은 두려움이 되었다. 해가 사라진 뒤 어둠과 함께 오는 바람의 힘은 더 강해진다. 암흑 속에서 저 멀리 숲에서부터 "쏴~~" 하고 파도가 일듯 바람이 밀려온다. 오두막과 내 몸과 나무가 한 몸이 되어 흔들리고, 바다 위를 표류하고 있는 듯한 착각마저 들게 한다.

내가 있는 이곳 솔밭은 '솔비가 내리는 나라'라고 하지만 결코 내게는 이름에서 느껴지는 것처럼 아름답지만은 않는 나라다. 적어도 날씨가 험한 이 순간은 바람이 부는 것도 자연스러운 현상이지만 마음속에서는 내가 이곳에 있는 동인은 해님만 있었으면 좋겠다는 생각이 간절하다.

요즘의 심란한 날씨만큼이나 마음이 심란하다. 아무리 씩씩한 척해도 자연 앞에서는 정말 나약하기 짝이 없다. 아무쪼록 빨리 "골프장 건설 철회" 이야기를 듣고 내려갈 수 있기를…….

솔밭 일기 10

꼬마 친구들

2006년 11월 9일

날이 추워서인지 지지 방문객들이 많이 줄어드는 요즘인데, 오늘은 단체 방문객들이 힘을 주고 갔다.

본부 녹색연합 활동가들이 계양산 공원관리 사무소에서 내가 있는 목상동 솔밭까지 "계양산 골프장 건설 반대"를 외치며 산행을 했다. 골프장 반대 깃발을 손에 들고 가방에 달고, 본부 사무실을 누가 지키나 염려스러울 만큼 모든 활동을 잠시 멈추고 이곳까지 와주셨다.

특히나 작아(작은 것이 아름답다)의 글메김꾼 지선 씨는 나무 위까지 올라와 정말 반가웠다. 같은 눈높이에서 사람을 마주하고 대화를 나눌 수 있는 기쁨을 새롭게 느낄 수 있었다. 계속 땅에서만 지냈다면 그조차도 기쁨일 수 있다는 것도 모르고 지냈으리라…….

본부 활동가들이 다녀간 힘 때문이었을까? 오늘 이른 아침에는 MBC 라디오 '손석희의 시선집중'에서, 오후에는 CBS 라디오 '이슈와 사람들'에서 생방송 전화 인터뷰를 통해 계양산 롯데 골프장의 문제를 알릴 수 있었고, 중앙일간지로는 처음으로 한겨레신문에 기사가 실리게 되었다. 시나브로 사람들에게 알려지고, 이슈화되어 반드시 골프장 건설이 철회될 것이라는 희망을 가져본다.

오늘은 또한 꼬마 손님들이 많았던 날이다. 조보현 님이 아들 민기와 민기가 다니는 유치원 친구들 10여 명이 선생님들과 함께 방문한 것을 시작으로 황복순 님이 생태강의 나가는 계양도서관 친구들 10명, 시냇물 선생님과 아이들 10여 명까지. 꼬마 친구들이 끊임없이 해대는 질문에 유쾌하게 바빴던 날이었다.

사람들의 호기심은 어른아이 할 것 없이 다 비슷한가 보다.

가장 첫 번째로 하는 질문은 대부분이 "어떻게 올라갔어요?"이다. 보통 아주 어린 꼬마(4~6살) 친구들에게는 하늘에 기도하면 등에서 날개가 솟아 나오거나, 하늘에서 동아줄이 내려온다고 하며, 아이들의 표정과 행동을 살피기도 하는데, 컸다 싶은 녀석들은 안 통한다.

두 번째로 아이들이 많이 하는 질문은 "저도 올라가면 안돼요?"이다. 나 또한 우리 친구들을 이곳으로 초대해서 나무 위 오두막에 올라와보는 꿈같은 경험을 만들어주고 싶지만, 위험할 수 있기 때문에 앞으로도 힘들 것 같다.

특별히 유치원 친구들의 응원 노래는 나를 충분히 감동케 했다. 두 곡의 노래를 불렀는데 앵콜로 청해들었던 《햇볕》이란 노래는 최근 내가 간절히 그리는 해님을 떠올리게 했다. 내 마음을 읽고 해님이 나오라고 기원해주는 노래 같았다. 나중에 내려가면 제대로 배워야겠다.

햇볕

햇볕은 고와요, 하얀 햇볕은
나뭇잎에 들어가서 초록이 되고
봉오리에 들어가서 꽃잎이 되고
열매 속에 들어가선 빨강이 돼요
햇볕은 따스해요, 맑은 햇볕은

온 세상을 골고루 안아줍니다
우리도 마음에 해를 안고서
따뜻한 사랑의 마음이 돼요

오늘 온 아이들은 이곳 솔밭이 아이들의 놀이터가 되어 마음껏 자연과 친구하며 뛰어놀았다. 10년이 지나고 20년이 지난 뒤 이 아이들의 아이가 다시 이곳으로 찾았을 때에도 여전히 숲으로 남아 있을 수 있어야겠다는 생각도 함께했다.

솔밭 일기 11

바람과 나뭇가지

2006년 11월 11일

바람을 대신해 나무의 가지를 잘라준다.

나무의사 우종영 선생은 신을 대신해 자연을 대신해 나무를 돌보는 소명을 가진 것이라고 생각하며, 새를 대신해 벌레를 잡아주고, 바람을 대신해 가지를 잘라주고, 비를 대신해 물을 뿌려준다.

바람을 대신해 나무의 가지를 잘라준다는 것은 즉, 바람이 나무의 가지를 잘라준다는 것인데……. 전혀 생각도 못 했던 바람의 가지치기다. 난 바람이 많이 불던 지난날 밤, 가지가 바람에 잘리는 것을 보았다. 엄청난 바람에 의해 무참히 나뭇가지가 잘려나간다고만 생각했는데 그게 아닐 수도 있겠다는 생각이 들었다.

나무의 약한 부분, 쳐내야만 하는 부분을 바람이 잘라줬구나. 나무가 바람의 도움을 받는 거구나. 바람이 나무에게 폭력을 가한 것이 아니었구나. 어쩌면 다시 거센 바람이 불어 나뭇가지 잘리는 소리를 들어도 그땐 겁먹지 않을 수 있을 것 같다.

가지치기를 해주는 바람의 손길을 볼 수도 있을 것 같다.

솔밭 일기 12

산으로 출장

2006년 11월 12일

"엄마 저 조만간 산으로 출장가요"

"얼마나?"

"한 보름쯤."

"어디로 가는데 그렇게 오래 가나? 보름 내 안 오나?"

"응. 그냥 산으로 가."

대충 얼버무리며 장기간 집을 비우게 될 것이라 미리 통보하고,

"엄마 나 출장 잘 갔다 올게요. 한 11월 10일 경에 올 거야!"라며 나무에 오르는 아침, 나는 커다란 배낭을 지고 집에서 나왔다.

그때 본 엄마의 모습 이후 18일 만에 처음이다. 그러고 보니, 어릴 적 방학마다 시골을 갔던 시절 이후로는 그렇게 오래 집을 비우고 부모님과 식구들 모습을 못 본 게 처음이다. (물론 밖으로 여행을 다니고 다른 곳에 두어 달 머물기도 했지만 그때도 일주일에 한 번은 집에 왔었다.) 여행도 길어야 3박

4일, 5박 6일이었고.

그렇게 출장간다고 히며 너와 놓고서는 지역 언론시에서 취재기 들어오고 어떻게든 내가 아닌 다른 경로로 부모님이 아시게 될 것이라 생각하니 그보다는 내 입으로 말씀드리는 게 나을 것 같아 나무에 오른 지 이틀 되는 날 전화로 말씀드렸다.

하지만 궂은 날씨가 계속되고 날은 점점 추워지고, 그러자 걱정하시는 부모님의 반응은 당연한 것이었다. 아침저녁으로 엄마, 아빠 번갈아 전화하시며 당장 내려오라고, 가서 끌어내리기 전에 들어오라는 엄포를 놓으셨다. 그런 부모님이 오신다고 전화를 하셨다.

전날 휴대폰 배터리가 빨리 닳아서 내내 꺼져 있었는데 통화가 되지 않아 얼마나 마음 졸이셨으면…….

"뭣 하러 와! 오지 마! 안 와도 건강하게 있으니까 오지 마!" 하며 오시면 어쩌나 하는 걱정으로 밥이 잘 넘어가지 않았다. 내 행동이 부끄럽다거나 후회를 한다거나 하지는 않지만 이 모습을 부모님께 보이고 싶지는 않았다. 겉으로는 강한 모습을 보이시지만 이 모습 보면 속이 얼마나 타실는지. 마음 아파할 부모님께 너무나도 죄송하기에…….

오시는 길에 뭐 먹고 싶은 거 없는지 묻는 전화에 '쫄면'을 얘기했더니, 쫄면 한 그릇과 사람들이 먹을 김밥을 사오셨다. 눈도 못 마주치고 계속 흐르는 눈물 콧물에 자주 등을 보였다. 오시면서 멀리서부터 손을 흔들어주셨지만 막상 얼굴빛이 붉어진 엄마, 나무 위에 올라 있을 딸을 제대로 보지 못하고 고개를 자주 땅으로 떨구시는 아빠, 화난 사람처럼 무표정으로 응시하는 동생.

모두 다 걱정과 염려가 담긴 애정의 모습이었다. 아무쪼록 아프지 않게 건강히 잘 보내고 잘 해결 돼서 빨리 내려가는 것만이 내가 할 수 있는 최선의 일인 것 같다.

   엄마, 아빠. 죄송해요.

솔밭 일기 13

새들의 친구

2006년 11월 14일

또 비가 온다. 밖의 생활이 길어지니 날씨에 민감해진다. 비, 바람, 어둠······.

   각각 다 나름의 매력은 있겠지만 한꺼번에 나타나지는 말아라, 제발······.

나를 즐겁게 해주는 문자메시지
- 요즘 커다란 새 한마리가 커다란 집을 짓고 살고 있다고 계양산 산새들이 모일 때마다 재잘대겠죠?
- 무슨 새가 이렇게 크냐 헉. 우리들의 왕이 되려고 하겠구나. 헉. 근데 말이 안 통해. 어떤 나라에서 왔지?

새들은 날 친구로 여길까?

아랫동네 사람들

2006년 11월 16일

조곤조곤 살가운 부부와의 즐거운 수다. 오랜만에 아랫동네 사람과 늦은 저녁까지 이야기를 나눴다. 날이 추워지고 밤이 깊어지고 시위도 길어져 익숙해진 탓에 아랫동네 사람들과 '함께 이야기 나누는 시간'이 많이 줄었었는데…….

　오랜만에 즐거운 시간을 가졌다. 고마워라~~ 이쁜 부부!!
　바른생활 윤기돈, 똘똘이 정명희^_^

삼보일배

2006년 11월 23일

계양산 롯데 골프장 반대를 위한 삼보일배. 나도 동참하고자 나무 위에서 함께 절을 했다. 비록 10시 30분부터 12시까지 1시간 반밖에 되지 않는 짧은 시간 동안 계양산 정상을 향해서 했던 절이지만 한 번 한 번 몸을 굽힐 때마다 많은 생각을 할 수 있었다.

　탁한 도심 한복판, 자동차 매연을 마시며 아스팔트에 엎드렸을 여러 어르신들을 생각하면 너무나도 죄송한 마음이 든다. 다음 주 목요일에는 5시까지 함께 해야겠다. 그렇게 해야 내 마음이 편할 것 같다.

나무 시위, 한 달 만의 편지

한 달.

나무 위 시위가 어느새 한 달이 되었네요. 너무 오랜만에 글을 보내서 일기가 아닌 편지로 띄웁니다.

오랫동안 일기가 끊겨서 무슨 일 있나? 내려왔나? 하며 걱정하시는 분들도 많고 또 소식이 올라오길 기다리신 분들도 많을 거예요. 다행히도 아직 나무 위에서 건강하게 지내고 있습니다. 처음에는 낯선 공간에서 홀로 보내는 시간이 처음이라 그런지 여러 생각들이 오고갔는데 이곳생활이 길어지다 보니 이제는 어느 정도 적응이 된 것도 같아요. 좋은 건지 나쁜 건지…….

이제는 많은 사람들에게 계양산 롯데골프장 문제와 이곳에 골프장이 들어서면 안 되는 당위성이 제법 알려졌다고 생각을 하면서도 외부와 단절되어서 여론이나 시청의 상황이 눈에 들어오지 않아 조금은 답답하기도 해요. 하지만 그런 생각을 하면서도 이 주변을 찾은 등산객들의 변화된 반응들(힘내세요라는 문자메시지를 보내거나, 음식을 나누어준다거나, 그냥 지나치지 않고 주변 분들에게 열성적으로 말씀하시는 모습 등)을 통해서 위로를 받습니다.

11월 30일로 알려진 시 도시계획위원의 심의에 '개발제한구역'과 관련된 사안이 제외되어 12월 중순이나 혹은 그 이상 더 있어야 롯데골프장 건설계획 여부를 알 수 있다는 말에 막막하기도 했습니다. 하지만 그렇게 미뤄질 수 있었던 것도 이와 같이 움직였기 때문에 생긴 결과라고 생각해요. 아무쪼록 저를 포함한 모든 사람들이 지치지 않고 잘 견디어 나갔으면 좋겠어요.

솔밭 일기 16

숲 속 친구들

2006년 11월 28일

  이곳 솔밭 범위 안에는 정확한 것은 아니지만 두 마리의 청설모와 두 마리의 까치가 있다. 그리고 수를 헤아리기 어려운 많은 박새와 곤줄박이가 있고, 가끔 상공을 빙빙 도는 말똥가리를 볼 수 있으며, 겨울이 다가와서 새로 날아온 이름을 확인하지 못한 철새들과 V자로 하늘을 가르는 기러기 울음소리를 들을 수 있다.

  아침이면 까치들이 지저대서 잠을 깨우고, 한낮에는 박새나 곤줄박이들의 지저귐이 많이 들리고, 해질녘에는 어치들의 소리를 많이 들을 수 있다. 특별히 그때만 우는 것은 아니지만 내가 이들의 울음소리를 확인하는 주요 시간들이 이렇다는 거다.

  그런데 오늘은 유난히 까치 울음소리가 요란하다. 가만 보니 까치가 두 마리가 아니라 네 마리가 있다. 두 마리씩 짝을 지어 영역 다툼을 하는 것도 같고, 친구하자고 놀자는 것도 같고…….

  나와 언제쯤 친구를 해줄까?

솔밭 일기 17

희생

2006년 12월 5일

우모복을 받았다. 우모복은 말 그대로 깃털 옷으로 등산용품점에서 판매하는 방한용, 보온용 옷이다. 날이 차가워지면서 가지고 있는 옷가지로 추위를 대비하기 어려울 것 같아 산모임 선배님께 부탁을 해뒀었다. 값이 비싸서 사는 데 망설이긴 했지만 앞으로도 계속 산은 다니게 될 테고, 한번 장만하면 두고두고 입으니까 사기로 결정했고 그렇게 기다린 옷을 드디어 받았다.

밤에 잘 때 좀 더 따뜻하게 잘 수 있겠다는 기대와 함께 좀 설레기도 했다. 게다가 산내음 선생님께서 우모복 하의도 빌려주고 가셨다. 보통은 상의만 가지고 있는 게 대부분인데 대학시절 산악부 활동을 하셨던 분이라 옷을 가지고 있었고, 추위를 걱정하시며 챙겨와주셨다. 덕분에 얼마 전 선배가 와서 빌려주고 간 우모덧신에 우모복 상의, 하의까지 모두 갖춰 완전무장을 하고 침낭 속에 들어갈 수 있었다.

그런데 따뜻하다는 생각도 잠시. 내 몸의 보온을 위해 감싸고 있는 무수히 많은 깃털들을 생각하니 마음이 무거웠다. 우모복에 우모신발, 침낭까지…….

내가 갖고 있는 장비의 대부분은 거위 털로, 그 보온성이 탁월하여 추위에도 잘 견딜 수 있게 만들어져 있다. 땀에 옷이 젖지도 않고.

날이 덜 추워서 그런가? 갑자기 이런 생각이 든다. 날 감싸고 있는 이 보온재를 위해 몇 마리의 거위 혹은 오리가 희생되었을까? 한 마리의 새에 얼마나 많은 깃털이 있는지 모르겠지만 적어도 수십 마리, 많으면 백 마리 이상의 털이 쓰이진 않았을까? 난 이 수많은 깃털을 몸에 품고도 날지 못한다.

계양산의 생명을 지키자며 나무 위에 올라 있으면서 다른 곳에서 동물을 희생시키는 데 일조를 하고 있었다. 무스탕을 입은 사람과 별반 다르지 않은 것이다.

따뜻한 것은 좋지만 부끄럽다.

솔밭 일기 18

영양제

2006년 12월 6일

평화의료 생협에서 왕진을 나왔다. 내 인생에 왕진을 받게 되다니!

장기간 진행된 나무 위 시위 속에서 건강을 염려하여 송영석 사무국장님과 의사 선생님, 간호사 선생님 그리고 촬영 팀까지 5명이 함께 와주셨다. 나무 위에 올라와서 검사를 해야 하는 관계로 의사 선생님이 못 올라오고(몸집이 좀 있으셔서) 간호사 선생님이 올라오셨다. 나무 위에 올라오는 방법은 여러 사람이 끌어올리는 방식으로 했다.

혈압, 체온, 맥박수를 체크하고, 어떤 검사로 건강을 확인하는지는 모르겠지만 혈액을 뽑아갔다. 그리고 링거 병에 담긴 영양제를 놔주셨다. "건강한데 이거 맞아야 해요?" 하고 물으니 가져온 거니까, 몸에 좋은 거니까, 맞으라고 한다. 지극히 정상적이고 건강한데 링거를 꽂고 있으니

환자가 된 기분이다. 어디 불편한 곳은 없는지 혹시라도 몸에 이상이 생기면 언제든지 도움을 요청하라는 당부와 함께 돌아갔다.

　내 몸을 염려하는 고마운 마음, 그 마음들이 나만을 향한 것은 아니겠지만 영양제를 맞고 있는 것도 심적으로는 조심스럽다. 나보다 애쓰는 사람도 많고. 모두 건강해야 하는데…….

솔밭 일기 19

계양산을 내 몸속에

2006년 12월 15일

또다시 뱃속에서 바람이 분다. 내가 처음 뱃속의 바람을 느낀 것은 2년 전 겨울이었다. 지리산 산행이었던 것으로 기억한다. 꿈같은 겨울 지리산을 만난 뒤 지리산의 겨울바람을 함께 품고 돌아왔는지 뱃속에서 냉기가 돌며 입김을 내뱉어도 찬바람이 부는 것만 같았다.

　그땐 그런 내 몸의 현상이 마냥 신기해서 사람들에게 몸에서 찬바람이 분다며 자랑 아닌 자랑을 했다. 썩 기분 좋은 느낌은 아니지만 지리산의 바람을 몸속에 품고 있다는 생각에 혼자 씨익 웃기도 했다.

　하지만 주변 사람들은 아직 젊은 나이에 벌써 그러면 어떡하느냐며 몸이 부실해진 것 같다고 걱정이 이만서만이 아니었다. 작년 겨울 또 그 바람을 만날까 궁금했는데 작년에는 만나지 않았던 그 바람을 다시 만났다. 2년 만에…….

　반갑다고 해야 하나? 걱정을 해야 하나?

지금은 계양산의 겨울인가? 아니 솔내음이 바람에 실려 내 몸에 앉았나?

나중에 내려간 뒤에도 계양산이 몸속에 함께하겠구나!

시위를 마치며
– 보름이가 시민 여러분께 드리는 편지

계양산에 인천의 희망과 미래가 달려 있습니다

나름대로 한 달 정도 예상했던 나무 위 생활을 56일 만에 정리하게 되었습니다. 이 시위를 통해 보다 많은 사람들에게 계양산 골프장 개발의 문제점을 알리고 막아내는 데 큰 힘을 보탤 수 있었다는 데 매우 기쁘게 생각합니다. 그리고 시급했던 롯데골프장 개발계획 저지를 할 수 있었다는 데 매우 기쁩니다.

저는 나무 위 시위를 하면서 정말 많은 시민들이 계양산을 살리는 데 뜻을 같이하고 있고, 함께하고 있다는 것을 알게 되었습니다. 그러한 시민들의 힘이 골프장을 막아내는 원동력이 되었으며, 시민들의 성원에 힘입어 저 또한 큰 탈 없이 건강하게 나무 위 시위를 할 수 있었습니다.

이번에 인천시가 계양산 롯데개발계획안을 반려함으로써 도시계획위원회에서 상정되지도 않았고 계양산 롯데개발계획안이 일단락되었습니다.

그러나 여전히 롯데는 계양산 개발 욕심을 멈추지 않고 있으며, 사업계획을 축소해 계속 추진하겠다는 의사를 내비치고 있습니다. 그러나 저는 이번 개발제한구역 2차 관리계획에 롯데의 개발계획안이 포함되지 않을 것이라 확신합니다. 설사 롯데가 골프장을 다시 추진한다 하더라도 시민 대다수가 반대하고 있고, 시민들이 힘을 보아 지금과 같이 반드시 막아낼 것이라 생각하기 때문입니다.

오랫동안 제한된 공간에서 지내다 보니 몸이 이런저런 불편함을 신호로 보내옵니다.

만약, 인천 녹지축의 중심인 계양산 자락에 골프장이 들어서게 된다면 계양산의 팔다리가 다 잘려나가고 몸뚱이만 남는 결과를 만들게 될 것입니다. 그리고 저의 몸뚱이 아니 260만 인천시민의 허파를 도려내는 것과 같은 일입니다.

더 이상 거대기업의 탐욕과 이윤추구 앞에 인간과 자연이 고통을 당하는 일이 있어서는 안 될 것입니다. 인천시민이 고통을 당하는 일이 있어서는 안 되겠습니다.

저는 계양산에 소수의 부유층만을 위한 골프장이나 특정개인(기업)에게 막대한 이익을 주고 시민들은 쉴 곳이 없어질 골프장과 테마파크 계획안을 절대 반대합니다. 그리고 다수의 시민들을 위한 휴식처를 만들어야 한다고 생각합니다. 계양산은 인천시민에게 그 무엇과도 바꿀 수 없는 소중한 공간입니다.

이에 저는 시민들을 위한 자연공원을 조성하기 위해 시민사회 단체뿐만이 아니라 인천시, 지역주민, 토지소유자가 함께 '계양산 시민자연공원 추신위원회'를 구성할 것을 제안합니다. 이를 통해 진정으로 환경을 보전하면서 인천시민과 지역주민에게 도움이 되는 미래지향적인 계양산 관리계획을 수립, 시행해야 하겠습니다.

롯데건설과 신격호 회장님에게 진심으로 바라는 바는 인천시민에게 고통을 주는 개발을 하지 않았으면 좋겠습니다. 인천시민 모두가 좋아하는 사업을 했으면 좋겠습니다. 롯데그룹이 내세우는 환경가치경영에 걸맞게 계양산을 인천시민의 품으로 돌려주시기 바랍니다. 그것이 진정으로 롯데를 위한 사업이 될 것입니다. 시민사회 단체 또한 토지 소유주에게 일방적으로 피해를 끼치는 관리계획을 원하지 않습니다. 회장님과 토지 소유주에게 정당한 대가를 지불하고 그리고 서로가 상생하는 관리계획을 수립하길 진정으로 원합니다.

안상수 시장님에게 간곡히 부탁드립니다.

인천시민의 84%가 롯데골프장 등 계양산 개발에 대해 반대하고 있습니다. 시민들의 뜻이 어디에 있는지 진심으로 헤아려주시고, 시민들에게 존경받는 시장이 되시길 진정으로 바랍니다. 제가 교육활동을 통해 만나는 상당수의 아이들이 천식이나 비염, 아토피 같은 증세를 가지고 있었습니다. 이러한 질환은 이미 환경적 원인으로 발병한다고 알려져 있습니다. 보다 쾌적한 환경의 인천을 만드는 데 힘을 기울여주십시오. 바라옵건대 저와 같은 청년세대와 미래세대가 건강하게 살 수 있는 인천을 만들어주시고 계양산이 그 중심에 있음을 헤아려주시기 바랍니다.

인천시민 여러분, 여러분의 의지와 힘으로 계양산을 지켜왔고 또다시 지켜냈습니다. 그리고 또 지켜내야 합니다.

우리 모두는 계양산이 인천시민에게는 생명과 같은 존재임을 느끼고 있습니다.

저는 이번 나무 위 시위를 통해 희망을 이야기하고 싶었습니다. 시민의 뜻이 희망입니다. 자본과 권력 앞에 절망하지 않고 당당해졌으면 좋겠습니다.

계양산을 지키는 것은 인천의 희망을 지키는 것입니다. 인천의 미래를 이야기하는 것입니다. 계양산을 보전하기 위해, 인천의 희망과 미래를 지키기 위해 시민 여러분 끝까지 힘을 모아주시기 바랍니다.

2006년 12월 20일
계양산과 숲과 소나무와 인천시민과 함께 행복한 보름이가

솔숲으로 띄운 편지

지킴이 일기

솔숲으로 띄운 편지

＊계양산 고공 시위는 한두 사람의 투쟁이 아니었다. 인천시민은 물론이고, 생명과 평화를 원하는 수많은 사람들이 함께 힘을 보탰다. 이곳에서는 '지킴이'로 계양산을 지켰던 사람들이 쓴「지킴이 일기」와, 언론 매체에 실렸던「계양산으로 띄운 편지」, 카페에 올렸던 글 등을 모아 싣는다. 함께한 계양산 투쟁을 조금이나마 전달할 수 있으면 좋겠다는 바람이다.

지킴이 일기

2007년 1월 2일

14:30 보름 다녀갑니다. 올라가서 줄 정리하는 것 가르쳐 드림.

핫팩 3개, 물병, 고소내의 올림.

너무 늦게 와서 죄송해요. 계시는 동안 몸 건강히 지내시고요. 목사님의 행동으로 더 좋은 결과를 얻을 것이라 확신합니다. 오늘은 날씨가 포근해서 다행이라고 생각되지만, 포근하다는 생각도 늘 따뜻한 공간에서 지내는 땅 사람들 이야기겠지요. 건강 유의하세요. 자주 오겠습니다. 필요한 것 있으시면 언제든 말씀하시고요……. 2007년에는 평화가 가득하시길 바라며.

— 보름

2007년 1월 13일 토요일

오전 10시 40분 도착.

↑ 계란말이 김밥, 따뜻한 국물이랑 올려드림. 인천대학교 앞 유명한 집에서 사옴*^^*

날씨가 풀리려는지 올라오는데 양지는 따뜻했다. 휴우~ 다행이다. 얼릉얼릉 더 풀려라. 보름이 내려온 이후로 끝이 난 줄 알았는데……. 걱정이 또 되긴 하지만, 남자 분이시니……. 목사님이시라 친구들도 많을 거야. 맛있게 드시고 내내 화이팅 하세요! 텐트 안을 대충 정리함. 마실 물들이 꽁꽁 얼어 있다. 콜라도 얼어 있다.

↑ 생수 하나 올려드림. ↓ 다 쓴 건전지 3개, 동그란 가스 하나 내려옴. 물수건이 얼어서 내려옴.

12시, 민주노동당 회원님 지지차 방문. 초콜릿, 비타민C 건네주고 가심.

개 짖는 소리가 너무 요란하게 들린다. 밥 주는 시간인지…….

(지나가는 행인들 소리) "안 추워요?" "힘내세요!" "계양산 아자, 아자!" "화이팅 하세요!"

숲에서 아름다움을 지키려는 노랫소리가 들린다. 새소리만 예쁜 게 아니구나.

— 초록동무교사 송미선

2007년 1월 23일 화요일

계양산 나무숲에서 하룻밤을 보내다. 바람과 비와 땅과 물이 우리를 키웠지만 미처 우리는 알지 못했다. 내쳐져도 좋은 생명이 어디 있으랴……. 온몸으로 막지 않고서는 멈추어지지 않는 이 미친바람에 우리가 지치지 않기를.

— YMCA 만수종합사회복지관 관장 김영수

2007년 1월 28일

현재시각 21:00. 박재성 집행위원장과 교대. 텐트 숙박 수칙을 교육받고 경계근무 중. 늦은 식사를 하시는 윤 목사님의 숟가락 부딪치는 소리, 달그락 달그락. 개짖는 소리, 자동차 소리, 비행기 소리, 달 밝은 밤이다. 주말에 대설이 내린다고 난리 치더니, 산 중에는 잦아들고 있다.

나무 위에서 들리는 음악. 라디오인 듯하다. 친구가 필요하셨나 보다.

— 희망21 인천민주화운동계승사업회 최성곤

2007년 2월 3일 토요일

아직 여명. 새소리도 들리지 않는 시각. 나무 위에서는 윤인중 목사님 기침소리 들린다. 시계를 보니 6시 15분. 같이 상쾌한 아침공기를 마셔볼까 하다, 모르쇠하고 돌아누웠다. 소나무 사이로 바람이 분다. 바람의 소리가 들린다. 소나무 가지에, 날카로운 잎새에 부딪히는 바람소리가 시원하다.

07:30. 푸르게 아침이 밝아온다. 상쾌하다. 솔향기가 느껴진다. 조금씩 몸을 풀어본다. 삐그덕 삐그덕, 어깨에서 무릎에서 허리에서 소리가 난다. 목사님도 손바닥을 비비고 제자리 뜀을 하며 몸을 풀고 운동을 하신다. 배가 고프다. 밤새 많이 먹었건만 일어나자마자 배가 고프다는 것은 소비형 인간으로 살고 있다는 것. 수건을 올리고, 쓰레기와 신문을 내려 받는다. 목사님과 소나무 종류, 특성에 대한 대화를 나눈다. 맞는 이야기인지 모르겠다. 리기다소나무, 적송, 경복궁 소나무, 태안반도 소나무, 치악산 소나무. 이야기는 '강산'에 대한 의미 풀이로 넘어간다. 인류의 발상지가 강 주변이라 강산은 강과 산의 뜻이라고 이야기한다. 맞는 말이지.

아침. 아침이 밝아올 때면 반가운 새소리, 솔숲 사이 바람 소리, 간 밤 근심거리, 텐트 안 댓거리, 찾아오고 물러간다.

2007년 2월 7일 수요일

오전 11시. 윤 목사님께 늦은 아침을 된장국으로 올려보내고 간단하게 쓰레기 정리를 했다. 날씨가 따뜻해서 등산객들이 많은 것 같다. 텐트 안도 정리하고 등산객들과 많은 이야기를 나누어야 할 것 같다. 계양산의 미래도 오늘처럼 따뜻했으면 하는 바람을 가져본다.

— 인천녹색연합 이화숙 간사

오후 5시 30분 인천녹색연합 장정구 교대하다. 이런 술이 없다! 술 없이 길고 긴 겨울밤을 어찌 보낼지 걱정이다. 윤 목사님이 올라가신 이후 가끔 오게 되는 계양산인데, 예전보다(보름이 있을 때) 자주 오지 않아서 신체적으로는 편하지만 힘 있게 결합하지 못하고 있는 내 모습을 보면 편치만은 않다. 그때는 술이 있어 외롭지 않았는데……. 꼼짝없이 책 읽어야겠당~ㅠㅠ

— 인천녹색연합 장정구

2007년 2월 11일

목사님, 저 위에 앉아 계시는 모습 잠시 뵙고 갑니다. 눈시울이 뜨거워지고 마음은 먹먹합니다. 난로가 곁에 있는지요? 이 숲을 동무들과 걸어보니 왜 이곳을 지켜야 하는지 절로 알겠더라고요. 대신 온몸으로 싸워주셔서 정말 고맙습니다. 그리고 미안합니다. 저희는 춥지도 않고 편히 잘 있으니.

감기 조심하시고 몸 따뜻하게 하시고 건강하게 곧 내려오셔야 합니다.

— 유현미, 이헌중, 정혜진 올림

2007년 2월 14일 10:40

수요예배 때문인가? 내가 올 땐 늘 교대자가 안 보여 약간 서운. 마마님이 끓여주신 배추된장국과 밥, 점심으로 올려드림. 발렌타인데이라 개똥이한테 받은(?), 아니 뺏은 초콜릿을 목사님께 드림.

바람이 많이 분다.

도심에서는 바람을 옥외광고물, 현수막 펄럭이는 소리로 느끼는데, 여기서는 나뭇가지를 스쳐 지나는 소리로 알 수 있다. 춥다고 느껴져 목사님의 안부를 여쭤보니 바람이 불어 그렇지 춥지 않다고 하신다. 내 몸은 벌써 따뜻한 '불 생활'에 길들여진 것이다. 참 오랜만에 왔다. 햇살은 봄을 재촉하는데 아직 우리 마음은 겨울이다. 계양산에도 봄은 오겠지……. 골프장 없는 봄. 손시렵다———.

바람이 참 많이 분다. 침낭을 덮고 누워 고개만 내밀고 햇볕을 받으며 생각했다. 다른 나무들은 바람이 불면 부는 대로 몸을 맡기고 흔들리는데, 계양산을 지키기 위해 몸을 내준 저 세 그루 나무는 조금은 답답할지도 모르겠다. 벌써 구 개월 이상을 몸이 묶인 채 지내고 있으니……. 끝난 뒤 어떤 선물을 해줄까?

— 인천녹색연합 신정은

2007년 2월 26일 월요일 밤 9시가 지나서

늘 마음 아프고 죄스러움에 시달렸는데 60여 일이 지난 오늘에서야 찾아와 보니 정말 목사님의 헌신적인 노고에 고개가 숙여지고 내 자신이 작아 보입니다. 어느 누가 쉽게 행동에 옮길 수 있는가? 하늘이 따로 없고 성인이 따로 없음이요. 인천 260만을 대표하신 목사님의 숭고함이 그러하리라. 이제까지 보지 못하여 편히 잠자고 먹고 쉬었던 내 삶이 부끄러워짐은 당연하리라 봅니다. 우리 운영위원들께서 감히 할 말을 잊고 정말 감탄과 감사의 마음뿐이라고 합니다.

부디 좋은 결과로 그동안의 노고에 힘이 되시기를 간절히 기도해봅니다. 하늘도 굽어 살피시고 땅도 보살피시어 자연과 환경과 인간이 어우러지는 세상이 오기를 기대해봅니다.

목사님, 그리고 모든 관계자 분들, 화이팅~~
— 인천환경운동연합 서구지회 지회장 이보영

2007년 2월 28일 수요일

산과 숲에 깃든 억조의 생명 그중 단 하나라도 Made in Lotte로 찍어낼 수 있다면, 정녕 그렇다면, '골프장도 녹지'라고 떠들고 다녀라. 그것이 아니라면, 제발 아니라면, 뒤돌아보지 말고 떠나라. 억울하겠지만, 돈으로 살 수 없는 것이 우리에겐 아직 남아 있다.

— 생명 어진놈 애비

2007년 3월 1일 목요일

* 교만한 인간들은 자연으로 돌아가야 한다. (강남향린교회 김동환 장로)
* 생명을 살리는 운동이 곧 하나님 나라 건설이다. (강남향린교회 박은규 집사)
* 자연을 죽이고 산을 빼앗아 소수 부자들만 독점하게 하는 골프장 건설 반대한다. (강남향린교회 김현 집사)
* 숲을 없애고 자기 이익만 챙기는 돈에 눈먼 이기주의자. 골프장 건설하지 마세요. (강남향린교회 어린이 김윤수)
* 계양산 골프장을 짓지 마라. 산이 없어지면 토요일이나 일요일에 갈 곳이 없다. 차라리 골프장을 지으려면 산 말고 다른 곳에 지어라. (강남향린교회 어린이 김준민)
* 생명사랑은 하느님의 뜻이다. (강남향린교회 이병일 목사)

2007년 3월 2일 비

목사님 저녁, 죽으로 올려드렸다. 덕분에 나도 전복죽 먹다. 이슬비가 계속 내린다. 솔잎에 모인 이슬이 큰 방울로 텐트를 때린다. '툭 탁 투툭 투두둑…' 매번 느끼지만 솔숲은 고즈넉하니 좋다.

북미 인디언들은 땅의 씀씀이를 결정할 때, 7세대 뒤의 후손들 이해까지 고려했다고 한다. (가능할까 과연……) 우리가 인디언이 아니니 알 수 없다고 해도 최근에 배운 그들의 인사를 되새겨봄 직하다.

"호조니~~" 나바호족 인사말로 '당신이 아름다움 속에서 걷게 되기를……'이란 뜻이다.

골프장 싸움이 끝나고 진달래와 봄꽃이 만발하는 계양산 자락을 기쁜 마음으로 걷게 되길 바란다. 윤 목사님도, 고생한 사람들도, 응원한 사람들도.

— 무지개 천사, no골프yesPark

2007년 3월 6일

강 다녀가요~~

추운 날이라 걱정이 돼서 왔는데 한낮이라 그래도 고운 볕이 눈부십니다. 목사님이 동상이 있으시다니, 죄송스럽네요. 바람 많이 불어서 사진찍으려고 했는데 숲은 바람이 쉬어간대요.

날이 좀 차도 숲 가운데가 행복해요. 목사님 말씀처럼 숲에서 아침을 맞고 바람과 이야기하며 생강나무 꽃 피길 기다립니다. 갑작스런 추위에 목사님이 걱정이었는데 목사님은 생강나무 꽃 걱정을 하시네요~~

— 강

2007년 4월 11일 수요일

16:00. 오늘 개똥이가 목사님 점심을 준비해주신다고 하기에, 개똥이 차타고 오전에 함께 들어오기로 했다. 근데 오늘 오전 '자전거' 관련해서 만나 뵐 분이 있어 개똥이에게 한시까지 있어 주십사, 부탁했다. (개똥이님 덕분에 일 잘

보고 왔어요~)

목소리가 매력적인 개똥이님께 감사!!! 맛난 식사 같이 못해서 아쉽~~^^~

개똥이가 가기 전에 내게 보여줄 것이 있다며 텐트 앞 계곡으로 따라 내려가 보았다. 가만히 살펴보니 이곳저곳에 도롱뇽 알이 있었다. 손을 차갑게 한 뒤에 알을 손바닥에 올려놓고 보았는데 너무 신기했다. 투명젤리 안에 길쭉하고 검게 생긴 애들이 있었는데 부디 건강하고 안전하게 자라다 껍질 젤리를 뚫고 나왔으면 좋겠다. 계양산에도 봄이 온다. 어서 계양산이 그대로의 모습으로 편히 숨 쉴 수 있게 되기를…….

― 퐁당

2007년 4월 13일 금요일

저녁 7시 30분. 텐트 안에서 바람소리를 듣다. 가끔 꿩 소리와 이름 모를 새들의 지저귐을 빼고는 참으로 고요한 숲이다. 가끔씩 불어오는 바람에 제 몸들을 부딪치며 온기를 나누는 소나무 가지의 대화만 아니면, 너무도 조용하다. 더 가끔씩 세찬 바람에 펄럭이는 텐트와 비닐의 소리만 아니면 숲은 내 숨소리 외 아무도 없다. 더 가끔씩 가끔씩, 윤 목사님의 부스럭대는 소리만 아니면, 공책에 끼적대는 소리만 숲을 지키고 있다.

바람이 분다. 텐트 문을 열어 바람을 맞는다. 바람은 소리가 없다. 사물에 부딪혀 소리가 날 뿐, 그것은 바람의 소리가 아니다.

소나무 가지 사이로 바람이 부딪혀 쏴── 소나무 가지의 소리다.

일년이 다 되어가는 계양산 지키기, 지루하고 복잡하다. 현실적 조건에서 가장 최선은 어떤 것일까?

이 밤, 담쟁이가 생각난다. 누구나 넘을 수 없는 벽이라고, 담이라고 말할 때, 담쟁이는 서로의 손을 잡고 묵묵히 그 벽을 넘고야 만다는——. 도종환 시인의 '담쟁이'에서 배운다.

— 참여자치연대 유진수

2007년 4월 26일 나무의 날

처음 시작한 마음이 끝까지 지켜져서 반드시 골프장 건설을 저지했으면 좋겠습니다. 한 평 남짓한 공간에 1백일이 넘도록 제대로 씻지도 못하고, 제대로 옷도 갈아입을 수 없었겠지만 그런 것보다 소중한 우리의 계양산을 지키시려는 윤인중 목사님의 의지가 존경스럽습니다. 자연은 우리를 낳아주었지만 우리는 자연을 훼손하고 있습니다. 누구도 함부로 자연을 훼손할 권리가 없습니다. 그것은 오롯이 우리에게 내어주는 자연에 대한 최소한의 양심이기 때문입니다.

— 공무원노조 인천본부 박철준

2007년 4월 27일 금요일

인천 사람들, 많은 에너지를 갖고 있습니다. 지역에서 공감해서 해야 할 일은 모두가 달라붙어서 열심히 합니다. 많은 사람이 결합해서 활동하니, 당연히 성과도 좋습니다. 무슨 일이든 너, 나 구분 없이 힘껏 모아 대응해간다면 인천지역 여러 일들을 통해 지역사회 운동역량이 힘과 공통분모를 많이 축적할 수 있으리라 생각이 듭니다.

등산 오신 분이 지나다 묻습니다.

"저 위에 계신 목사님, 어느 교회세요?"

'생명평화기독연대', '인천평화교회'에서 활동하신다니까 저한테도 묻습니다.

"목사님은 어느 교회십니까?"

"저는 사회단체 회원으로 밑에서 도와드리러 와 있습니다."

졸지에 목사 될 뻔했습니다.

― 민주노총 인천본부 김상근

2007년 5월 4일 쇠날

날씨 맑고, 가끔 솨아아아~ 하고 소나무 윗부분이 서로 부딪치는 듯해서 올려다보면, 바람이 지나가는 소리였습니다. 마치 나무들끼리 공명하며 이야기 나누는 것처럼 느껴졌습니다.

머릿속이 맑지 않은 상태로 와서 그런지, 텐트 안 청소를 하는 게 머릿속 비우는 듯 조금씩 개운해졌고 햇빛에 널어놓은 침낭처럼 마음도 보송해져가네요.

목사님은 오늘 조금 몸이 불편하다고 누워 계시다가, 저한테 내려가라 하십니다. 몸이 불편하신데 뭐 딱히 도울 일도 없고 마음이 불편해집니다. 저녁은 안 드시겠다고……. 어서 내려오실 날을 기도하면서 쑥개떡 올려드리고 내려가야겠네요.

완연한 봄물이 든 계양산에서 오늘 행복합니다.

― 푸른생협 박주희

* 지킴이 일기에 나오는 직책은 소나무 시위 당시의 직책입니다.

계양산으로 보내는 첫 편지

송홍선 농학박사·민속식물연구소장

반갑다, 친구야! 나는 안다. 친구라고 불러주길 원했지. 그래서 친구라고 불러봤다. 그런데 요즘 친구의 소문을 듣고 있자니 내 마음이 무척 불편하다. 그리 좋은 소문이 아니었기 때문이란다. 그토록 건강했던 친구가 중병에 걸렸다는 소문이었어. 어찌된 일인지 무척 궁금해 당장 달려가서 따지고 싶지만 시간이 허락하지 않아 이렇게 편지를 쓰는 거란다. 우린 정말 친한 친구다. 몇 년 전이었지. 아마 그게 2003년이었을 게다.

너와 내가 처음 만난 날은 보슬비가 내렸지. 봄이 끝날 무렵이었어. 나는 그때 무작정 걷다가 길을 잘못 들었단다. 순간 보슬비가 소나비처럼 쏟아졌어. 나는 순간의 소나비가 군부대로 가지 말고 그곳에서 잠시 쉬어가라는 것으로 이해했단다. 지금에 와서 보니 그곳이 바로 중병을 앓고 있는 골프장 건설입지였어. 내가 그곳에서 쉬고 있을 때 너는 나에게 커다란 선물을 줬지. 그것은 희귀한 식충식물의 '통발'이었어.

나는 지금도 그 선물을 매우 소중하게 여긴단다. 왜냐하면 그동안 많은 식물학자가 찾아갔지만 그들에게는 주지 않았다가 내가 찾았을 때에 오로지 내게만 선물했기 때문이란다. 그 후 1년 반 동안 너와 나는 수없이 만났지. 물론 내가 너를 일방적으로 찾아간 것이지만 서로 좋아했잖아. 그렇게 해서 우린 절친한 친구가 됐지. 사랑하는 친구야! 너도 잊지 않았겠지. 나도 너에게 많은 것을 보답으로 선물했단다.

잘못된 너의 이름을 내가 처음으로 바르게 고쳐줬잖아. 누가 '계수나무'와 '회양목'이 많아 계양산이라 잘못 지어준 이름을 나는 '생강나무桂가 많고 남근陽처럼 한반도의 허리춤에 솟은 산山'으로 정정해줬지. 그것뿐이 아니었다. 너의 건강검진을 무료로 해줬잖아. 나는 너의 실체를 샅샅이 뒤져 550여 종의

식물을 모두 밝혔고, 그런 다음 '지구의 콩팥'이라 부르는 습지에서 통발 이외의 희귀 식충식물인 '땅귀개'와 '이삭귀개'를 발견하고 건강이 양호함을 알려 줬지. 그때가 2004년이었어. 그 후에는 너의 소식이 거의 끊겨 궁금했어. 그런데 최근에 네가 좋지 않은 중병에 걸렸단 소식을 소문으로 들었던 거야.

친구야! 아니 당신! 기분 나쁘겠지만 바보 같은 당신이라 부를게. 중병을 스스로 예방도 못한 미운 마음이 앞서 당신이라 불렀던 것이니 이해해줘. 어쨌건 누가 중병을 앓게 했는지 말해봐. 대답 못할 입장이라면 내가 물어볼게. 지방자치단체, 중앙관계부처, 기업체 그리고 시민단체 등 모두가 너를 아프게 하는 것이지, 그렇지. 대답해봐. 그래도 대답을 못한다면 말 못할 만큼의 중병을 앓고 있는 것으로 그냥 이해할게.

계양산아! 정겨운 이름으로 부를게. 나는 몇 년 전에 너의 건강을 검진해줬지만 지금처럼 그토록 아프게 하는 세균덩어리들을 모두 치유할 수 있는 능력이 없어. 지방자치단체, 중앙관계부처, 기업체 그리고 시민단체 등 모두가 너무 위험한 병원균이기 때문이야. 그렇다고 치유 방법이 전혀 없는 것은 아닐 거야. 일단 병원균들의 확산을 막는 거야. 앞으로 2년 정도만이라도 현재 앓고 있는 것 이상의 중병을 피하는 거지. 내가 진단하기엔 현재 그 방법 이외의 묘책을 찾을 수가 없어. 그 후에 나를 불러줘. 그때 중병을 고칠 수 있는 비법을 전해줄게.

보고 싶은 친구야! 정말 보고 싶고 만나고 싶다. 중병을 앓다가 죽으면 우리의 우정은 끝이야. 죽기 전에 우리 자주 만나자. 그리고 한 가지만 부탁할게. 너의 중병이 어느 정도인지를 알려줘. 만약 너무 아파 말도 할 수 없을 지경이면 내가 종종 안부 편지를 쓸 거야. 다시 용기를 내어 병문안이라도 갈 수 있어. 하루빨리 건강이 회복되기를 간절히 소망한다. 안녕, 친구야!

* 《인천일보》 9월 30일자 기고 글.

계양산에게

계양산아! 미안해.

　너는 우리들에게 볼거리와 맑은 공기와 쉼터를 제공해주는데 우린 마구 버리고 마구 베잖아?

　내가 사과할게. 게다가 골프장까지 짓는다니……. 내가 꼭 계양산을 지켜줄게.

　계양산에 있는 도롱뇽, 애반딧불이, 늦반딧불이, 오색딱따구리, 꿩, 하늘소, 가재, 청설모 등

　아주 많은 동물과 곤충, 양서류, 새, 식물과 나무를 꼭 지킬게.

　윤인중 목사님께서 나무 위에 계실 때 봄이와 다예랑 '요정의 샘' 가에서 도롱뇽 알을 만지며 놀았어. 정말 재미있었어.

　나는 그때 너를 지키고 싶었어.

　계양산아 사랑해*^^*

　—2007년 10월17일 수요일 다함이가

말 못하는 소나무한테 약속했는데 지켜야지

　—까치와 같은 높이에서 백일 넘게 살고 계신 윤인중 목사님께 —

　"말 못하는 소나무한테 약속했는데 지켜야지." 목사님이 소나무에 올라가기 전에 하셨던 말이지요.

　'약속을 지켜야 한다'는 말은 많이 하지만, 말 못하는 '미물'들과의 약속을

지켜야 한다는 생각은 하지 못했던 것 같아요. 말이 많지만 거짓말도 잘하고, 기억력이 있지만 잊어버리기도 잘하는 사람들하고의 약속은 어겨도, 말 못하는 생명들과의 약속은 반드시 지켜야 한다는 목사님의 이야기에 울림이 있었어요. 추운 겨울날 신정은 간사의 바통을 이어받아 소나무 위에 마련된 한 평짜리 농성장에 올라가신지 백일을 훌쩍 넘겼군요.

얼마 전 청라매립지를 갔습니다. '청라경제자유구역, 골프장, 스포츠, 테마파크'라고 쓰여 있는 거대한 공사장 표시 담벼락 뒤로 덤프트럭과 굴삭기가 오가며 논바닥을 메우고 있었어요. 그 옆 둑길 위에 고라니 발자국이 선명히 찍혀 있더군요. 새끼 발자국도 함께. 우연하게도 그날 너구리한테 새끼를 잃은 어미 고라니가 울부짖는 다큐방송의 한 장면을 봤어요. '동물들도 자식을 잃고 저렇게 슬프게 울 수 있구나!' 거대한 중장비가 지나간 발자국 위에 선명히 찍힌 고라니 발자국과 어미 고라니 울음소리가 겹쳐지더군요.

그런데 이게 어디 인천만의 일인가요? 기업도시, 혁신도시 최근에는 남동해안발전법이 건설교통부 법안심사소위 심의를 거쳤지요. 서해안발전법도 제출될 것이라고 해요. 전국에 골프장건설 반대 대책위가 16곳이 넘더군요. 반대대책위를 준비하는 곳도 많고요. 곳곳이 '개발동맹군'에 의해 파헤쳐지고, 이를 위해 각종 법과 제도가 바뀌고 있어요. 세상은 시민들의 힘으로 바뀌는 것이 아니라 개발동맹군에 의해 날로 바뀌고 있다는 생각이 들더군요. 그리고 개발의 삽날이 꽂히는 곳에서는 어김없이 주민들은 찬반으로 갈려서 대대로 한 식구처럼 살던 시골마을 인심도 반 토막이 나고 있더군요. '땅값'이 그 원흉이었고요.

더불어 사는 것은 우리 인간의 본성이 아니었나 싶어요. 사람끼리도 그랬지만 자연과도 더불어 살았지요. 함께 농사지으며 땅을 소중히 여기고 거기에 사는 보이지 않는 생명들을 소중히 여겨 침도 함부로 뱉지 않고, 뜨거운 물도 식혀서 버렸지요.

그런데 현대 사회로 들어서 그걸 잃어버렸어요. 내가 놀러가는 곳은 맑은 시냇물, 푸른 숲이 우거지기를 바라면서도 내 땅값, 내 집값이 오르면 그 앞에 어떤 괴물이 들어서더라도 박수치고 찬성하는, 돈에 노예가 된 인간의 모습에 때로는 분노가, 때로는 안타까움이 듭니다.

골프장 건설에 찬성하는 주민이 던진 돌멩이를 맞고 욕설을 들은 것을 두고 '오늘의 복음'이라고 하셨지요? 저는 부활절을 코앞에 두고 코흘리개 유치원생들 앞에서 돌멩이 맞는 목회자를 생각하면서 들었던 소리가 있습니다.

"진리가 너희를 자유케 하리라."

우리 시대 인간을 자유롭지 못하게 하는 것 그것은 자본이고 권력입니다. 사람을 인간답지 못하게 만드는 그 모든 속박으로부터 자유를 얻는 것 그것이 오늘 목사님이 겪고 있는 고통이 제게 준 메시지였습니다.

어쩌면 목사님의 나무 위 시위를 통해 지킬 것은 계양산의 소나무와 도롱뇽만이 아닌 듯합니다. 돈과 권력 앞에서 잃어버린 우리들의 생명 본성이 아닌가 싶었습니다

정리해고 한파 이후 잔업의 노예가 되어 '다닐 때 한 푼이라도 더 벌자'며 일년 열두 달 363일을 일하다 과로사로 숨진 어떤 노동자, 계양산 골프장과 경인운하가 들어서면 훌쩍 뛸지 모르는 땅값에 눈이 멀어 10미터 나무 위에 위태롭게 있는 사람을 향해 욕설을 퍼붓고 돌을 던지는 주민들, '인간답게 살아보자'고 시작했지만 어느새 관성적으로 '대충 세상을 바꾸려는' 우리 진보주의자들, 어쩌면 모두가 생명본성을 잃어버린 슬픈 자화상이 아닌가 자문해봅니다.

그러기에 전 나이 오십이나 돼 까치와 같은 높이에서 사는 목사님에게 내려오시라는 말을 못합니다. 언젠가는 소나무에 새 잎이 돋는 것은 보고 내려오시라고 말했습니다. 이제는 새끼를 부르는 뻐꾸기 울음소리가 들릴 때까지 계시

라고 했습니다. 뻐꾸기 울때면 또 뭐라고 말씀드릴지 모르겠네요.

격정을 누르면서 쓴 듯한 목사님의 백 하루째 편지를 보면서 눈물 흘렸습니다. 목사님의 그 분노에 공감합니다. 목사님의 그 흥분과 저항에 동의합니다. 그러면서도 힘들다 도와달라는 목사님의 여린 호소에 마음이 짠합니다.

그리고 저도 같이 호소합니다. 우리 스스로를 위하여, 우리의 아이들을 위하여 계양산의 생명을 함께 지켜냅시다.

― 노현기 씀

＊《인천일보》 4월 9일자 기고, 윤인중 목사 100일 편지에 대한 답장.

계양산을 지키는 윤 목사님께

박종렬 목사

며칠 전 새벽부터 봄비가 내렸습니다. 개나리도 꽃망울을 터뜨리고 나뭇 가지에 새순도 힘껏 솟아난 듯했습니다. 윤 목사님은 소나무 숲 위에서 비를 맞으며 어떤 묵상에 잠겨 있었는지 궁금하군요. 녹색연합의 신정은 간사가 나무 위에서 56일을 있었고 아마도 윤 목사님은 100일이 다 되어가는 듯합니다. 긴 겨울 동안 계양산 골프장 반대를 위한 주민 의지를 모으기 위해, 계양산의 나무, 새들과 뭇 생명들을 지키기 위해, 윤 목사님은 보이지 않는 힘에 이끌려 소나무 숲에 올랐을 것입니다.

자연 가운데 산과 숲이 인간에게 주는 엄청난 혜택과 고마움 그리고 우리가 자연과 더불어 살아야 하는 이유에 대해서도 그동안 윤 목사님은「솔숲에서 띄운 편지」를 통해 우리에게 많은 것을 깨우쳐주었습니다. 특히 '숨을 쉰다'는 것은 모든 생명이 공유하는 것이고 하나님의 생명을 느끼는 기운임을 윤 목사님은 우리에게 누누이 말하곤 하였습니다.

또한 많은 주민과 등산객들이 윤 목사님과 하나가 되었습니다. 어떤 주민은 윤 목사님의 노력이 이루어지도록 올 때마다 성금함에 1천 원을 넣었다고 하더군요. 또 많은 친지, 친구들, 그리고 거의 10여 년 이상을 못 보았던 동지들이 사방에서 연락을 하고 찾아오지 않았습니까. 매일 점심, 저녁 도시락을 준비하고 윤 목사님의 건강과 신상에 필요한 것들을 챙겨주며 골프장반대 저지운동에 동참한 단체들의 정성어린 보살핌에 감사와 고마움을 느끼고 계실 것입니다.

이런 노력의 결과로 롯데건설 측은 계양산을 보전하는 방안을 찾는 데 아무런 전제 없이 시민단체들과 협의할 의사가 있다는 뜻을 밝혔다는 기쁜 소식도 전해지고 있습니다.

올해는 계양산에 있는 산새들, 나무들, 뭇 생명들이 봄비를 맞으며 우리 인간들과 무언의 화합과 사랑의 노래를 부르며 더 아름답고 더 푸른 계양산을 만들어줄 것 같습니다.

그러나 이제부터 진짜 계양산 지킴이의 운동이 본격화되지 않으면 안 될 것 같습니다. 계양산 시민자연공원이란 대안을 제시하였지만, 아직 내용은 확정되지 않았고 롯데건설이 우리의 제안을 자신들에게 실익이 있는 것으로 받아들일지도 아직 미지수입니다. 더구나 계양산 뒤편 소나무 숲 주변 70여만 평이 신격호 회장님의 땅이라 하니 롯데 측의 마음에 들게 계양산을 보전하고 발전시키는 방안도 구상해야 하니까요. 그래서 어떤 분은 인천시에서 이를 매입하여 주민에게 돌려주는 방안을 찾아야 한다고 주장하는 분도 있습니다. 팔 사람이 팔지 않으면 이것도 쉬운 것은 아니지요.

윤 목사님! 중요한 것은 계양산을 살리고 가꾸고 향유할 지역주민들과 인천시민들이 얼마나 계양산을 사랑하며 함께 힘을 모아 계양산 보전을 위한 비전과 꿈을 나누며 실천해 가느냐에 있지 않겠습니까. 그래야 시장님도 감동하고 계양구 구청장님도 감동하지 않겠습니까.

그런 의미에서 윤 목사님은 나무에서 내려오신다 해도 '계양산 살리기'의 중심에 서지 않으면 아니 될 것 같습니다. 그동안 사귄 나무, 새들과 뭇 생명들이 윤 목사님에게 거는 기대가 꽤 클 것이기 때문입니다.

계양산 골프장반대 저지운동을 시작하면서 삼보일배를 매주 목요일에 할 때입니다. 한마음으로 드리는 삼보일배에 우리 자신의 마음도 고요해지고 계양산의 뭇 생명들이 얼마나 기뻐하며 고마워하는지, '이제는 살았구나!' 하고 감사하는 마음을 우리에게 전하는 듯했습니다. 사실 물질문명의 욕망과 이기심에 사로잡혀 있는 우리에게는 보이지 않는 뭇 생명과 영혼들이 보내는 사랑의 메시지를 들을 수가 없습니다.

윤 목사님! 우리가 먼저 자연의 생명적 삶과 하나임을 아는 자각이 필요함을 절감합니다. 이런 자각이 우리 모두에게 일어나 롯데건설 측과 우리 시민들과 인천시장을 비롯한 자치단체장들이 함께 계양산을 보전하고 살리는 꿈과 비전을 협의해 앞장서는 그날이 오기를 기대해봅니다.

* 《경인일보》 NGO칼럼에 쓴 글.